LETTERS TO LOUISE HAY

LETTERS TO LOUISE
by Louise L. Hay

Original English Language Publication 1999 by Hay House, Inc., California, USA.
Korean translation rights arranged with Hay House, Inc, USA and Kmiraclemorning Publishing Seoul Korea through Interlicense Ltd.
Korean Edition Published by Kmiraclemorning Publishing

LETTERS TO LOUISE HAY

루이스 헤이의 편지

루이스 헤이 지음 | 엄남미 옮김

케이미라클모닝

목차

루이스 L. 헤이의 소개

이 책은 제가 수년 동안 전 세계 사람들로부터 받은 편지와 답장을 모아 엮은 책입니다. 편지에는 삶의 여러 영역에 대한 깊은 고민이 담겨 있습니다. 저에게 편지를 보내온 거의 모든 사람이 어떤 식으로든 자신과 세상을 바꾸고 싶어 했습니다. 저는 답장을 통해 이러한 사람들이 목표를 달성할 수 있도록 돕는 촉매제가 되고자 노력했습니다. 저는 스스로 자기 발견의 길로 가는 시금석이라고 생각합니다. 저는 사람들이 자신을 사랑하는 법을 가르쳐줌으로써 자신이 얼마나 멋진 존재인지 배울 수 있는 공간을 만들고 있습니다. 그게 제가 하는 전부입니다. 저는 치료사가 아닙니다. 저는 사람들을 지원하는 사람입니다. 저는 사람들이 자신의 힘과 내면의 지혜와 강점을 발견하도록 돕고, 그 어떤 상황에서도 자신을 사랑할 수 있도록 장애물과 장벽을 제거하도록 돕습니다.

이 편지와 답장에서 여러분도 자신의 어떤 면을 발견할 수 있을 것입니다. 다른 사람들의 도전과 열망에 대해 읽음으로써 우리는 자신과 자신의 문제를 다른 방식으로 볼 수 있다고 믿습니다. 때때로 우리는 다른 사람들에게서 배운 것을 자신 삶에 변화를 불러오는 데 사용할 수 있습니다. 이 책을 통해 여러분에게도 변화할 힘이 있다는 것을 깨닫고 스스로 해결책을 찾을 수 있는, 즉 "자신의 내면에 있는" 해답을 찾을 수 있기를 바랍니다.

내면의 해답을 찾는 방법 중 일부는 긍정, 거울 작업, 시각화 등의 도구를 통해 찾을 수 있습니다.

긍정적인 긍정의 이점에 대해 잘 모르시는 분들을 위해 이에 대해 조금 설명해 드리고자 합니다. 긍정은 우리가 말하거나 생각하는 모든 것을 의미합니다. 우리가 일반적으로 말하고 생각하는 것 대부분은 상당히 부정적이며 우리에게 좋은 경험을 만들어 내지 못합니다. 우리의 삶을 바꾸고 싶다면 우리의 생각과 말을 긍정적인 유형으로 재훈련해야 합니다.

긍정 '확언한다!'라는 것은 삶에서 바꾸고 싶은 것에 대해 긍정적으로 말하는 것을 의미합니다. 우리는 너무 자주 "나는 내 인생에서 이런 것을 원하지 않아"라고 말하면서 우리가 원하는 것이 무엇인지 명확하게 말하는 것을 잊어버립니다. "더 이상 아프고 싶지 않아"라고 말하는 것은 우리가 누리고 싶은 건강에 대한 명확한 그림을 신체에 제공하지 않습니다. "이 일이 싫어요!"라고 말한다고 해서 새로운 직장이 생기는 것도 아닙니다. 우리가 원하는 새로운 경험을 창조하려면 우리의 욕구를 명확하게 선언해야 합니다.

긍정 확언은 땅에 씨앗을 심는 것과 같습니다. 처음에는 싹이 트고 뿌리를 내리고 땅을 뚫고 위로 솟아오릅니다. 씨앗에서 다 자란 식물로 성장하는 데는 시간이 걸립니다. 따라서 긍정의 힘도 첫 번째 선언에서 최종 나타남까지 시간이 걸립니다. 그러니 인내심을 가지세요.

거울 작업은 또 다른 귀중한 도구입니다. 거울은 우리 자신에 대한 감정을 반영합니다. 거울은 우리가 즐겁고 만족스러운 삶을 원한다면 변화해야 할 부분을 명확하게 보여줍니다. 긍정하는 가장 강력한 방법은 거울을 보고 큰 소리로 말하는 것입니다. 저는 사람들에게 거울을 지나갈 때마다 자신 눈을 보고 자신에 대해 긍정적인 말을 하라고 요청합니다. 그러면 저항을 즉시 인식하고 더 빨리 극복할 수 있습니다.

시각화는 원하는 결과를 얻기 위해 상상력을 사용하는 과정입니다. 간단히 말해, 원하는 일이 실제로 일어나기 전에 미리 상상하는 것입니다. 예를 들어, 원하는 것이 새로운 거주 공간이라면 원하는 집이나 아파트를 최대한 구체적으로 상상해 보세요. 그런 다음 이미 실현된 것처럼 생각하세요. 자신이 그럴 자격이 있음을 확인합니다. 새집에서 일상을 보내는 모습을 상상해 보세요. 시각화에는 잘못된 방법이 없다는 것을 알고 가능한 한 명확하게 상상하세요. 시각화를 자주 연습하면서 모든 결과를 우주적 마음에 맡기고 최고의 선을 구하세요. 긍정 확언과 함께 시각화는 강력한 도구입니다.

긍정 확언, 거울 작업, 시각화를 통해 우리는 해답이 실제로 우리 안에 있다는 것을 깨닫게 될 수 있다는 사실을 기억하세요.

저는 이 책의 편지들을 중독, 죽음/슬픔, 가족 문제, 두려움, 관계 등의 영역별로 정리했습니다. 각 영역은 하나의 주제이고 장이며, 총 20개의 장으로 구성되어 있습니다. 각 장은 확언 명상으로 시작하여 내면의 힘을 찾는 데 도움이 되는 긍정의 말로 끝납니다.

— 루이스 L. 헤이

1장

학대

이제 나는 기꺼이 배우고 변화하려 하므로

과거는 나를 지배할 수 없다.

과거는 지금의 내가 있는데 필요한 과정이다.

나는 마음의 집을 청소하기 위해

지금 내가 있는 곳에서부터 시작할 것이다.

어디서부터 시작하느냐가 중요하지 않다는 것을 알기에

가장 작고 쉬운 방부터 시작한다.

그렇게 하면 빨리 결과를 볼 수 있을 것이다.

나는 오래된 상처와 독선적인 용서에 대한 문을 닫는다.

나는 내 앞에 시냇물이 흐르고 있다고 상상한다.

오래되고 상처받은 경험을 시냇물에 넣은 후

녹아 사라질 때까지

하류로 흘러내리는 것을 본다.

나는 놓아줄 수 있는 능력이 있다.

나는 이제 자유로워졌다.

다시 새로 창조할 수 있다.

우리 중 많은 사람이 역기능적인 가정에서 자랐습니다. 우리는 자신이 누구인지, 삶과의 관계에 대해 많은 부정적인 감정이 있습니다. 우리의 어린 시절은 학대로 가득 차 있었을 수 있으며, 이러한 학대는 성인 생활까지 이어졌을 수도 있습니다. 어릴 때 공포와 학대에 대해 일찍 배우면 성장하면서 그러한 경험을 계속 재현할 때가 많습니다. 우리는 사랑과 애정의 결핍을 자신이 나쁘고 그런 학대를 받아 마땅하다는 의미로 해석하면서 스스로 가혹하게 대할 수 있습니다.

우리는 이 모든 것을 바꿀 힘이 우리에게 있다는 것을 깨달아야 합니다. 우리가 지금까지 살아오면서 경험한 모든 사건은 과거의 생각과 신념이 만들어 낸 것입니다. 우리는 수치심으로 삶을 기억하고 싶지 않습니다. 우리는 과거를 삶의 풍요로움과 충만함의 일부로 바라보고 싶습니다. 이 풍요로움과 충만함이 없었다면 오늘날 우리는 여기 있지 않았을 것입니다. 더 잘하지 못했다고 자책할 필요는 없습니다. 우리는 우리가 할 수 있는 최선을 다했습니다. 우리는 종종 끔찍한 상황에서도 살아남았습니다. 이제 우리는 과거를 사랑으로 풀어내고 새로운 인식에 이르게 해준 것에 감사할 수 있습니다.

과거는 우리의 마음과 우리가 마음속에서 그것을 바라보는 방식에만 존재합니다. 이것이 우리가 살고 있는 순간입니다. 이것이 우리가 느끼는 순간입니다. 이것이 우리가 경험하고 있는 순간입니다. 지금 우리가 하는 일은 내일을 위한 토대를 마련하는 것입니다. 따라서 지금이 바로 결정을 내려야 할 순간입니다. 내일은 아무것도 할 수 없고 어제도 할 수 없습니다. 오늘만 할 수 있습니다. 중요한 것은 지금 우리가 생각하고, 믿고, 말하는 것을 선택하는 것입니다.

우리 자신을 사랑하고 더 높은 힘을 신뢰하는 법을 배울 때, 우리는 사랑의 세상에서 무한한 영(靈)과 함께 공동 창조자가 됩니다. 우리 자신에 대한 사랑은 우리를 희생자에서 승리자로 변화시킵니다. 우리 자신에 대한 사랑은 우리에게 놀라운 경험을 불러일으킵니다.

다음 편지는 학대 주제와 관련된 내용입니다.

제 아버지는 알코올 중독자였고 저는 많은 정신적, 육체적 학대를 견뎌냈습니다. 16살 때 저를 학대하는 소년의 아이를 배게 되었어요. 그의 부모님은 저를 미혼모 시설에 보내주셨는데, 그곳은 마치 감옥에 갇힌 것 같았어요.

그 집에서 저의 작은 자아의 조각이 떨어져 나갔어요. 어쩌면 제가 어디로 가는지 친구와 가족에게 거짓말을 해야 했던 것일지도 몰라요. 아무도 나를 사랑하지 않거나 관심을 두지 않을 것 같다는 견딜 수 없는 상처였을 수도 있습니다.

다른 여자아이들처럼 아기를 안고 그곳을 걸어 나올 수 없어서 겁쟁이처럼 느껴졌을 수도 있습니다. 그것이 무엇이든 간에 저는 사람들의 눈을 똑바로 바라볼 수 없게 되었습니다. 이 고통을 극복하기 위해 많은 치료사를 찾아갔지만, 당신의 책 《치유 있는 그대로 나를 사랑하라》만큼 저에게 영향을 준 것은 없었습니다.

이제 막 시작했지만, 저는 이미 당신의 긍정 말을 카드에 적어서 실천하고 있습니다. 하지만 여전히 제 삶은 매우 고통스러워 보입니다. 고통스러운 감정을 많이 겪은 건 알지만, 이 악순환의 고리를 끊기란 쉽지 않아요. 그동안 받은 스트레스의 결과로 머리카락이 가늘어지기 시작했어요. 이것은 저를 엄청나게 화나게 했습니다. 이를 위해 긍정의 말을 해 보았지만, 많은 저항을 느꼈어요.

루이스, 처음으로 제 사고방식이 바뀌어야 한다는 것을 알았어요. 과거와 같은 방식으로 제 삶을 살고 싶지 않아요.

친애하는 이여,

우리 중 많은 사람이 어렸을 때 학대를 받고 삶에 대한 부정적인 시각을 가지고 자랐습니다. (저도 학대받은 아이였습니다) 생각이 자라면서 자아가 완전히 낯선 공간에 들어가기 때문에 우리는 종종 자신에 대해 좋은 감정을 느끼는 것을 두려워합니다. 폭행과 학대를 당한 사람들은 많은 분노와 억울함을 느낀다는 것을 알고 있습니다. 그들은 보통 자존감이 낮고 자신이 "충분하다"라고 느끼지 못합니다. 그 결과, 그 원인에 대한 이해가 거의 없거나 전혀 없는 상태에서 행동한 것들이 있을 수 있습니다.

이제는 자신을 용서할 때입니다. 제가 신이라고 믿는 우주의 더 큰 지성이 이미 당신을 용서했으니 이제 당신이 용서할 차례입니다. 우리는 모두 신이 보시기에 훌륭합니다. 스스로 처벌하는 것을 멈출 수도 있고, 계속해서 상황의 희생자처럼 느낄 수도 있습니다. 지금 당장 긍정 확언하세요. **"나는 과거의 부정적인 사건들을 놓아 버렸다. 나는 마음의 평화와 건강한 관계를 맺을 자격이 있다. 나는 매일 내 삶에서 사랑스러운 경험을 창조한다."** 고통과 죄책감을 느낄 때마다 스스로 **"나는 내려놓았다"**라고 말하세요.

그리고 **"나는 지금, 이 순간을 치유하고 있다."**라고 되뇌세요.

누군가의 눈을 똑바로 바라볼 수 없을 때, 스스로 사랑한다고 말할 수 없을 때, '나쁜' 사람처럼 느껴질 때, 사랑받지 못한다고 느낄 때, 심지어 자신이 특별한 사람이라고 인정받지 못할 때마다 이런 말을 하는 습관을 들이면 자존감에 엄청난 차이가 나타나기 시작할 것입니다.

하지만 잠재의식이 이러한 새로운 메시지를 받아들이려면 이 확언 작업을 꾸준히 해야 한다는 점을 기억하세요. 또한 많은 저항이 있을 수도 있습니다. (그중 일부는 이미 경험하고 있을 수도 있습니다) 괜찮습니다. 당신을 보호하려는 두려움일 뿐입니다. 스스로 안심시키는 데 시간이 걸릴 수 있습니다.

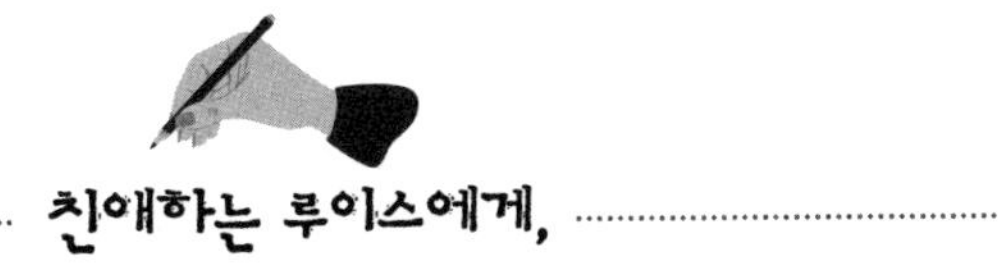

친애하는 루이스에게,

저와 제 동생은 어렸을 때 신체적, 정서적으로 학대받고 방치되었습니다. 그 결과 저는 일찍부터 부모님을 통해 배우지 않았고 다른 가족에게서 삶의 안내 지침을 찾았습니다. 하지만 옛 기억이 여전히 저를 괴롭히고 지금은 그 어느 때보다 엄마에 대한 악몽을 더 많이 꿉니다. 제 마음속 깊은 곳에 엄청난 감정적 고통이 계속 새어 나오고 언젠가는 댐이 무너져 너무 많은 고통이 쏟아져 나와 익사할 것만 같아요.

부모님께 더 이상 연락하고 싶지 않다고 말씀드려야 할까요? 부모님이 고통스러워하지 않았으면 좋겠지만 다시는 보거나 소식을 듣지 않았으면 좋겠고, 고통이 사라졌으면 좋겠어요.

친애하는 이여,

당분간은 부모님을 거부하는 편이 좋을 것 같습니다. 부모님에 대한 죄책감에 대처할 수 있는 유일한 방법은 부정하는 것뿐인 것 같습니다. 당신은 부모님을 치유하기 위해 여기 있는 것이 아니라 당신 자신을 치유하기 위해 여기 있는 것입니다. 때때로 그들에게 간단한 메모를 남길 수 있습니다.

자신의 치유를 시작하려면 부모님께 편지를 써서 마음속 깊은 곳에서부터 모든 것을 쏟아내는 것도 좋은 방법이라고 생각합니다. "이제는 나를 치유하고 나를 사랑하는 법을 배워야 할 때입니다."라고 말하며 편지를 마무리하세요. 그런 다음 편지를 태우고 그 편지에 담긴 모든 분노와 상처가 모두 편지와 함께 다 태워지는 것을 시각화하세요.

그러나 이것만으로는 모든 고통이 사라지지 않을 것입니다. 실무자와 연결하거나 (888) 4-AL-ANON 알 아넌 (425-2666)으로 알 아넌 가족본부Al-Anon Family Headquarters에 전화하십시오. Al-Anon 프로그램은 알코올이 남용의 주요 원인이 아니었음에도 역기능적 가능에서 받은 학대 등 많은 분야에서 도움이 될 수 있습니다. 도움의 손길은 어디에나 있습니다. 손을 뻗어 당신이 요청하자마자 우주가 도울 준비가 되어 있다는 것을 아십시오. 이렇게 확언하세요. **나는 치유될 준비가 되어 있다. 나는 기꺼이 용서할 것이다.**

친애하는 루이스에게,

저는 당신이 저를 도울 수 있기를 바랍니다. 남편은 육체적으로나 정신적으로 저를 학대합니다. 그는 저를 하녀처럼 취급하고 항상 소리를 지르고 무리한 요구를 하고 있습니다. 그는 암 진단을 받고 방사선 치료를 받고 있습니다. 제 딸은 마약 복용을 극복하고 삶을 정상으로 돌려놓고 있지만, 신경이 매우 나빠졌습니다. 저는 또한 입양한 손자의 봉사 학교 학비를 책임지고 있는데, 이 재정적 책임으로 인해 지치게 될까, 봐 두렵습니다.

좌절감이 듭니다. 제 환경에 있는 모든 것을 처리하는 데 도움을 줄 수 있습니까?

사랑하는 이여,

제가 봐도 당신은 좌절할 만합니다. 맙소사, 지금 처한 환경을 다 내려놓고 휴가기간을 가지세요! 우선순위를 정하는 동안 모든 것에서 벗어나십시오. 이것은 당신의 삶입니다. 아무도 당신의 허락 없이 당신을 학대하거나 이용해 먹을 순 없습니다. 한때 자신에 대해 가졌던 사랑은 어디에 있습니까?

모든 긍정적인 변화는 의식에서 시작됩니다. 저도 어렸을 때 남자의 두 발짝 뒤에서 걸어가면서 고개를 들어 "제가 무엇을 생각하고 무엇을 해야 할까요?"라고 물으라고 배웠습니다. 또한 학대를 당연한 것으로 받아들이도록 배웠습니다. 이런 행동이 일반적이지도 않고 여성으로서 마땅히 해야 할 일도 아니라는 것을 깨닫는 데는 오랜 시간이 걸렸습니다. 천천히 제 신념 체계를 바꾸고 죄의식을 바꾸기 시작하면서 저는 자기 가치와 자존감을 키우기 시작했습니다. 그러자 제 세상이 바뀌었습니다.

여러분의 세상도 바뀔 수 있습니다. 자신을 변화시키기 위해서는 도움이 필요합니다. 상담을 받으세요. Al-Anon(알-아넌)에 가입하세요. 전화번호부를 참조하여 가까운 상담 센터나 가까운 도움 센터에 전화하세요. 다음과 같이 긍정 확언하세요. **나는 이제 내 마음 안에 사랑하는 세상을 만든다.**

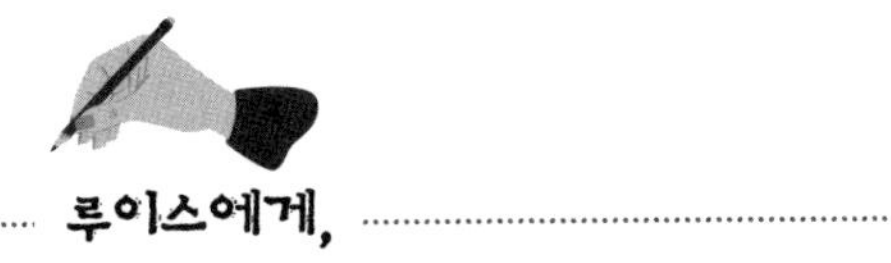

루이스에게,

52세의 젊은 나이에 잘 어울리는 미소 뒤에는 3년 동안의 치료에도 불구하고 여전히 아무도 만나지 못하게 할 정도로 깊은 곳에 갇혀 묻혀 있던 아름다운 아이가 있습니다.

저는 제가 수년간 친아버지로부터 근친상간을 당한 피해자라는 사실을 알고 있으며, 이에 따라 자괴감과 자멸감에 시달리고 있습니다. 하지만 언제 끝날까요? 제 치료사는 저에게 운이 없었고, 문제의 핵심을 느끼고 치유해야 한다고 말했지만 내면 깊은 곳에서는 아무것도 나오지 않고 진전이 없었습니다. 저는 너무 혼란스럽고 불행해서 제 육체적 세계가 혼란스러워요. 저는 현재 실직 상태라 치료를 받을 여유가 없습니다. 제가 진짜 누구인지 찾을 수 있도록 도와주실 수 있나요?

친애하는 이여,

당신의 고통 깊숙한 곳에는 용서하지 않으려는 마음이 있습니다. 저는 당신의 어린 시절이 힘들었다는 것을 알고 있습니다. 하지만 고통을 붙잡고 있는 것은 자기 패배입니다. 마음의 문은 내면으로 열리고, 기꺼이 놓아줄 때까지는 자신을 사랑할 수 없습니다. 당신은 내면의 힘이 강합니다. 당신은 치료사에게 얼마나 강하게 저항했는지를 통해 자신의 힘이 강함을 증명했습니다. 첫 번째 화살은 아버지가 내면의 아이를 한 번 학대했고, 이제 당신은 스스로 두 번째 세 번째 화살을 자신에게 던지며 학대의 패턴을 지속하고 있습니다. 이미 3년 동안 치료를 받았기 때문에 내면에서 스스로 학대할 때 어떤 일이 벌어지고 있는지 잘 알고 있을 겁니다. 이제 이러한 연습과 통찰을 통해 자신 내면의 아이를 치유할 때입니다. 어떤 치료사도 치유로 나아갈 수 없습니다. 적어도 한 달 동안 **'나는 나를 용서하고 자유로워지려고 한다!'**라는 긍정 확언을 연습하세요. 하루에 50번 이상 말하세요. 당신은 강하고 치유할 수 있습니다. 해 보세요.

루이스에게,

저는 특히 당신의 다음 긍정을 좋아합니다. **"나는 모든 일이 정확한 시기에 정확한 이유로 일어난다는 것을 알고 있다. 나는 삶의 앞길에 놓인 모든 도전에 최선을 다한다. 모든 것이 잘 풀린다."** 하지만 남편이 술을 너무 많이 마시고 저를 학대할 때 이 말을 제 삶에 어떻게 적용할 수 있을까요? 그냥 "다 괜찮아"라고 자신에게 말하고 싶지만, 속으로는 그렇지 않아요. 어떻게 하면 잘 지낼 수 있을까요? 저는 69살이고 남편은 77살입니다.

친애하는 이여,

우리는 모두 다른 사람이 자신을 학대하는 것을 허용할 필요가 없습니다. 여성들은 이류 취급받는 사람이라는 믿음을 받아들였으므로 여러 세대에 걸쳐 학대를 견뎌왔습니다. 저는 남성이 학대하는 것이 정상이라고 믿도록 자랐습니다. 저 스스로 자존감을 높인 후에야 학대하는 남성이 더 이상 저에게 매력을 느끼지 못했습니다. 이제 모든 여성이 자신 내면의 자기 가치와 자존감을 찾아야 할 때입니다. 그렇게 할 때 우리는 다시는 학대와 모욕을 당하는 것을 허용하지 않을 것입니다.

도전에 최선을 다한다는 것은 자신을 지지하지 않는 상황에서 벗어나는 것을 의미하기도 합니다. 집 밖으로 나가세요! 당신은 너무 늙지 않았습니다. 저는 71살인데 아직 중년이라고 느껴지지도 않아요. 저에게 새로운 중년은 75세입니다. 그러니 아직 인생의 많은 부분이 남아 있는 거죠. 거의 모든 도시에 학대받는 여성을 위한 센터가 있습니다. 가서 도움을 받으세요. 남편이 도움을 받지 못한다면 알-아넌Al-Anon 알코올 중독자 익명 모임)이나 공동 의존성 모임에 가서 자신을 돌보는 방법을 배울 수 있습니다.

"오늘은 남은 인생의 첫날"이라는 사실을 기억하세요. 최대한 활용하세요. 두 사람 모두에게 최선이 될 것입니다.

이렇게 긍정 확언하세요. **"나는 사랑과 보호를 받을 자격이 있으며, 자신에게 그것을 준다."**

학대 극복을 위한 확언

나는 과거를 놓아주고
내 삶의 모든 영역을 치유할 수 있는 시간을 허용한다.
나는 다른 사람을 용서하고, 나 자신을 용서하며,
인생을 사랑하고 즐길 수 있는 나무다.
나는 이제 내면의 아이가 꽃을 피우고
그것이 깊이 사랑받고 있다는 것을 알기 시작한다.
나는 경계선을 정하고 존중받을 자격이 있다.
나는 소중한 인간이다.
나는 항상 존중받는다.
나는 나 자신을 포함해 누구를 탓하고 싶은 욕구를 내려놓는다.
나는 내 인생에서 가장 좋은 것을 받을 자격이 있고,
이제 나는 가장 좋은 것을 받아들인다.
나는 나 자신과 내 인생의 모든 사람을
과거의 상처로부터 해방한다.
나는 이제 모든 부정적인 생각을 없애고
내 위대함만을 보기로 선택했다.

2장

중독

나 자신 밖인 것에 과도하게 의존하는 것은 중독이다.
나는 마약과 알코올, 섹스와 담배에 중독될 수 있다.
또한 사람들을 탓하는 것, 질병, 빚, 피해자가 되는 것,
거절당하는 것에 중독될 수 있다.
하지만 나는 이러한 것들을 넘어설 수 있다.
중독된다는 것은 물질이나 습관에 내 힘을 포기하는 것이다.
나는 언제든지 내 힘을 되찾을 수 있다.
지금이 바로 내가 힘을 되찾는 순간이다!
나는 삶이 나를 위해 여기 있다는 것을 아는
긍정적인 습관을 기르기로 선택했다.
나는 기꺼이 나 자신을 용서하고 앞으로 나아갈 것이다.
나에게는 항상 나와 함께해 온 영원한 영이 있으며,
그 영은 지금 여기 나와 함께 있다.
긴장을 풀고 내려놓고,
오래된 습관을 버리고 긍정적인 새 습관을 연습하면서
호흡하는 것을 항상 자각한다.

우리가 두려움을 감추는 주된 방법의 하나는 중독입니다. 중독은 우리가 느끼지 못하도록 감정을 억누릅니다. 그러나 화학적 중독 외에도 많은 종류의 중독이 있습니다. 또한 제가 패턴 중독이라고 부르는 것, 즉 우리가 삶에 존재하는 것을 막기 위해 채택하는 패턴이 있습니다. 만약 우리 앞에 놓인 것을 다루고 싶지 않다면, 또는 지금 있는 곳에 있고 싶지 않다면, 우리는 삶과 연결되지 못하게 하는 방어기제를 가지고 있는 것입니다. 어떤 사람들에게는 음식에 중독이 되거나 화학 물질에 중독되어 있습니다. 알코올 중독에는 유전적 기질이 있을 수 있습니다. 그러나 아픈 상태를 유지하는 선택은 항상 개인의 몫입니다. 우리가 흔히 어떤 것이 유전적이라고 이야기할 때, 그것은 실제로 어린아이가 부모 두려움의 대처 방식을 받아들이는 것입니다.

어떤 사람들에게는 정서적 중독이 있습니다. 당신은 사람들에게서 흠을 찾는 데 중독될 수 있습니다. 무슨 일이 있어도 항상 누군가를 탓할 수 있습니다. "그건 그들의 잘못이야. 저한테 그들이 그랬어요."

어쩌면 당신은 청구서를 늘리는 것에 중독되어 있을 수도 있습니다. 여러분 중에는 빚에 중독된 사람들이 많이 있습니다. 어떤 사람들은 빚을 지고 있는 지금의 정신머리 위에 자신을 지키기 위해 모든 것을 합니다. 가지고 있는 돈의 양과는 상관이 없는 것 같습니다.

당신은 거절에 중독될 수 있습니다. 어디를 가든 당신을 거부하는 사람들을 끌어들입니다. 그러나 겉으로 드러나는 거절은 당신 자신의 거절을 반영하는 것입니다. 만약 당신이 자신을 거부하지 않는다면, 다른 사람들도 자신을 거부하지 않을 것이며, 만약 거부한다 해도 그것은 당신에게 중요하지 않을 것입니다. "나는 나에 대해 무엇을 받아들이지 못하고 있는가?"

질병에 중독된 사람들이 많이 있습니다. 그들은 항상 뭔가를 잡거나 병에 걸릴까, 봐 걱정합니다. 그들은 "이달의 질병 클럽"에 속해 있는 것 같습니다.

만약 당신이 어떤 것에 중독될 거라면, 왜 자신을 사랑하는 것에 중독되지 않는 걸까요? 긍정적인 확언을 하거나 자신을 지지하는 일을 하는 데 중독될 수 있습니다.

중독은 우리가 자신을 사랑하는 방법을 모르기 때문에 생깁니다. 우리는 자아를 탐구하는 것을 두려워하고, 대신 자기 발견으로부터 도망치기 위해 중독을 이용합니다. 우리가 자신에 대해 생각하는 방식을 바꿀 수 있다면, 우리는 자아를 숨기기 위한 내달리는 것을 멈추고, 자신을 사랑하는 법을 배우고, 내면의 힘을 찾을 수 있습니다.

다음 편지들은 중독이라는 주제와 관련이 있습니다.

친애하는 루이스에게,

저는 46세이고 30년 넘게 담배를 피워 왔습니다. 담배에 대해 몇 마디 말씀해 주시겠습니까? 요즘 흡연을 둘러싼 사회적 분위기, 특히 캘리포니아에서는 불편합니다. 흡연자들은 밖에서 담배를 피우도록 강요받지만, 그것만으로는 충분하지 않습니다. 어떤 사람들은 우리가 지금 밖에서 담배를 피우는 것조차 원하지 않습니다.

저는 거의 9년 전에 술과 마약을 끊었는데, 그것은 제 인생의 완전한 전환점으로서 엄청난 일이었고, 지금보다 더 기분이 좋았던 적은 없었습니다. 그러나 저는 담배를 피우고 그것을 매우 즐깁니다. 저는 술과 마약을 끊는 것이 매우 큰 문제였으므로 흡연에 대해 제 자신에게 편하게 대하고 있다는 것을 알고 있습니다.

그런 뿌리 깊은 습관을 멈추는 것과 관련된 심리적 트라우마를 겪는 것이 두렵다는 것을 인정합니다. 저는 담배 피우지 않는 사람들이 이것에 대해 어떤 개념도 가지고 있다고 생각하지 않습니다. 그들은 "그냥 안 핀다고 말하라"라고 생각할 것입니다.

제가 진정으로 원하는 것은 흡연이 건강에 해롭지 않아서 평생 행복하게 담배를 피울 수 있는 것입니다. 담배 피우지 않는 사람들이 좀 더 의미 있는 일에 집중했으면 좋겠어요. 그리고 만약 담배 피우는 습관 없이 살기로 결심한다면, 저는 금단 증상이 트라우마가 되는 것을 원하지 않습니다.

먼저, 저 역시 여러 해 동안 담배를 피웠다는 점을 말씀드리고 싶습니다. 저는 15살 때부터 반항적이고 어른스러워지기 위해 시작했습니다. 담배를 끊는 데는 오랜 시간이 걸렸습니다. 담배를 피우는 사람들은 보통 더러운 재떨이 냄새가 난다는 것을 모르기 때문에 한 번은 출근길에 아침에 가장 먼저 아파트 복도에 있는 재떨이의 냄새를 깊게 맡아보곤 했습니다. 다른 사람들도 이런 역겨운 냄새를 저에게서 맡는다는 것을 알아차렸습니다. 결국 삶은 나에게 친절했습니다. 한 달 동안 워크숍에 다녀왔습니다.

술과 마약을 끊는 것이 어려웠지만 삶이 나아졌으리라 생각합니다. 담배를 끊으면 다시 좋아집니다. 그러나 이것은 당신이 결정할 문제입니다. 당신은 적절한 때에 그것을 할 것이고, 당신이 지구를 떠날 때까지 담배를 피울 수 있습니다. 저는 당신이 연관된 지금, 이 순간에 무엇이 옳고 그른 것인지 알지 못합니다. 그것은 당신의 삶이고, 저는 당신에게 무엇을 해야 할지 말할 수 없습니다. 그러나 비흡연자들은 간접흡연이 비흡연자의 건강에 매우 해롭다는 것을 알게 되었으며 흡연자 주위에 있거나 냄새를 맡고 싶어 하지 않습니다. 금연을 결심하면 쉽고 애씀 없이 편안하게 금연할 수 있다고 확언합시다. 인생에서 영원한 것은 없습니다. 흡연은 적절한 시기에 당신의 삶에 들어왔고 적절한 때에 완벽한 방법으로 떠날 것입니다. 당신을 위한 좋은 확언은 다음과 같습니다. **"나는 내 삶과 다른 사람들과 평화롭다. 모든 것이 잘 된다."**

친애하는 루이스에게,

저는 37세이고 비만이며 어디로 가야 할지 모르겠고, 삶의 방향성을 잃었습니다. 중독성과 강박적 행동의 긴 목록으로 고통받고 있습니다. 현재 폭식증 치료를 위해 병원에 입원해 있습니다. 그들은 제가 12단계 프로그램으로 작업하기를 원하지만, 그들이 저에게 무엇을 원하는지 전혀 모르기 때문에 그 프로그램에 좌절합니다. 이전에는 1명이 한 그룹에 차례로 참석했지만 절대로 지속되지 않았습니다.

제가 아는 것이라곤 내면이 아주 깊이 아팠다는 것뿐입니다. 중독과 강박적 행동을 저의 더 높은 힘에 맡기고 싶지만, 삶의 문제들에 대한 책임이 저에게 있다는 것을 받아들이는 데 어려움을 겪습니다. 변화하고 싶지만 두렵습니다.

사랑하는 이여,

당신 자신에 대한 답답함이 느껴집니다. 폭식증은 종종 자기혐오와 관련이 있습니다. 자아를 버리는 느낌과 자신이 가치가 없는 사람이라는 느낌이 있습니다. 폭식증을 앓고 있는 사람들은 종종 자신이 있는 그대로 모습으로는 결코 사랑받지 못할 것이라고 느낍니다.

어려워 보일지 모르지만, 체중 조절, 음식 섭취, 현재 자신 외모에 대해서는 잊어버리세요. 그것은 당신에게 일어나고 있는 자기 거부 기제의 일부입니다. 거울에 비친 자신에게 "나는 너를 사랑해. 정말로 사랑해."라고 매일 수 없이 확언합니다. 당신은 당신이 어떤 무게이든 상관없이 당신 안에 아름답고 신성한 존재가 있다는 것을 압니다.

당신은 여러 프로그램과 그룹에 참가했지만 성공하지 못했다고 말합니다. 12단계 프로그램은 훌륭하고, 그들이 당신에게 하길 원하는 활동을 두려워할 필요는 없지만, 그 훈련은 지속적이어야 하며, 그렇지 않으면 비효율적입니다. 프로그램에 참석하지 않을 때, 자신의 삶을 원하는 대로 정확하게 시각화하고 있습니까? 혼자 조용히 앉아서 중심을 잡고 명상합니까? 당신은 항상 긍정적인 확언을 합니까? 당신을 위한 좋은 긍정은 다음과 같을 수 있습니다. "**나는 내 사랑을 받아들이고, 이제 있는 그대로 나로 존재하는 데서 기쁨과 즐거움을 찾는다**."

당신이 찾고 있는 기적의 치료법은 당신이 당신의 어려움에 대한 해결책이 당신 안에 있다는 것을 기꺼이 인정하지 않는 한 다른 프로그램에서 찾을 수 없을 것이라고 믿습니다. 거울 작업을 하고 자신을 알아가기 시작하십시오. 자신을 진정으로 감사하기 시작하면 작은 기적이 곳곳에 나타날 것입니다.

친애하는 루이스에게,

저는 어린 시절 성적, 신체적, 정신적, 정서적 학대를 당한 22세 남성입니다. 저에게 이런 짓을 저지른 남자에 대한 분노는 다스렸다고 느끼지만, 여전히 제 몸에다 성적 욕망의 도를 넘은 학대를 지속하고 있습니다.

제가 이 편지를 쓰는 이유는 저의 '성적 욕망' 때문입니다. 저는 한 남자와의 성적 경험을 연달아 추구하지만, 거기서 많은 쾌락을 얻지는 못합니다. 몇 년 동안 나는 이 행동을 멈추고 싶었지만, 내 마음이 이 결정과 조화를 이루지 못하는 것 같았습니다.

사랑하는 이여,

당신이 도움을 청하고 있다는 것이 얼마나 멋진 일입니까?

"구하라! 그리하면 받으리라." 이 말을 꼭 기억하시고, 이용할 수 있는 도움을 드릴 수 있는 곳은 다음과 같으니 연락하세요. 자세한 내용은 SASE(보안 엑세스 서비스 에지)를 National Council on Sexual Addictions and Compulsivity, 1090 S. Northchase Parkway, Suite 200, South Marietta, GA 30067로 연락하세요. 전화번호는 (770) 989-9754입니다. 그들은 가장 가까운 성적 회복 모임의 위치를 알려줄 것입니다.

자신을 사랑으로 대하고, 어떤 부정적인 패턴도 기꺼이 내려놓으려고 노력한다면 해소될 수 있다는 것을 기억하십시오. 당신은 사랑할 가치가 있고, 사랑스럽습니다. 에이즈라는 불편한 질병이 생기는 이 시대에, 당신 자신과 파트너 모두를 위해 특별히 조심해야 합니다. 당신을 위한 치유의 확언은 다음과 같습니다. **나는 내 삶의 모든 영역에서 치유되고 온전하다.**

친애하는 루이스에게,

저의 어린 시절은 조금도 과장하지 않고 부모님의 음주 때문에 매우 힘들었습니다. 제가 어떤 성격으로 집에 돌아올지 확신할 수 없었습니다. 바보 같고 재미있는 술에 취한 사람 두 사람, 무섭기도 하고 때로는 학대하는 부모라는 사람. 말할 필요도 없이, 저는 친구들을 집에 데려와 놀러 온 적이 거의 없었습니다.

결국 18살에 집을 뛰쳐나갔고, 그 후 부모님은 마침내 AA(알코올 중독자 익명 자조) 모임에 참석하기 시작했고, 10년 동안 금주를 했습니다. 우리의 관계는 믿을 수 없을 정도로 가까워졌고, 저는 부모님이 아름답고 배려를 잘하는 사람인 것을 알게 되었습니다.

제 문제는 갑자기 부모님이 다시 술을 마시기 시작했고, 저는 그들 둘 다 각자의 길을 가고 있고 제가 그들을 책임질 수 없다는 것을 알고 있음에도 불구하고, 저는 여전히 그들이 알코올로 인한 끔찍한 세계로 다시 미끄러지지 않도록 제가 할 수 있는 말이나 행동이 있는지 궁금합니다. 저에게 해 주실 지혜로운 말씀이 있는가요?

사랑하는 이여,

얼마나 실망스러웠을까 싶어요. 부모님의 그런 상황에도 불구하고, 이제 당신은 그것이 *당신의 문제*가 아니라는 것을 깨닫게 되어 기쁩니다. 우리는 항상 부모에게 무엇이 가장 좋은 것일지 알기 원하고, 그 좋은 것을 원하지만, 더 큰 그림을 보기가 어렵습니다. 우리는 영혼의 차원에서 개인에게 어떤 경험이 필요한지를 항상 알 수는 없습니다. 우리는 인생의 모든 경험이 가치가 있다는 것을 압니다. 당신의 부모가 겪고 있는 일은 영혼의 차원에서 그들에게 가치가 있습니다. 우리 부모는 우리의 가장 위대한 교사이며, 때때로 그들이 우리에게 가르치는 교훈은 "행동하지 않는 방법"입니다. 그들과 10년 동안 가깝게 지내며 기억 속에 소중히 간직할 수 있었던 것을 기뻐하십시오. 그들을 사랑하고, 그들 내면에 있는 무한 지성이 항상 그들에게 항상 열려 있다는 것을 알도록 하십시오.

당면한 상황을 처리하는 방법에 대해 전문가의 도움을 받고 싶다면 알-아넌Al-Anon으로 가는 것이 좋습니다. 그것은 훌륭한 조직이며 저보다 훨씬 더 많은 답을 가지고 있습니다. 자신을 사랑하고, 내면의 아이에게 매우 친절하게 대하며, **"나는 내 삶의 모든 면에서 평화롭다"**라고 확언하세요.

결혼한 지 3년 되었습니다. 남편은 거의 20년 전 대학을 졸업한 이후 매일 밤 담배를 피우고 있습니다. 처음에는 매일 밤 남편이 퇴근하고 집에 돌아오면 중독이라고 생각되는 것에 빠져도 개의치 않았습니다. 그는 좋은 직업을 가지고 있으며 어떤 식으로든 학대하지 않습니다. 그러나 남편의 흡연이 점점 더 저를 괴롭히기 시작했습니다.

흡연 중독이 남편의 감정을 무디게 하고 실제로 아무것도 느끼지 못하게 한다고 생각합니다. 불쾌한 일이 생길 때마다 남편은 자신의 감정을 경험하지 않고 손가락 관절에 불을 붙일 뿐입니다. 이것이 우리의 부부 생활과 의사소통 수준에 영향을 미친다고 믿습니다. 하지만 남편에게 담배를 끊으라고 했을 때, 그는 "나를 만났을 때 내가 누군지 알았잖아. 난 절대 멈추지 않을 테니, 그걸 감당할 수 있을지 말지는 당신이 선택해야 해."라고 대응합니다. 저에게 문제가 되는 것은 이것입니다. '그를 그냥 내버려 둘 것인가', 아니면 '그가 정말로 약물 중독자인 것을 깨닫게 하려고 노력할 것인가'입니다.

남편에게 무엇이 최선인지 우리가 알고 있다 할지라도, **우리는 다른 사람들을 변화시킬 수 없습니다.** 당신의 남편은 당신에게 비밀을 지킨 적이 없습니다. 당신은 그와 결혼하기 전에 그의 습관을 알고 있었습니다. 담배를 끊으라고 고집을 부리면, 남편의 저항력은 더 강해질 뿐입니다. 이것을 전쟁으로 생각한다면 패배만 할 것입니다. 결혼 생활이 끝날 수도 있습니다. 그렇게까지 하고 싶습니까? 그를 변화시키려고 하기보다는, 당신 자신을 위해 노력할 것을 제안하고 싶습니다.

기분이 좋은 것은 중요하며, 기분이 좋을지, 않을지는 당신의 생각이 결정합니다. 당신 자신의 마음이라는 공간의 은밀한 곳에서, 당신이 정말로 원한다고 느끼는 종류의 결혼에 대한 당신의 확언을 연습하십시오. 당신의 확언은 당신이 원하지 않는 것이 아니라 당신이 원하는 것에 관해서만 이야기하도록 주의하십시오. ("남편이 담배를 피우지 않기를 바란다!"가 아니라 "우리 둘 다 이 결혼 생활에서 매우 편안하기를 바란다!"로 확언해야 합니다.)

당신을 기분 좋게 만드는 생각을 찾으십시오. 결혼 생활에서 감사할 만한 것들을 많이 찾아보세요. 자신을 사랑하십시오. 당신의 삶에 감사하십시오. 우주가 당신을 통해 행복과 기쁨을 흐르게 하십시오. 다음과 같은 확언이 유용합니다. **나는 멋진 결혼 생활을 하고 있으며, 우리는 둘 다 행복하고 자유롭습니다!**

중독 극복을 위한 확언

나는 내 안의 저항 패턴을 놓아버려야 할 대상으로만 본다.

나는 삶 그 자체에 의해 사랑받고 영양분을 공급받고 지지받는다.

나는 내가 할 수 있는 최선을 다하고 있다.

하루하루가 더 쉬워진다.

나는 기꺼이 중독의 욕구를 떨쳐버리려 한다.

나는 중독에서 벗어나 나 자신을 자유롭게 한다.

나는 나 자신과 내가 변화하고 있는 방식을 인정한다.

나는 중독보다 더 강력하다.

나는 이제 내가 얼마나 훌륭한 사람인지 깨닫는다.

나는 나 자신을 사랑하고 즐기기로 선택한다.

내가 살아 있는 것은 안전하다.

3장

노화

내가 존재하는 삶의 무한함 속에서,

모든 것은 완벽하고, 온전하며, 완전하다.

나는 한때 노화 과정을 정의했던 오래된 한계와 결핍을

더 이상 믿지 않기로 선택했다.

나는 한 해가 지날 때마다 기뻐한다.

나의 지적 풍요로움은 자라나고,

나는 무한 지혜와 접속하게 된다.

나의 노년기는 보물 같은 시기이며,

나는 나를 젊고 건강하게 유지하는 방법을 알고 있다.

내 몸은 매 순간 새로워진다.

나는 활력이 넘치고, 활기차고, 건강하고, 온전히 살아 있다.

이 확언이 나의 마지막 날까지에 기여하고 있다.

이제 이 이해를 바탕으로 내 삶을 살기로 선택한다.

나는 내 나이에 대해 평화롭다.

여러 세대에 걸쳐, 우리는 우리가 지구상에 몇 년 동안 살았는지에 해당하는 숫자가 우리에게 어떻게 느끼고, 어떻게 보이고, 어떻게 행동해야 하는지 말해 주도록 허용해 왔습니다. 삶의 다른 측면과 마찬가지로, 우리가 정신적으로 받아들이고 믿는 것은 우리에게 진실이 됩니다. 이제는 노화에 대한 우리의 믿음을 바꿀 때입니다. 주위를 둘러보고 허약하고 아프고 겁에 질린 노인들을 볼 때면, 즉시 "이럴 필요는 없어"라고 혼잣말합니다. 우리 중 많은 사람은 생각을 바꾸면 삶이 바뀔 수 있다는 것을 배웠습니다. 그래서 저는 우리가 나이 듦을 긍정적이고, 활기차고, 건강한 경험으로 만들 수 있다는 것을 알고 있습니다.

노인들 사이에서 변화에 대한 두려움, 가난, 질병, 노쇠, 외로움, 그리고 무엇보다도 죽음에 대한 두려움을 많이 봅니다. 이 모든 두려움이 불필요한 것이라고 진심으로 믿습니다. 그것은 우리가 배워 온 것입니다. 그것은 우리 안에 프로그램으로 저장되어 있습니다. 그것은 단지 습관적인 사고 패턴일 뿐이며, 바뀔 수 있습니다. 노년기에 많은 사람 사이에 부정적인 생각이 만연해 있으며, 그 결과 그들은 불만족 속에서 삶을 살아갑니다. 생각하고 말하는 것이 우리의 경험이 된다는 것을 항상 명심하는 것이 중요합니다. 따라서 우리는 우리의 꿈에 따라 우리의 삶을 형성할 수 있도록 생각과 말하는 방식에 주의를 기울이게 될 것입니다.

많은 사람은 이제 노인의 대열에 들어서고 있으며, 이제는 인생을 다른 방식으로 볼 때입니다. 우리는 부모님이 하셨던 방식으로 노년을 보낼 필요가 없습니다. 우리는 새로운 삶의 방식을 창조할 수 있습니다. 우리는 모든 규칙을 바꿀 수 있습니다. 우리가 자신 안에 있는 보물을 알고 사용하면서 미래로 나아갈 때, 우리 앞에는 좋은 것만이 놓여 있습니다. 우리는 우리에게 일어나는 모든 일이 최상의 선과 가장 큰 기쁨을 위한 것임을 알고 긍정할 수 있으며, 우리가 잘못될 수 없다고 진정으로 믿을 수 있습니다.

그냥 늙고 포기하고 죽는 것이 아니라 삶에 크게 이바지합시다. 우리에게는 사랑과 권능으로 세상으로 나아갈 수 있는 시간과 지식과 지혜가 있습니다. 우리는 사회를 구성하는 방식, 은퇴 문제, 보험, 의료 서비스를 바꿔야 합니다. 우리는 건강하고, 사랑이 넘치고, 부유하고, 현명하고, 즐거운 장수를 할 수 있습니다. 이제 우리가 모두 노년기에 될 수 있는 모든 것이 되어야 할 때입니다.

다음 편지는 노화 및 노인 돌봄 문제와 관련이 있습니다.

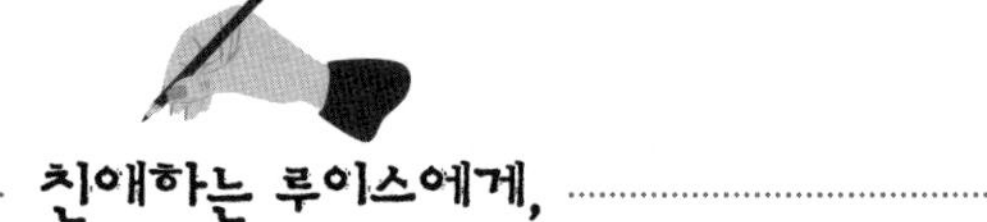

친애하는 루이스에게,

저는 90세인데, 건강이 매우 좋다는 사실에 자부심을 느낍니다. 저는 핸드볼을 아주 잘했는데, 약 7, 8개월 전까지만 해도 핸드볼을 즐겼는데, 그때 왼쪽 다리와 치아에 문제가 생기고 언어 장애가 생겨 몹시 심하게 앓게 되었습니다. 저는 그것이 노인들에게 영향을 미치는 스트레스와 질병 때문이라고 생각했습니다. 저는 5년 전에 아내를 잃었습니다. 우리는 결혼한 지 63년이 되었습니다. 마지막으로, 그리고 무엇보다도, 누구에게도 털어놓지 않은 죄책감이 깊이 뿌리박혀 있습니다.

저는 세 명의 의사에게 진찰받았고, 60일 동안 운동을 하기 위해 재활 센터에 갔지만 도움이 되지 않았습니다. 저는 염증의 원인을 알고 싶었지만, 의사 중 누구도 말해줄 수 없었습니다.

사랑과 기쁨을 강조하는 당신의 책《치유 있는 그대로의 나를 사랑하라》를 읽은 후, 100세까지 살고 싶다고 결심했습니다. 선생님이 가르치는 수업에 참석할 기회가 있다면 금방 건강을 되찾을 수 있을 것 같아요. 어떤 추천이라도 해 주셔서 감사합니다.

사랑하는 이여,

자신의 삶을 책임지고 더 큰 기쁨과 평안을 느끼기 위해 노력하는 당신을 칭찬합니다. 63년을 함께한 배우자를 잃는다는 것은 엄청난 도전입니다. 삶에서 목적의식을 찾는 것이 중요하며, 매일 그 목적을 입증할 무언가를 기대할 수 있습니다. 당신의 목적은 단지 현재의 관계를 구축하는 것일 수 있습니다. 자녀와 손자가 있습니까? 지난 몇 년 동안 당신의 관심사는 무엇이었습니까? 그리고 물론, 저는 과거의 상처를 치유하는 것을 추천합니다. 모든 분노를 내려놓고 사랑이 당신을 통해 흐르도록 하세요. 저는 진심으로 우리 모두가 항상 내면에 있는 사랑을 표현하기 위해 이곳에 왔다고 믿습니다.

많은 사람이 죄책감에 시달리며 자신의 행동이 너무 나빴다고 느끼기 때문에 결코 그것을 털어놓을 수 없습니다. 하지만 죄책감을 품으면 우리 자신과 다른 사람들 모두에게 필요한 사랑을 느끼지 못하게 됩니다. 저는 당신이 그 죄책감에 관해 이야기할 누군가를 찾는 도록 용기를 드리고 싶습니다. 죄책감을 떨쳐 버리는 것이 중요합니다.

몸의 왼쪽은 일반적으로 여성성을 나타내고 오른쪽은 남성성을 나타냅니다. 당신의 다리 문제가 당신의 왼쪽에 있어서, 저는 당신이 용서해야 할 어떤 여성적 모습이나 당신이 자신에게 가져와야 할 용서에 어떤 여성적 모습이 관련되어 있는지 궁금합니다. 치아 문제는 종종 결정을 잘 못 내리는 우유부단함을 나타냅니다. 당신의 말은 자기표현의 수단입니다. 무엇이 그토록 표현하기 어려운 것일까요? 어쩌면 그것이 바로 당신이 죄책감을 느끼는 이유일지도 모릅니다.

유감스럽게도 더 이상 예전에 했던 교육 프로그램을 지금 글을 쓰는 이 순간에는 진행하지 않습니다. 내 일은 더 많은 글쓰기, 약간의 강의, 정원 가꾸기, 저 자신을 돌보는 것을 포함하는 새로운 방향을 선택했습니다. 그러나 저만큼 당신을 도울 수 있는 훌륭한 선생님들이 많이 있습니다. 근처 형이상학 서점이나 지역 신문에서 자기 계발 교육과 영적 교사에 대한 정보를 제공하는 공지를 확인하십시오.

당신은 매우 특별한 존재이며 인생의 많은 축복을 받을 자격이 있다는 것을 아십시오. 치유의 길을 계속 걸어갈 때 자신에게 매우 친절하고 관대하게 대하십시오. 다음과 같은 확언이 도움이 될 것입니다. **나는 인생의 다음 단계의 모든 것에 대해 마음을 열고 받아들인다.**

친애하는 루이스에게,

저는 지난 19년 동안 의료계에서 일해 왔으며 많은 연로하신 선배들과 함께 일하고 있습니다. 그들 중 많은 사람이 매우 슬프고 씁쓸한 사람들입니다. "좋은 아침입니다!"라고 반갑게 인사하면 "늙지 마세요!" 또는 "늙는 건 지옥이에요!"라는 대답이 돌아오곤 합니다.

여러 해 동안 이 말를 반복해서 들은 후, 나는 마침내 한 여성에게 "대안이 무엇이냐?"라고 묻기로 결심했습니다.

그녀는 아주 낮고 거친 어조로 "죽음!"이라고 대답했습니다.

저는 제가 보는 환자들을 위해 모든 훌륭하고 멋진 것들을 긍정 확언하려고 노력합니다. 하지만 답답함을 느낍니다. 더 이상 부정적인 메시지를 듣고 싶지 않습니다. 이 행성에서의 마지막 날까지 웃고 춤추고 싶어요. 노화에 대해 부정적으로 말하는 사람들에게 무슨 말을 할 수 있을까요? 아니면, 이 반복되는 부정적인 메시지를 멈추기 위해 나 자신에게 무슨 말을 할 수 있을까요?

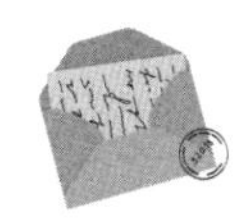

사랑하는 이여,

"설탕, 소금, 지방이 많이 함유된 "표준 미국 식단"을 평생 먹어야 한다. 또는 '가벼운 질병에 대한 약물 사용, 삶에 대한 부정적인 견해를 가짐, 늙는다는 것은 아프다는 것'을 의미한다!"라고 믿는 것은 당신이 묘사하는 노인을 낳을 것입니다. 이들은 자신이 인생의 희생자라고 느끼는 사람들입니다. 의료계에서는 건강한 노인을 많이 볼 수 없습니다. 이제 우리가 노년을 바라보는 시각을 완전히 바꿔야 할 때입니다. 우리는 부모님과 같은 삶을 살 필요가 없습니다. 이제는 규칙과 낡은 믿음을 바꿀 때입니다. 당신과 저는 새로운 삶의 방식을 창조할 수 있습니다. 우리는 마지막 날까지 웃고 춤출 수 있으며, 우리와 함께하고 싶은 다른 사람들도 마찬가지 입니다.

주변 사람들이 부정적일 때, 저는 "당신들한테는 사실일지 몰라도 나한테는 사실이 아니야"라고 혼잣말합니다. 어쩌면 적극적으로 건강을 추구하는 사람들을 찾을 수 있는 전인 적 치료접근법을 가진 대체의학 건강 분야에서 일하는 것이 더 보람 있을 것입니다. 저는 누군가가 전인적 건강 센터를 포함하는 은퇴 노인 전용 아파트를 만드는 것을 보고 싶습니다. 그곳에는 전통적인 의사와 간호사 외에도 카이로프랙틱(추나요법), 침술, 동종 요법, 중국 전통 의학(한의학), 영양, 약초학 치유법, 마사지, 요가, 피트니스 클럽 등이 갖추어져 있으면 좋겠습니다. 이곳은 모두가 건강하고 근심 걱정 없는 노년을 기대할 수 있는 곳이 될 것입니다. 저는 그런 장소가 곧 대기자 명단이 길게 늘어설 거라고 확신합니다.

다음의 확언을 사용하십시오. **나는 건강하고 행복한 사람들에 둘러싸여 있다.** 그런 다음 우주가 당신을 위해 그것을 어떻게 나타내는지 지켜보십시오.

친애하는 루이스에게,

저는 13세 딸을 둔 31살의 독신 엄마입니다. 간호 프로그램에 등록할 계획입니다. 제가 직면한 어려움은 두 달 전에 알츠하이머 2기에 있는 75세 할머니의 주 간병인이 되었다는 것입니다.

할머니의 끊임없이 쏟아지는 부정성과 정신적으로 학대적인 말 속에서 어떻게 하면 양질의 사랑의 보살핌을 계속 제공할 수 있을까요? 저는 그녀를 사랑하고 그녀를 돌보는 데 전념하지만, 그 과정에서 저 자신을 잃고 싶지 않습니다. 또한 딸이 "할머니는 이미 자신의 삶을 거의 다 살았지만, 나는 이제 막 시작했을 뿐이야."라고 말할 때, 제 십대 딸을 돕는 방법에 대해 조언해 주실 수 있습니까? 도와주세요!

사랑하는 이여,

우리가 너무 과도한 정신적인 부담의 상태에 있을 때, 부정적인 것에 초점을 맞추는 것을 멈추는 것이 좋습니다. 한계만 볼 때 좋은 해결책을 찾을 수 없습니다. 숨을 깊이 들이마십니다. 어깨, 얼굴, 두피의 긴장을 풀어주세요. 모든 상황을 우주로 넘겨버리십시오. 스스로 반복해서 이렇게 확언하는 게 좋습니다. **"모든 게 다 괜찮아. 모든 것이 우리의 최상의 선을 위해 일어나고 있다. 이 상황에**

서는 좋은 것만 올 것이다. 우리는 안전하다!"

그런 다음 완벽한 해결책으로 상상할 수 있는 것에 집중하십시오. 이상적인 장면은 무엇입니까? 당신의 의도를 종이에 적으십시오. 이 비전을 굳게 간직하십시오. 이것을 딸과 공유하십시오. 두 사람 모두 지속해서 긍정 확언을 하십시오. 그런 다음 긴장을 풀고 우주가 확언들이 어떻게 나타나도록 하는지 지켜보십시오. 당신과 당신의 딸은 당신이 얼마나 강력한지 알게 될 것입니다.

친애하는 루이스에게,

노화 문제로 어려움을 겪고 있습니다. 제 외모에 너무 신경질적이 되어서 며칠 동안 거울을 보지 않습니다. 그러다가 제 모습을 엿볼 때면 완전히 망연자실합니다.

지금 많은 어려움이 있지만, 저의 모든 우울증은 젊음과 아름다움을 잃는 것에 집중된 것 같습니다. 어떻게 하면 내 생활에 지장을 주지 않고 이 문제를 해결할 수 있을까요?

사랑하는 이여,

신은 우리를 풍성하고 충만한 삶을 살 수 있는 신성하고 장엄한 피조물로 창조하셨습니다. 우리는 모든 시대를 경험하게 되어 있는데, 모든 시대에는 그 나름의 특별한 체험이 있기 때문입니다. 태어날 때부터 늙을 때까지 우리는 기쁨에 살 수도 있고, 비참하게 살 수도 있습니다.

젊음만이 있어야 할 곳이라는 현재의 사회적 믿음에 매달리지 마십시오. 그렇게 하면 행복을 빼앗기게 됩니다. 모든 나이를 거치는 시절은 아름답습니다. 당신이 젊었을 때 너무나 아름다웠기에 삶에서 다른 가치를 세우지 않았습니까? 외모가 중요하다고 누가 가르쳐 주었습니까? 아무도 당신을 다시는 사랑하지 않을 것으로 생각합니까? 정말 늙느니 차라리 죽는 편이 낫겠다고 생각하는 것은 아닌지요?

걱정은 노화의 속도를 재촉할 뿐입니다. 현대 사회 문화와 미디어가 젊음과 아름다움을 너무 강조하는 것은 불행한 일입니다. 우리는 모두 어느 시점에서 젊지만, 우리 중 현재의 미의 기준을 충족시키는 사람은 거의 없습니다. 우리는 우리 자신에게 이런 압력을 가하는 것을 멈춰야 합니다. 내면의 아이를 사랑하는 법을 배워야 할 때입니다. 그녀(그)를 행복하게 해주면 당신은 매일 젊어 보일 것입니다. 이렇게 확언하세요. **나 자신을 더 사랑할수록 나는 더 젊어 보인다.**

지금 여기에서 자신을 사랑하는 법을 배우십시오. 정말 곤경에 처한 사람들과 함께 자원봉사 활동을 하십시오. 당신은 그들에게 줄 것이 너무나 많으며, 그것은 너무나 필요합니다. 삶의 리듬과 흐름을 즐기십시오.

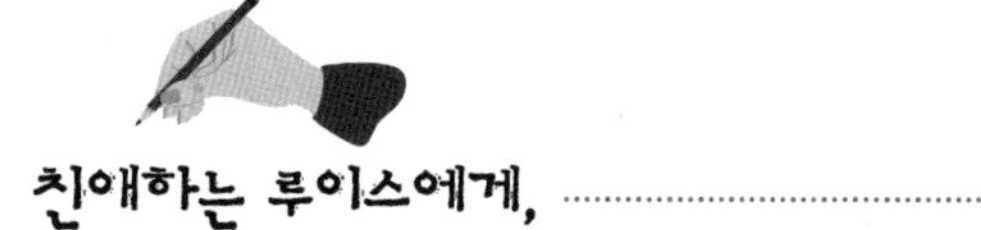

친애하는 루이스에게,

저는 신이 소위 유전병이나 "노년기" 질병을 고치실 수 있다거나 고치실 것이라고 믿는 것이 고통스럽습니다. 왜냐하면 어떤 질병은 나이가 들어감에 따라 "정상"이라는 것이 어렸을 때부터 제 안에 뿌리 깊게 박혀 있었기 때문입니다. 그리고 신께서 대머리, 노환, 흰머리를 고치시는 것 이상으로 그 질병을 고치지 않으실 것이기 때문입니다.

저는 수백만 명의 사람들이 같은 믿음을 가지고 자랐다고 확신하며, 이는 의료계의 지원으로 더욱 악화하였습니다. 의사가 "나이가 들면서 이런 일이 일어나는 것은 정상입니다"라고 말할 때 치유를 위해 기도하기는 어렵습니다.

어떻게 생각하세요?

사랑하는 이여,

어떤 것이 당신 안에 뿌리 박혀 있다고 해서 그것이 사실이 되는 것은 아닙니다. 우리는 한때 세상이 평평하다고 믿었다는 것을 기억하십시오. 정말 치유가 필요한 것은 나이가 들면서 건강이 악화하는 것은 '정상'이라는 사회적 믿음입니다. 우리는 이것을 믿을 필요가 없습니다. 우리는 사회적 관념을 믿는 우리의 한계를 넘어서야 합니다. 당신의 몸은 닳을 필요가 없습니다. 몸은 끊임없이 스스로 새롭게 하고 있습니다. (디팩 초프라 박사의 《늙지 않는 몸, 영원한 마음》이라는 책을 참고하세요.)

저는 다른 대체의학 의사를 찾을 것입니다. 전인적 치유 전문가를 시도하는 것을 고려할 수 있습니다. 당신이 먹는 음식이 당신의 컨디션에 이바지할 수 있다는 것을 알고 있습니까? 건강식품 가게에서 쇼핑하고 영양에 관한 책을 읽는 것은 건강과 치유에 대한 지식을 늘리는 좋은 방법입니다.

신은 우리가 믿기로 선택한 것을 정확히 주십니다. 우리가 한계를 믿는다면, 우리는 한계를 갖게 될 것입니다. 당신을 위한 좋은 확언은 다음과 같을 수 있습니다. **나는 기꺼이 이해심을 키우고, 매일 젊어진다.**

친애하는 루이스에게,

어머니는 강박 증세를 보이고 계십니다. 그녀는 하루에 적어도 100번 이상 손을 씻고 생각과 생각의 꼬리 물기를 노래하듯이 반복합니다. 어머니는 현재 91세이며 98세인 아버지와 함께 집에서 살고 있습니다. 그녀는 더 이상 집을 돌볼 수 없지만, 저나 다른 사람이 집을 청소하거나 도와주는 것을 거부합니다.

최근에 어머니 댁을 방문했는데, 어머니는 생활에 방해가 되면 불안해지기 때문에 더 이상 오지 말라고 말했습니다. 어머니가 내가 없어지기를 바라는 게 너무 슬프고, 7일 전에 봤는데도 어머니를 안고 있는 내 심장을 생각하면 가슴이 아파요.

연로한 부모를 대하는 방법에 대한 통찰력이 필요합니다. 어떻게 하면 어머니의 의사를 존중하고 놓아줄 수 있을까요?

사랑하는 이여,

어머니의 행동은 당신과는 아무 상관이 없다는 것을 깨닫기를 바랍니다. 모든 행동과 불편함은 욕구를 채우기 위해 만들어집니다. 사랑하는 사람들이 그들의 욕구를 충족시키려고 하는 필요 사항을 이해할 때, 그들의 삶의 과정을 사랑하고 지지하는 것이 더 쉬워집니다.

강박적 행동은 통제력을 느끼고 싶은 욕구를 충족시키고자 할 때 나타납니다. 통제의 필요성은 항상 두려움이란 감정과 똑같습니다. 두려움의 패턴은 일반적으로 어린 시절에 시작되는데, 이는 우리가 삶과 환경에 대한 통제력이 가장 낮다고 느끼는 시기이기 때문입니다. 우리 중 많은 사람에게 노화는 우리가 어렸을 때처럼 취약하다고 느끼는 시기이기도 합니다. 연약하고 두려운 존재가 어떤 감정을 느낄지를 기억하는 것은 연로한 부모에게 세심한 사랑과 지원을 베푸는 데 도움이 될 수 있습니다.

어머니가 허락하는 한 안전하다고 느끼도록 도와주십시오. 먼저 어머니가 무엇을 원하는지, 무엇이 어머니가 안전하다고 느끼는지 이해한다면, 어머니와 함께 있는 것이 더 성공적일 수 있습니다.

당신의 어머니는 당신을 들여보내지 않기로 선택할 수 있습니다. 가슴 아픈 일이지만, 책임감을 느끼고 싶은 욕구를 떨쳐 버리기 시작해야 할 필요가 있을 것입니다. 내려놓는 이 과정에서 도움을 찾는 것은 매우 중요합니다. 당신은 혼자가 아닙니다. 많은 사람이 연로한 부모에게 사랑과 지원과 존엄성을 베풀어야 하는 민감한 문제에 직면해 있습니다. 같은 관심사(노부모를 돌봐야 하는 자식들)를 가진 단체에 연락하십시오. P.O. Box 167, Richboro, PA 18954, (800) 227-7294 당신이 살고 있는 지역의 지원 및 도움에 대한 정보를 제공할 것입니다.

이 주제에 관한 훌륭한 책은 유지니아 앤더슨-엘리스Eugenia

Anderson-Ellis의 《연로하신 부모님과 당신 Aging Parents & You》입니다. 다음과 같이 확언하십시오. **어머니와 나는 한계를 넘어 자유로 나아간다. 우리는 우리가 될 수 있는 모든 것이 될 자유가 있다!**

노화 과정을 이해하기 위한 확언

나는 나이를 불문하고 젊고 아름답다.

나는 삶이 제공하는 모든 것을 경험할 수 있다.

나는 성취감과 생산적인 방식으로 사회에 이바지한다.

나는 나의 재정, 나의 건강, 나의 미래를 책임지고 있다.

나는 내 삶 속의 어린이와 청소년들을 존중하고 존경한다.

우리 가족은 나를 지지하고, 나도 그들을 지지한다.

나는 내가 만나는 모든 사람으로부터 존경을 받는다.

나는 내 인생의 모든 연로하신 분들을 존중하고 존경한다.

나는 내 세상에서 모든 나이대의 시간을 잘 보낸다.

나는 제한이 없다.

All is well
in my world!
I am safe!

4장

직업

나는 내 마음속의 생각이
나의 근무 조건과 관련이 있다는 것을 알고 있어서
의식적으로 내 생각을 선택한다.
내 생각은 도움을 주는 쪽이고 긍정적이다.
나는 번영하는 생각을 선택한다.
그러므로 나는 번영한다.
나는 조화로운 생각을 선택한다.
그래서 조화로운 분위기 속에서 일하고 있다.
나는 오늘 해야 할 중요한 일이 있다는 것을 알고
아침에 일어나는 것을 좋아한다.
나는 깊은 성취감을 주는 도전적인 일을 하고 있다.
내가 하는 일을 생각하면 내 마음은 자부심으로 빛난다.
나는 항상 고용되어 있고, 항상 생산적이다.
인생은 좋은 것이다.
그리고 그것은 사실이다!

사람들이 제게 인생의 목적에 관해 물으면, 일이 삶의 목적이라고 말합니다. 대부분 사람이 자신의 직업을 싫어하고, 심지어 더 최악인 것은 자신이 무엇을 하고 싶은지 모른다는 것입니다. 그런 사실을 알았을 때 너무나도 슬픕니다. 인생의 목적을 찾는 것, 좋아하는 일을 찾는 것은 자신을 있는 그대로 존재로 사랑하는 것입니다.

어쩌면 여러분은 지금 갇혀 있다고 느끼는 직장에 다니고 있거나, 그 일이 싫거나, 월급을 봉투를 집에다 가져다주기 위해 시간을 투자하고 있다는 것을 알게 될 수도 있습니다. 긍정적인 변화를 만들기 위해 할 수 있는 일이 분명히 있습니다. 여러분의 상황을 변화시키기 위해 사용할 수 있는 가장 강력한 도구는 지금의 직업을 사랑으로 축복하는 것입니다. 어디에서 일하든, 그 장소에 대해 어떻게 느끼든, 그곳을 사랑으로 축복하십시오.

말 그대로 말입니다. **"나는 내 직업을 사랑으로 축복합니다."** 라고 말하지만, 거기서 멈추지 마십시오. 건물에 대한 사랑, 건물에 있는 장비, 책상이 있는 경우 책상, 카운터, 사용할 수 있는 다양한 기계, 제품, 고객, 함께 일하는 사람들, 함께 일하는 사람들, 그리고 이 직업과 관련된 모든 것을 사랑으로 축복하십시오. 이 간단한 축복은 놀라운 일이 일어나게 할 것입니다.

만약 지금 가지고 있는 직업이 싫다면, 그 증오의 감정을 지금 직장을 그만두고 다른 직장을 가질 때 가지고 갈 것입니다. 좋은 새 직장을 구하더라도 얼마 지나지 않아 새 직장을 싫어하게 될 것입니다. 지금 자기 안에 어떤 감정을 품든, 그 감정을 새로운 장소로 가져갈 것입니다. 만일 지금 불만이 가득한 세상에 살고 있다면, 어디를 가든 불만을 발견하게 될 것입니다. 삶에서 긍정적인 결과를 보기 전에 지금의 의식을 바꿔야 합니다. 그러면 새로운 직업이 삶에 들어왔을 때, 그것은 좋은 일이 될 것이며, 그 직업을 감사히 여기고 즐길 것입니다.

여러분이 생계를 꾸리기 위해 "열심히 일"해야 한다는 신념을 가지고 자랐다면, 그 믿음을 버릴 때입니다. 좋아하는 일을 하면 돈이 생깁니다. 지금 하는 일을 사랑하면 돈이 올 것입니다. 여러분은 돈을 버는 것을 즐길 권리가 있습니다. 삶에 대한 여러분의 책임은 즐거운 활동에 참여하는 것입니다. 좋아하는 일을 할 수 있는 방법을 찾을 때, 인생은 번영과 풍요로움으로 가는 길을 보여줄 것입니다. 거의 항상 그 활동은 즐겁고 재밌습니다. 우리의 내면 인도는 결코 우리에게 "해야 할 일"을 주지 않습니다. 인생의 목적은 노는 것입니다. 일이 놀이가 될 때 즐겁고 보람을 느낍니다. 직장 생활이 어떤 모습일지 결정하는 것은 여러분임을 기억하십시오. 그것을 달성하기 위해 긍정 확언을 만드십시오. 그런 다음 자신이 만든 이러한 확언을 자주 선언하십시오. 여러분은 원하는 직장 생활을 할 수 있습니다!

다음 편지는 직업 및 경력 주제와 관련이 있습니다.

친애하는 루이스에게,

최근에 애틀랜타로 이사하여 비타민과 허브를 판매하는 우편 주문 사업을 시작했습니다. 새로 시작한 일에 대해 기분이 좋고 이 사업이 성공하기를 바랍니다. 저는 현재 임시직으로 일하고 있고, 곧 일이 끝나기 때문에 열심히 통신판매 사업을 준비하고 있습니다. 저는 고객에게 서비스를 제공하고 "내가 좋아하는 일을 하면 돈이 따라온다!"라는 말을 많이 들었습니다. 하지만 어떻게 하면 잠재 고객에게 더 나은 서비스를 제공하고 "단순히 돈을 버는 것"에 얽매이지 않을 수 있을까요? 이 작업을 수행하는 방법에 대한 몇 가지 제안을 해주시겠습니까?

사랑하는 이여,

자신의 사업을 시작하는 것이 멋지지 않습니까?

미국 전체 사업체의 35%가 여성이 소유하고 있다는 사실을 알고 있습니까? 그리고 당신도 그 대열에 합류하고 있지 않습니까? 사업이 어디까지 뻗어나갈 수 있는지는 하늘에 있는 허공이 당신의 유일한 한계입니다. 돈은 잊어버리세요. 고객의 삶을 향상하는 좋은 제품을 내놓으세요. 훌륭하고 신뢰할 수 있는 서비스를 제공하십시오. 한 걸음 더 나아가면 평생 고객을 확보하게 될 것입니다. 메일을 열거나 전화를 받기 전에 먼저 주문과 전화에 대해 먼저 그들을 사랑으로 축복하십시오. 모든 청구서를 제시간에 처리하십시오. 주문을 즉시 발송하십시오. 각 주문에 약간의 추가 사항, 예를 들어 확언 카드를 추가하십시오. 여러분의 모든 사업 거래를 서로를 축복하고 번영할 기회로 여기십시오. 사랑으로 베풀면 돈은 저절로 생깁니다. 사업 번창에 관한 확언은 다음과 같습니다. **나는 번영할 자격이 있다. 수입은 계속 증가하고 있다. 나는 성공한 사람이고, 나는 안전하다.**

친애하는 루이스에게,

저는 40대의 매우 유능하고 지적인 전문직 남성이지만(고등학교 체육 교사) 직업을 오래 가질 수 없을 것 같습니다. 이상적으로 보이는 상황에 부닥칠 때마다 매번 저를 방해하는 바보가 제 위에서 일하고 있다고 느낍니다. 보통 그들은 제가 학생들에게 인기가 많고 또래처럼 그들과 공감할 수 있어서 저를 질투합니다. 또는 때로는 중요한 문제를 해결해야 한다고 느낄 때 할 말을 해야 한다고 목소리를 높이는 경향이 있습니다. 교장이나 다른 관리자가 누군가가 자신의 권위에 도전하는 것을 참을 수 없어서 다시 직장을 잃게 됩니다.

제가 뭔가 잘못하고 있다고 생각합니까? 왜 저는 항상 직업 생활에 패배자를 끌어들이는 걸까요? 도움을 주시면 감사하겠습니다.

사랑하는 이여,

당신은 어떤 식으로든 틀리지 않았습니다. 그러나 당신은 오래된 어린 시절에 맺었던 가족 패턴을 직장 생활에까지 무의식에서 가지고 다니고 있습니다. 많은 사람이 이렇게 합니다. 그렇다면 우리는 우리를 부모님처럼 대하는 상사들이 왜 있는지 이유를 이해하지 못합니다. 당신 위에서 일하는 이 "바보들"은 가족 중 누구를 생각나게 하나요? 저는 그들이 당신에게 어떻게 보이는지에 대해 이야기하는 것이 아니라 그들이 어떻게 행동하는지에 대해 이야기하고 있습니다. 가족 중 누가 당신을 그렇게 대했습니까? 이 사람은 당신이 용서해야 할 사람입니다. 오래된 가족의 무의식적 짐을 보이지 않게 짊어지고 다니는 한, 당신은 항상 직장 문제를 겪을 것입니다.

당신 위에서 일하는 사람들을 단순히 "바보"라고 부르는 것은 의미가 없습니다. 그들은 단지 당신의 유형을 당신에게 거울처럼 비춰주고 있습니다. 그들은 잠재의식 수준에서 당신이 기대하는 역할을 맡았습니다. 거울 작업을 하는 것이 좋습니다. 거울 앞에 앉아서 관련된 부모와 이야기하십시오. 예를 들어, 그 부모가 당신의 아버지라면, 직접 만나서 말하기 어려운 모든 것을 거울에 비친 자신의 눈 안에 보이는 그에게 말하십시오. 모든 좌절과 분노를 쏟아냈다면, 아버지에게 용서한다고 말하고, 그 당시에는 최선을 다했을 뿐인 것을 깨닫습니다. 그 순간부터 그분이 당신의 마음에 떠오를 때마다, "아버지 저는 당신을 용서하고 아버지를 자유롭게 놔드립니다!"라고 말하십시오. 또한 이전 직장 동료를 생각할 때마다 "나는 당신을 사랑으로 축복하고 용서합니다!" 라고 말하십시오. 이런 식으로 의식을 비우면 직장에서 다시는 이런 문제가 발생하지 않을 것입니다.

친애하는 루이스에게,

저는 카이로프랙틱 인턴십을 마치려고 노력하는 26세 여성이지만, 학교를 마치고, 생계를 꾸리고, 학자금 대출을 갚을 수 있을지 알 수 없어서 실패자처럼 느껴집니다. 그리고 척추 지압사가 되고 싶다고는 생각도 안 해요! 제가 불평하며 다니는 학교에 다닐 때마다 사람들은 항상 저에게 클리닉에 가서 치료받아 얼마나 나아졌는지 말하곤 했는데 지금은 더 나빠졌습니다.

항상 너무 피곤하고 우울하며, 살이 20kg 이상 더 쪘고 소화 및 생리 문제가 있습니다. 저는 신체적으로 뭔가 심각하게 잘못되어서 학교를 마치지 않을 핑계를 댔으면 좋겠다고 생각했습니다. 가끔은 자살을 생각하기도 합니다. 이런 생각만 해도 두렵지만, 눈앞에 놓인 일은 불가능하다고 느낍니다. 제 질문은 다음과 같습니다. 죽을 것 같은 이 경험을 어떻게 극복할 수 있습니까? 그냥 그만두고 실패자라는 수치심과 갚지도 못할 거대한 빚과 함께 살아야 할까요?

사랑하는 이여,

지금 가고 있는 이 길을 그냥 그만둔다면 왜 실패자가 될 거로 생각합니까? 가족 중 누가 당신에게 그런 말을 하고 있습니까? 당신은 누구를 기쁘게 하려고 합니까? 제 경험에 비추어 볼 때, 사람들이 기쁨과 성취감을 가져다주는 일을 할 때 삶에 대한 열정으로 가득 차게 됩니다. 제게는 당신이 아직 인생의 목적을 찾지 못한 것처럼 들립니다. 어쩌면 척추 지압사가 되는 것은 당신이 기쁘게 하려고 했던 다른 사람의 성취였을 것입니다. 무엇이 당신에게 기쁨을 가져다줍니까? 무엇이 당신의 가슴이 설레어 노래 부르게 합니까?

내면으로 들어가 당신의 진정한 목적을 당신에게 드러내도록 삶의 과정을 믿으십시오. 진정으로 좋아하는 일을 하다 보면 돈이 따라오고, 체중이 들쑥날쑥하지 않게 안정되고, 소화 문제가 가라앉는다는 것을 알게 될 것입니다. 그러는 동안, 당신을 진정으로 행복하게 하는 일을 찾고 그것을 추구하십시오. 당신이 걸어온 길을 축복하고, 그 길이 그 특정 시기 당신에게 완벽했다는 것을 아십시오.

이제 우주를 향해 두 팔을 벌리고 사랑스럽게 자신을 안아줄 때입니다. 당신의 삶에 펼쳐지는 신성한 질서를 위한 놀라운 확언은 **나는 삶의 과정을 신뢰한다. 내가 하는 모든 선택은 나를 위한 완벽한 선택이다. 나는 안전하다. 그것은 단지 변화일 뿐이다. 나는 사랑스럽게 과거를 놓아주고, 이제 나에게 깊은 성취감을 주는 새롭고 멋진 직업을 창조한다. 그리고 그것은 사실이다.**

다음에 어떤 단계를 밟아야 할지 정말 모르겠습니다. 저는 29년 동안 초등학교 1학년부터 4학년까지 가르치는 담임교사로 일했습니다. 우여곡절이 많았기 때문에 쉽지 않은 경력이었습니다. 지금은 이 직업을 그만두고 싶어요. 스트레스 때문에 부분 장애 연금을 받으려고 합니다. 장애 연금 받는 데 실패하면 정말 무엇을 해야 할지 모르겠습니다. 사랑이 넘치는 분위기 때문에 메리 케이에서 경력을 쌓고 싶지만, 아직 제가 할 수 있다는 것을 증명하지 못했습니다. 가르치는 일에 대한 저에게 부여된 모든 요구 때문입니다. 저는 더 이상 아이들의 불만과 이 "풍토"에서 배울 수 없는 무능력과 같은 실제 문제에 대해 무관심한 제도 일부가 되고 싶지 않다고 느낍니다. 교육과정을 바꾸는 것은 답이 아닙니다. 저는 더 이상 제가 아이들의 세계에 어떤 변화도 줄 수 없다고 느낍니다.

이번 생에서 저에게 일어난 많은 일들(저는 50세이고 결혼도 하지 않았고 자녀도 없음)이 일어났기 때문에 인생은 제가 가장 자주 느끼는 사랑과 평화와 기쁨에 관한 것임을 알아차릴 수 있었습니다. 하지만 지금 당장은 어떤 방향으로 나아가야 할지 아는 데 도움이 필요한데, 메리 케이 커리어에서 성공하지 못하면 어떤 일이 일어날지 두렵기 때문입니다. 저는 루이스 헤이 당신의 제안을 정말로 원합니다.

마치 자신 생각으로 스스로 공포에 떨게 하는 것처럼 들립니다. 어떤 생각이 두려움을 불러일으키고 어떤 생각이 평온을 가져다 주는지 조사하기 시작하십시오. 자신과 화해하기 전까지는 다른 직장에서도 결코 평온을 찾을 수 없을 것입니다. 스트레스는 내면의 일입니다. 가르치는 일이 더 이상 당신에게 옳은 일이 아니라면, 그 일을 그만두십시오. 그러나 두려움으로 교사직을 내려놓는 것이 아닌 사랑과 기쁨으로 남겨 두십시오. 당신이 정말로 원하는 것을 찾으십시오. 자신을 존중하고 어디로 가야 할지 방향을 위해 기도하십시오. 자신을 사랑하십시오. 도전하고 그에 대한 위험을 감수하십시오, 그러면 우주는 당신이 지금 상상조차 할 수 없는 방식으로 당신을 지원할 것입니다. 메리 케이Mary Kay는 함께 일하기 좋은 그룹이라는 당신의 말이 맞아요. 저는 당신이 아주 잘 해내리라는 것을 알고 있습니다. 다음과 같이 확언하세요. **나는 인생에서 다음 기회를 향해 앞으로 나아가고 있으며, 모든 것이 잘될 것이다.**

친애하는 루이스에게,

저는 상사 문제가 있습니다. 저는 이 사람에게서 한 가지 좋은 점을 발견하기 위해 3년을 보냈습니다. 그는 사람들을 얕보고, 이용하고, 서로 적대시하고, 우리를 실패로 몰아넣습니다. 어느 순간 그는 당신을 좋아하는 척하다가 동료들 앞에서 당신을 얕잡아 봅니다. 세 명의 여성이 그를 차별 혐의로 고소했고, 여기는 정부 기관이기 때문에 그는 여전히 여기 있고 그 여성들이 떠났습니다. 이 상사라는 녀석이 저를 어떻게 할 수는 없겠지만, 저는 더 많은 도움이 필요하다고 생각합니다. 어떻게 해야 할까요?

사랑하는 이여,

내가 보기에는 당신이 아직도 아버지의 사랑을 얻으려고 애쓰는 것 같습니다. 당신의 편지를 읽고 또 읽은 후, 저는 "왜 아직도 그런 상사라는 사람을 위해 일하고 있습니까?" 하고 묻습니다. 우리가 처한 상황에서 교훈을 얻는 것을 옹호하지만, 아마도 당신의 교훈은 이런 종류의 상황을 다시는 끌어들이지 않기 위해 자신 삶의 영역에 노력하는 것일 수 있습니다. 직장에서 나오십시오! 이런 상황에 머무는 것은 자신을 사랑하는 것이 아니며, 당신이 이 사람을 바꿀 수 있다고 생각하는 것은 현실적이지 않습니다.

당신을 위한 좋은 확언은 다음과 같을 수 있습니다. **나는 친절하고 사랑이 많은 사람이다. 그리고 나는 친절하고 사랑이 넘치는 사람들을 위해 일한다.**

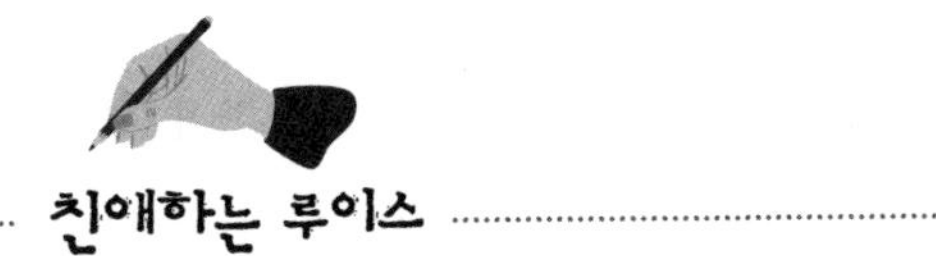

친애하는 루이스

저는 성공한 워킹 아티스트입니다. 그러나 가끔 누군가가 와서 제 디자인을 훔치거나 작품을 복제하는 것 같습니다.

이 문제로 인해 작품을 보여주는 데 저항이 생깁니다. 저는 여전히 매우 창의적이고 여전히 제 모든 작품을 보여주지만, 항상 이 생각이 마음을 스쳐 지나갑니다. 누군가 이 디자인이나 아이디어를 훔쳐 간다면 어떨까요? 이 도둑 중 몇 명과 대면해 보았지만, 그들은 별로 신경 쓰지 않고 양심의 가책을 느끼지 않는 것 같습니다. 소송하는 것은 제가 원하는 것이 아니며, 저는 그 길을 가고 싶지 않습니다.

왜 이런 일이 발생하는지 이해하고 싶습니다. 낡고 부정적인 에너지를 좋은 것으로 바꾸고 다시는 이런 일이 일어나지 않도록 예방할 수 있는 확언이 필요합니다.

사랑하는 이여,

당신의 생각이 풍요로움보다는 비축과 결핍에서 비롯된다고 느낍니다. 누군가 당신의 일을 훔쳐서 수입이나 인정을 박탈할까, 봐 두려워하는 것을 저는 "가난한 의식(생각)"이라고 부릅니다. 우리는 우주가 항상 모든 사람을 위한 쓰고 남을 정도로 넉넉한 풍요로운 것이 있다는 것을 알고 싶어 합니다.

당신의 작품이 좋다면, 어떤 사람들은 항상 당신이 하는 것을 모방할 것입니다. 칭찬이라고 생각하십시오. 예술은 한 개인 것이 아니라 우주 것이기도 합니다. 당신의 작업을 자유롭게 공유하면, 우주는 당신에게 풍성한 보상을 준다는 것을 알게 될 것입니다.

당신의 생각이 풍요로워지도록 허용하면, 당신의 예술과 작품은 그 마음의 상태를 반영할 것입니다. 당신이 계속 성공하기를 바라며, 당신의 마음이 열리고 자유롭기를 바랍니다. 이렇게 확언하세요. **나는 내 재능과 능력을 자유롭게 나누고, 우주는 나에게 그 풍요로움을 아낌없이 내어준다.**

친애하는 루이스에게,

저는 상사와 문제가 있습니다. 그는 같이 지내는 시간의 약 90%는 좋은 사람입니다. 그러나 나머지 10% 시간 동안은 그는 저에게는 끔찍한 짜증을 내고, 폭언하고 열광적인 미치광이 행세를 합니다. (저는 그의 비서이기 때문에 영향을 받습니다) 이런 일이 일어날 때면 저는 속이 완전히 산산조각이 난 것 같고, 항상 직장을 그만두고 싶은 기분이 듭니다. 그러나 제 개인적인 상황은 아이가 있는 독신 엄마다 보니, 그렇게 할 수 없습니다.

이상한 점은 한 번의 폭발 후에 상사가 완전히 침착해질 것이라는 점입니다. 저는 항상 사과를 기대하고 있지만 결코 그런 일은 일어나지 않습니다. (상사가 평온할 때) 이런 행동은 용납할 수 없다고 말하면 그가 나에게 화를 낼까, 봐 두렵습니다. 취해야 할 최선의 행동 방침은 무엇이라고 생각합니까?

사랑하는 이여,

당신의 상사는 짜증을 내는 것이 정상적인 가정에서 자랐습니다. 그는 일이 잘못되었을 때 그렇게 행동해야 한다고 생각합니다. 그것은 당신과는 아무 상관이 없습니다. 그러나 당신은 자신의 의식 법칙에 지배받고 있으며, 항상 당신이 받을 자격이 있다고 믿는 세상을 창조할 것입니다. 이것은 당신이 어렸을 때 일어났던 일들의 반복이어야 합니다. 그때 당신은 왜 그 학대를 견뎌야 했는지에 대해 변명했을 것이고, 지금도 당신은 학대를 계속 견디는 것에 대해 변명하고 있습니다. 여성들이 자신의 가치와 자부심을 쌓고 나서야 비로소 그러한 행동을 더 이상 용납하지 않을 것입니다.

언젠가 저는 집주인이 모든 세입자를 겁먹게 하는 것으로 알려진 건물로 이사한 적이 있습니다. 그 소문이 자자한 주인을 위해 긍정 확언을 사용했습니다. "**나는 항상 집주인과 훌륭한 관계를 맺고 있다.**" 그 주인은 항상 저에게 친절하였고, 제가 이사 갈 때도 제 쓰던 가구를 모두 사주며 놔두고 가라고 했어요. 다음과 같은 확언이 당신이 상사와의 좋은 관계를 맺는 데 도움이 될 것입니다. **나는 나 자신을 사랑하고, 항상 가장 훌륭한 상사를 위해 일한다.** 이 확언이 당신에게 개인적인 법칙이 될 것이며, 당신이 어디를 가든 멋진 상사를 찾을 수 있을 것입니다.

(추신) 저는 매우 성공적인 사업을 운영하고 있습니다. 우리는 어떤 식으로든 직원을 잘못 대하거나 학대하지 않습니다. 우리는 주 4일 근무를 하고, 어디에나 기쁨과 웃음이 가득합니다. 다른 방식으로 사업을 운영하는 것을 이해할 수 없습니다.

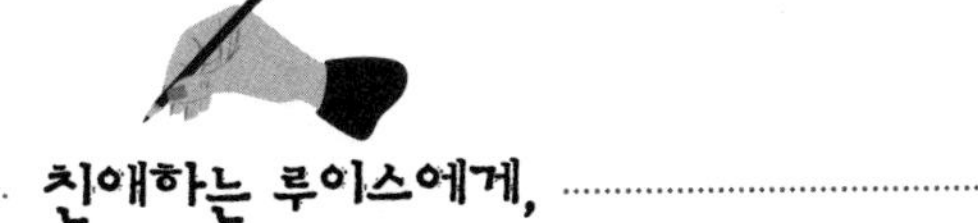

친애하는 루이스에게,

저는 로스앤젤레스에 살고 있는 23살의 배우입니다. 희곡을 쓰고 있고, 느리지만 확실히 다른 프로젝트에서 작은 배역을 맡고 있습니다. 하지만 최근에는 막힌 느낌이 듭니다. 능력의 한계에 부딪힌 것 같고, 꽤 오랫동안 한계에 봉착해 있었습니다. 이 문제의 상당 부분은 제가 감정적으로 되는 것에 대한 저항에서 비롯됩니다.

지적으로는 흐느끼거나 소리치거나 웃거나 배역이 요구하는 것은 무엇이든 할 수 있지만, 실제로는 화면 안팎에서 차갑고 무감각한 느낌이 듭니다. 이 천장에 매달린 저의 한계를 깨부술 만한 조언이 있습니까?

사랑하는 이여,

저는 당신 안에 바보처럼 행동하고 조롱당하는 것을 두려워하는 겁 많은 작은 아이가 느껴집니다. 이 두려움은 당신이 연기에서 "재미"를 느끼는 것을 방해합니다. 당신은 이 문제를 지적으로는 결코 해결할 수 없습니다. 당신의 마음은 당신을 통제할 수 있게 하며, 마음만이 당신이 그 순간에 안전하다고 느끼는 유일한 장소입니다.

저는 재탄생의 과정이 당신에게 훌륭할 것이라고 믿습니다.

그 과정은 안전하고 친밀한 환경에서 이루어지는 호흡 방식으로, 어린 시절의 고통과 두려움을 풀어줄 수 있습니다. 주변에는 많은 재탄생 자Rebirthers(뉴에이지 프로그램으로 재탄생 과정을 밟은 자)가 있습니다. 그냥 주변 사람들에게 묻기 시작하면, 당신은 완벽한 정보를 찾을 것입니다. 그동안 두려움을 완화하고 창의력을 자극하는 데 도움이 되는 다음 확언을 사용해 보세요. **나는 안전하고, 내 안의 모든 기쁨을 자유롭게 표현할 수 있다. 연기는 재밌고 너무 좋다!**

4살 때부터 피아노를 연주했습니다. 즉흥적으로 상황에 따라 연주합니다. 피아노는 저의 가장 큰 열정이자 사랑입니다. 피아노에 대해 생각할 수 있는 것은 그게 다입니다. 매일 음악으로 전업으로 생계를 유지할 수 있게 해달라고 우주에 간절히 기도합니다. (지금은 결혼식, 파티 등에서 자원봉사를 하고 있습니다.)

하지만 2년 전 팝 콘서트에 간 적이 있는데, 그때부터 청력이 극도로 예민해졌어요. 약간의 이명이 있지만 문제는 더 민감해졌다는 것입니다. 두 명의 의사가 난청 검사를 했는데 난청이 없었습니다. 일부 소리는 들어오지만 해로운 다른 소리는 차단하는 보청기가 잘 맞았습니다. 지금은 거의 모든 곳에서 귀마개를 착용하고 있습니다. 저는 레코드 가게에서 많이 일했고 콘서트에도 많이 갔습니다. 저가 그 모든 큰 소리가 들리는 음악 주위에 있음으로써 무언가를 손상한 것은 아닐까요?

우주는 저에게 음악인이 되는 선물을 줬지만, 지금 그것이 위협받고 있고, 그 이유를 이해하지 못합니다. 이제 듣는 것이 상처를 줍니다. 한때 저와 다른 사람들에게 기쁨을 주었던 것이 이제는 두려움을 가져다줍니다. 청음을 하는 것이 아프다는 이유로 제 음악을 빼앗기는 것일까요? 이것은 거의 모든 사람을 놀라게 할 것이지만 음악가에게는 두려운 일입니다. 음악은 제 인생의 전부인데, 그것을 빼앗긴다는 것은 끔찍한 일입니다.

피아노 앞에 앉을 때마다 점점 어두워지고 있으니까, 빛을 볼 수 있게 루이스 헤이 선생님께서 도와줬으면 좋겠어요.

사랑하는 이여,

제가 보기에는 당신이 "삶에 지나치게 민감해졌다"라는 말처럼 들립니다. 과거의 어떤 메시지가 너무나 강렬했을까요? 얼마나 강력하기에 그토록 사랑하는 한 가지를 파괴하려 했을까요? 당신이 선택한 직업을 따르지 않는다면 누구를 기쁘게 하시겠습니까?

제가 생각하기에는 2년 전에 청각에 문제가 아닌 당신에게 다른 일이 일어났을 듯합니다. 당신은 무엇보다도 먼저 그때 그 사람이나 상황을 용서해야 합니다. 어쩌면 어린 시절의 오래된 정보가 촉발되었을 수도 있습니다. 청각 민감도는 중요한 통찰을 듣지(인식하지) 못하게 하도록 설치한 화면일 수 있습니다. 시간을 내어 자신을 조용히 하고, 너무나 강하게 들려서 전혀 들을 수 없는 고요한 메시지를 드러내도록 내면의 지혜를 구해보세요. 이렇게 확언하세요. **나는 사랑과 평화로 삶이 내게 가르치는 교훈에 귀를 기울인다.**

친애하는 루이스에게,

저는 인생의 대부분을 "커서 무엇이 되고 싶은지"를 아는 데 어려움을 겪어 왔습니다. 당신의 커리어가 당신 앞에 펼쳐진 방식이 멋지다고 생각하고, 당신이 선택한 일을 존경합니다.

저는 제 천직을 찾기 위해 계속 노력한다면 상황이 바뀌고 바뀔 것이라고 긍정합니다. 그러나 종종 제 목표가 이루어지는 데 시간이 오래 걸릴 거라는 사실에 좌절합니다. 저도 나이가 들면서 25살밖에 안 된 제가 나이가 들어가고 있다고 생각합니다. 시간이 얼마 남지 않았다는 생각이 자꾸 듭니다.

루이스 헤이 선생님의 경험을 통해 성공을 향한 진로를 계속 계획하는 저에게 어떤 조언을 해 주실 수 있을까요?

사랑하는 이여,

저의 '경력'은 40대 중반이 되어서야 비로소 제 앞에 펼쳐지기 시작했습니다. 그때도 시작이 너무 작고 느려서 경력을 알아차리지 못했습니다. 한번은 이렇게 생각했습니다. 제가 지금 하는 일을 하게 될 줄은 꿈에도 몰랐고, 지금 하는 정도의 큰 규모로 하게 될 줄은 몰랐습니다. 나는 소위 '대기만성(大器晩成)인 늦게 피는 사람'이었습니다.

어쩌면 당신이 하는 일이 명백해지기 전에 인생에 대해 배워야 할 것이 훨씬 더 많을지도 모릅니다. 오늘은 당신이 이날을 경험할 유일한 기회입니다.

지금에 머물며 매 순간 기뻐하십시오. 좌절감 속에서 하루하루를 허비하면 많은 기쁨을 놓치게 될 것입니다. 매 순간 감사를 표현하는 시간을 가지세요. 삶은 감사할 줄 아는 사람을 사랑하고, 감사할 일을 더 많이 줍니다. 이렇게 확언해 보세요. **내 인생은 영광스러운 방식으로 펼쳐지고 있다. 나는 평안하다.**

경력 성장을 위한 확언

나는 모든 동료와 상호 존중하는 분위기 속에서 잘 지낸다.

나는 나를 존중하고 좋은 급여를 주는 사람들을 위해 일한다.

내 작업 공간 안에 있는 것이 즐겁다.

나는 직장을 쉽게 찾을 수 있다.

내 수입은 계속 증가하고 있다.

내 일은 성취감과 만족감을 가져다준다.

나에게는 항상 멋진 상사들이 있다.

일하러 오는 것이 즐겁다.

나는 훌륭하게 직장 생활을 하고 있다.

나는 내 경력에 감사한다.

5장

죽음과 슬픔

나는 죽음과 애도의 과정에 대해 평안을 느낀다.

나는 나 자신에게

이 자연스럽고 정상적인 삶의 과정을 겪을 수 있는

시간과 공간을 관대하게 허락한다.

나는 슬픔을 이겨 낼 수 있도록 나 자신을 내버려 둔다.

나는 내가 결코 아무도 잃을 수 없고

절대로 잃어버리지 않는다는 것을 알고 있다.

눈 깜짝할 사이에, 나는 근원과 다시 연결될 것이다.

모두가 죽는다.

나무, 동물, 새, 강, 심지어 별까지 태어나고 죽는다.

나도 마찬가지로 죽는다.

그리고 이 모든 것이 완벽한 시공간 순서에 따라 진행된다.

사랑하는 사람이 죽으면 슬픔이 수면 위에 많이 떠오릅니다. 슬픔을 느끼도록 허용하는 것이 중요합니다. 자연은 당신에게 어떤 경험을 이겨 낼 수 있는 감정을 주었고, 그것을 부정하는 것은 더 많은 고통을 초래합니다. 죽음은 실패가 아니라는 것을 기억하십시오. 모든 사람이 죽는 것은 삶의 과정 일부입니다.

우리는 저마다 다른 방식으로 슬픔에 대처합니다. 규칙은 없으므로 스스로 만들지 마십시오. 화를 내고 히스테리를 부려도 괜찮습니다. 아프지 않은 척해서는 안 되며, 자신의 감정에 배출구를 제공해야 합니다. 부정적인 감정을 떨쳐버릴 수 있도록 자신을 단련하는 시간으로 활용하십시오. 오래된 아픔이 올라오도록 할 수 있을 만큼 매우 안전하다고 느끼는 지점에 도달해야 합니다. 만약 당신이 2~3일 동안 울도록 허락한다면, 슬픔과 죄책감은 많이 사라질 것입니다. 필요하다면, 감정을 풀어낼 수 있을 만큼 매우 안전하다고 느낄 수 있도록 도와줄 치료사나 그룹을 찾아보세요.

슬픔을 겪는 데는 시간이 걸리지만, 때로는 자신이 바닥없는 구덩이에 빠진 것 같은 기분이 듭니다. 인내심을 갖고 자신에게 관대하기를 바랍니다. 그 사람과 함께 있지 않았다거나 그 사람이 살아 있을 때 그 사람을 위해 충분히 잘해주지 않았다고 해서 자신을 판단하지 않습니다. 자책은 당신의 슬픔에 죄책감을 더할 뿐입니다. 당신이 사랑하는 고인이 된 사람은 저세상에서 아마도 당신에게 모든 것이 잘 되고 있으니 걱정하지 말라고 말할 것입니다.

때로 사랑하는 사람의 죽음은 죽음에 대한 우리의 두려움을 의식의 표면 위로 끌어올립니다. 우리는 죽음에 대한 우리 자신의 감정을 이해하고 극복하기 위해 노력해야 합니다. 내가 에이즈 환자들과 함께 일하기 시작한 이래로, 나는 수백 명의 죽어 나간 사람들을 알게 되었습니다. 그런 사람 중 몇몇과 생을 마감할 때 가까이 지내다 보니, 전에는 없던 죽음에 대한 이해가 생겼습니다. 저는 한때 죽음을 무서운 경험으로 생각했습니다. 이제 저는 그것이 일상적이고 자연스러운 삶의 일부인 것을 압니다. 이제 저는 죽음을 "지구라는 행성을 떠나는 것"으로 생각하는 것을 좋아합니다.

우리가 죽음에 대해 무엇을 믿는지를 아는 것은 삶을 살아가는 것에 대한 것만큼이나 중요합니다. 당신 안에 부정적인 메시지가 많다면, 그 믿음을 바꾸기 위해 노력하세요. 명상하고, 공부하고, 책을 읽고, 사후 세계에 대한 긍정적이고 지지적인 믿음을 만드는 법을 배우십시오. 우리는 죽음을 받아들이는 법을 배우고, 죽음이 주는 경험을 평화와 경이로움으로 겪을 수 있기를 원합니다. 우리가 죽음을 편안하게 받아들일 수 있을 때 우리는 진정으로 삶을 시작할 수 있습니다.

아래 편지는 죽음과 애도에 관한 주제를 다룹니다.

제가 성장할 때, 뇌종양으로 아팠던 오빠가 있었습니다. 오빠는 제가 12살 때 죽었어요. 오빠의 나이 15세였습니다. 오빠는 저의 유일한 형제이자 가장 친한 친구였습니다. 저는 할 수 있는 모든 순간을 오빠와 함께 보냈고, 제가 그의 곁에 있지 않으면 그가 죽게 될까, 봐 두려웠습니다. 저는 오빠에게 결코 그를 떠나지 않을 것이라고 말했습니다. 하지만 저는 여전히 죄책감을 많이 느낍니다. 그 죄책감은 24세 된 여성인 지금도 저에게 영향을 미치고 있습니다.

1982년 11월, 오빠와 함께 병원에 계셨던 부모님은 내가 추수감사절을 지낼 수 있도록 이웃집에 머물러 있으라고 강력히 권하셨습니다. 병원에 가야 한다고 느꼈지만, 그 당시에는 오빠는 제가 누군지도 알아보지 못했기 때문에 병원에 가지 않았습니다.

제가 추수감사절 저녁을 먹고 있을 때, 오빠가 숨을 거뒀습니다. 제가 곁에 없어서 오빠를 실망하게 한 것 같습니다. 그날 밤 그가 그 방에서 제 사랑을 느꼈다면 죽지 않았을 것이라는 생각이 듭니다. 저는 아버지와 어머니 모두를 실망하게 했다고 느낍니다.

부정적인 일이 닥칠 때마다, 그 일을 당해도 싸다고 느낍니다. 가끔은 자신에게 정말 화가 날 때면 아파 버립니다. 가끔은 외로움을 느끼지만, 아무에게도 말하지 않는데, 그렇게 하면 기분이 나아질 거라는 걸 알기 때문이고, 외롭다고 말할 자격이 없다는 걸 알기 때문이다.

이 죄책감을 극복해야 한다는 건 알지만, 어떻게 해야 할지 모르겠어요. 제발 도와주세요. 내면 깊이 행복을 느끼고 싶습니다. 제가 그렇게 끔찍한 사람이 아니라는 말을 들어야 할 것 같습니다.

사랑하는 이여,

당신의 형제는 행성을 떠나기 위한 자신만의 시간표를 가지고 있었습니다. 그는 당신이 그를 강제로 머물게 하지 않고 평화롭게 떠날 수 있도록 당신이 병원에서 떠날 때까지 기다렸습니다. 당신이 한 일은 그에게 축복이었습니다. 병원에서 사망하는 사람들 대부분은 친척들이 모두 떠난 새벽 3시경에 사망합니다.

당신의 오빠는 당신이 고통받기를 원하는 사람이었습니까? 저는 당신의 오빠가 당신이 지금의 삶을 어떻게 파괴하고 있는지를 보고 실망할 것이라고 확신합니다. 한때 즐거웠고 사랑이 많았던 여동생은 어디에 있습니까? 이 모든 고통은 오직 당신의 마음속에만 있습니다. 저는 어른인 당신이 당신 안에 있는 12살짜리 내면 아이를 용서하고, 당신이 그녀를 얼마나 사랑하는지 말해 주기를 바랍니다. 그런 다음 오빠와 새로운 관계를 맺고 싶다고 그에게 이야기하고, 이 거짓 죄책감에서 벗어날 수 있도록 도와달라고 청하십시오. 오빠의 사랑과 인도를 간구하십시오. 저는 그가 당신이 행복하기를 원한다는 것을 압니다.

이 확언을 자주 사용하십시오. **나는 행복함으로써 형제에 대한 사랑을 표현한다.**

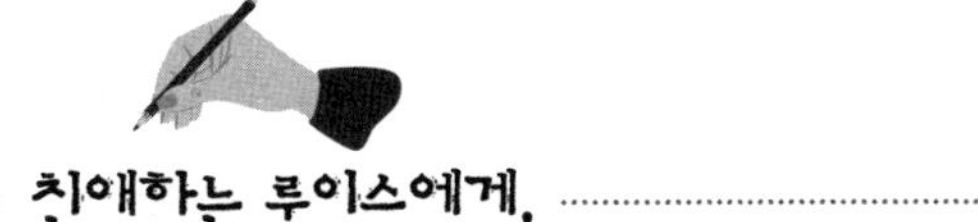

친애하는 루이스에게,

이전 Dear Louise(친애하는 루이스에게) 칼럼 중 하나에서 주신 답변에 대한 설명을 찾고 있습니다. 당신은 "동물도 인간과 마찬가지로 올 때가 있고 가야 할 때가 있습니다. 그리고 인간과 마찬가지로, 질병은 사회적으로 용인되는 방법입니다."

'죽음'을 공부하는 학생으로서, 나는 죽음과 죽어가는 것에 대한 우리의 믿음이 우리가 살아가는 방식에 영향을 미치고, 깨어 있는 삶을 추구하는 데 그 어떤 것보다도 중요하다고 생각합니다. 하지만 우리가 이 차원을 떠날 때를 선택하는 것과는 대조적으로, 질병을 선택한다는 뜻인가요? 만약 그렇다면, 우리 자신이나 다른 사람들, 또는 둘 다에게 더 쉬우므로 그렇게 하는 것일까요? 젊은이에서 중년의 사람들이 뚜렷한 이유 없이 그냥 죽는 것을 받아들이기 어렵기 때문에 이 질문을 합니다.

이 문제에 대해 저를 위해 빛을 비춰주시면 감사하겠습니다.

사랑하는 이여,

사람들은 어떤 교훈을 배우기 위해 이 행성에 오고, 그 교훈이 완성되면 다음 단계로 계속 나아갑니다. 그들이 이렇게 하는 데에는 나이는 중요하지 않습니다. 요람에서 사망하는 아기는 97세까지

산 사람보다 더 온전한 삶을 살 수 있습니다. 영혼의 선택은 인간 마음의 제한된 생각의 이치에 맞지 않을 때가 많습니다.

나는 우리가 떠날 시간이 오면 그냥 잠자리에 들고 잠을 잘 수 있다고 믿습니다. 그러나 우리의 문화적 사고방식은 우리에게 죽는 "방법"이 있어야 한다고 말합니다. 우리는 사고, 살인, 자연재해, 그리고 무엇보다도 질병을 죽음의 수단으로 사용합니다. 이것들은 모두 사회적으로 용인되는 방법이다. 자살은 문화적으로 용납되지 않습니다.

"삶"을 공부하는 학생이 되어, 점점 더 큰 그림을 보게 되면, "죽음"은 그 삶의 작고, 정상적이며, 자연스러운 한 부분일 뿐인 것을 알게 될 것입니다. 저는 인생이 영원하다고 믿으며, 우리가 이 행성의 차원을 떠날 때 새로운 경험으로 나아간다고 믿습니다. 이생에서 주고받는 사랑을 더 많이 배울수록 다음 생에서도 더 많은 사랑을 찾게 될 것입니다.

친애하는 루이스에게,

올해 초에 아버지가 자살하셨고, 저는 그 일로 인한 고통과 슬픔을 치유하고 앞으로 나아가기 위해 노력하는 동안 힘든 시간을 보냈습니다. 저는 영성 덕분에 이러한 신념에 전혀 노출되지 않았을 때보다 비극에 훨씬 더 쉽게 대처할 수 있다는 것을 알게 되었습니다.

그러나 저는 아버지의 영혼에 대해 다소 혼란스러워하고 있으며, 이 문제와 관련하여 루이스 헤이 당신의 의견이 무엇인지 궁금합니다. 제 친척 중 한 명은 불교를 믿는데, 그녀는 아버지의 영혼이 편안하지 않다고 생각합니다. 아버지가 삶의 교훈을 배우기 위해 환생을 통해 다시 한번 충만한 삶을 살 때까지 같은 고통과 고뇌를 견뎌야 한다고 믿습니다. 어떻게 생각하세요?

사랑하는 이여,

모든 사람은 제각각 자신을 위해 적절한 시간에 올바른 방식으로 이 행성을 떠납니다. 저는 항상 죽음에 대한 특정한 시간과 방법은 영혼의 선택이며 그것에 "옳거나 그른" 것이 절대로 붙지 않는다고 믿습니다. 저 역시 윤회를 믿습니다. 우리는 제각각 다른 교훈을 배우기 위해 이 행성에 여러 번 오며, 우리의 출생과 죽음의 상황은 매번 다르다고 믿습니다. 또한 우리가 다른 성별과 다른 인종으로 돌아가고, 때로는 다른 성별, 다른 인종, 때로는 부자나 가난한 자리로 돌아간다고 믿습니다. 우리는 모두 그것을 다 경험할 필요가 있어요.

많은 종교가 자살이 "나쁘다"라고 믿지만, 이 개념은 인간의 마음이 만들어 낸 것이므로 반드시 진실이 아닐 수도 있습니다. 불교는 독자적인 신앙 체계를 가지고 있습니다. 저는 한동안 불교도들과 함께 공부했는데, 그들은 영혼이 49일 동안만 다른 세계에 머물다 즉시 다른 생명으로 환생한다고 믿는다는 것을 이해합니다. 많은 사람과 함께 일하며 에이즈로 죽어가는 사람들을 보아왔기 때문에, 새로운 아기를 볼 때, 종종 "빌, 너야? 이 소중한 아기가 되어 돌아왔니?" 또는 "너야, 데이브야, 마이클이야?"라고 속으로 묻습니다. 생명의 연속성을 보며, 모든 사람, 장소, 사물이 가장 완벽한 방식으로 순환되고 재순환되는 에너지라고 봅니다.

당신이 겪어 온 힘든 시간을 기리며, 이 경험을 통해 좋은 일만이 찾아올 것을 압니다. 다음과 같이 확언해 보세요. **나는 우주에서 안전하고, 모든 생명이 나를 사랑하고 지지한다.**

친애하는 루이스에게,

최근 인생에서 유일한 친한 친구를 잃었습니다. 우리는 28년 동안 아름다운 관계를 유지했습니다. 우리는 항상 서로를 보살피고 도왔습니다. 그는 4개월 전에 죽었고, 저는 여전히 그가 없으면 길을 잃고 외롭고 불행합니다. 어떻게 하면 이 슬픔의 지점을 극복하고 48세의 나이에 새로운 삶을 살 수 있는지에 대한 지침이 필요합니다.

사랑하는 이여,

지구를 떠난 친구를 그리워하는 기분이 어떨지 이해합니다. 슬픔은 자연스럽고 정상적인 삶의 과정입니다. 당신이 가지고 있는 감정을 인정해 보려고 해 보세요. 그 감정들은 당신의 훌륭한 부분입니다. 그 강렬한 감정은 지나갈 것입니다. 일반적으로 감정이 온전히 배출하기 시작할 때까지 1년이 걸립니다(모든 계절과 특별한 날을 거쳐야 함). 우리는 모두 영원한 영(靈)인 것을 알아차리십시오. 우리의 몸은 결국 작동을 멈추지만, 우리의 영혼은 영원히 살아 있습니다.

우리는 항상 삶이라는 영화의 중간 정도에 와서, 영화가 한창 진행되는 중간에 떠난다는 것을 기억하세요. 가야 할 옳은 시간도 없고 잘못된 시간도 없습니다. 우리의 시간만이 있을 뿐입니다.

친구와 누렸던 친밀한 관계를 사랑으로 회상하고, 다른 사람들과도 친밀한 관계를 형성할 수 있다는 것을 기억하십시오. 그러는 동안, 자신에게 친절하고 부드럽게 대하십시오. 당신을 위한 좋은 확언은 다음과 같을 수 있습니다. **나는 사랑받고 있고, 나는 평화롭다.**

친애하는 루이스에게,

저는 1년 반 전에 남편을 잃었고, 난생처음으로 혼자 사는 법을 배우며 끔찍한 싸움을 하고 있습니다. 잠을 잘 수가 없어요.

저는 74세의 여성이지만 젊고 활동적입니다. 남편은 70세까지 일했기 때문에 캠핑과 여행할 수 있는 중고 캠핑카를 사들일 수 있었습니다. 우리는 정말 많은 계획을 세웠습니다. 그러다가 남편은 병에 걸려 3개월 만에 세상을 떠났습니다. 제게는 든든하게 지원해 주는 멋진 친구들과 아이들이 있지만, 주말과 휴일이 너무 싫습니다. 또한 친구들이 그들의 남편과 함께 여행을 가는 것을 보면 분노합니다. 너무 우울해져요.

사랑하는 이여,

배우자가 갑자기 우리 곁을 떠날 때, 그때가 자신에 대해 더 많이 알 기회가 될 수 있다고 믿습니다. 이것은 당신의 삶에 남자를 두는 것이 적절하지 않다는 말이 아니라, 오히려 지금, 이 시간을 당신 자신이 어떤 사람인지 이해하는 소중한 시간의 선물을 주고, 더 깊은 수준에서 자신을 사랑하고, 소중히 여기고, 신뢰하는 법을 배우는 데 사용하라는 것입니다.

이때 느끼는 감정은 적어도 좋습니다. 두려움 때문인가? 무엇이 두려운 것일까? 거울을 보면서 항상 당신이 자신을 위해 항상 여기에 있을 것이라고 스스로 말하는 법을 배울 수 있습니까?

주말과 공휴일에는 자원봉사 활동을 하십시오. 당신이 다른 사람들에게 베풀 때, 내면의 고통이 줄어들기 시작할 것입니다. 당신의 삶이 크게 조정되고 있는 이 시기에, 자신에게 관대해지십시오. 당신이 겪고 있는 것은 정상적인 애도 과정의 일부분입니다. 당신에게 매우 도움이 될 수 있는 훌륭한 애도 과정 상담 그룹이 있습니다. 지역 전화번호부를 확인하십시오.

당신을 위한 좋은 확언은 다음과 같을 것입니다. **나는 나에게 매일 새로운 삶의 아름다움을 보여주도록 허용한다. 나는 평안하다.**

친애하는 루이스에게,

최근에 저는 15살 된 제 고양이가 수술할 수 없는 턱에 암이 생겼다는 것을 알게 되었습니다. 사흘 만에 아이의 상태가 나빠졌고, 어제는 수의사가 아이의 생명을 끊기 위해 주사를 놓는 동안 저는 고양이를 안고 있었습니다. 그 당시에는 제가 뭘 더 할 수 있을지 몰랐어요. 약 9개월 전에 가까운 친척의 죽음을 슬퍼했던 것만큼이나 반려동물의 죽음에 대해 슬퍼하고 있습니다.

동물과 건강, 치유, 사랑에 대한 당신의 철학을 들려주세요. 동물의 정신에 대한 당신의 생각들은 어떤가요? 동물들이 스스로 치유할 수 있다고 믿습니까? 루이스 헤이 선생님이 제공하는 모든 통찰력을 환영합니다.

사랑하는 이여,

사랑하는 동물 친구들이 우리 마음속으로 스며들고, 그들이 떠날 때가 되면 우리는 슬퍼하고 애도합니다. 저는 살면서 많은 동물을 키웠고, 한 마리 한 마리가 세상을 떠날 때마다 항상 눈물이 납니다. 이것은 정상적이고 자연스러운 일입니다. 당신의 고양이가 불필요하게 고통받지 않는 것을 보는 것은 얼마나 친절한가요.

동물은 인간과 마찬가지로 와야 할 때가 있고 가야 할 때가 있습니다. 그리고 인간과 마찬가지로 불편함은 사회적으로 용인되는 방식입니다. 우리는 한 영혼을 억지로 머물게 할 수 없습니다. 당신은 할 수 있는 모든 것을 했습니다. 부디 죄책감을 느끼지 마십시오. 고양이의 다음 모험을 위해 사랑으로 그녀를 풀어놓으십시오. 다음에 새끼 고양이를 키울 수 있다면, 사랑하는 고양이가 새롭고 건강한 몸으로 돌아올 수도 있습니다.

이렇게 확언하세요. **나는 사랑이 영원하다는 것을 알기 때문에 사랑으로 풀어주고, 우리는 항상 완벽한 시간에 완벽한 방식으로 재결합한다.**

죽음을 받아들이고 슬픔을 극복하기 위한 확언

죽음은 새로운 생명으로 향하는 문이다.

나는 애도의 과정에 평안을 느낀다.

나는 사랑하는 사람의 죽음으로 평안을 느낀다.

나는 슬픔을 극복하는 데 필요한 시간을 나 자신에게 허락한다.

우리의 영은 결코 우리에게서 빼앗길 수 없는데,

왜냐하면 우리의 영은 우리 일부이기 때문이다.

죽음은 삶의 자연스러운 부분이다.

모든 사람은 완벽한 시간과 공간 순서 안에서 죽는다.

나는 내가 어디에 있든 안전하고, 사랑받고,

생명에 의해 전적으로 지지를 받고 있다는 것을 안다.

우리의 영과 우리의 영혼은

항상 안전하고, 항상 완전하며, 항상 살아 있다.

나는 내 사랑의 빛이 나와 다른 사람들을 위로하도록 비추게 한다.

죽음은 없고 형태만 바뀔 뿐이다.

6장

질병

(dis-ease 불편함)

질병(dis-ease 불편함)은 어떤 영역에서는

삶의 흐름에 대한 저항과 용서하지 않으려는 무능함과 관련이 있다.

나는 과거에 내 몸을 잘 다루지 않았던 나 자신을 용서한다.

이제 나는 삶이 제공하는 모든 것으로

나 자신을 양육할 수 있을 만큼 나를 돌본다.

그것은 내 몸과 마음이며, 내가 책임지고 있다.

나는 내 몸, 내 마음, 내 영혼이 내 주변에

사랑의 분위기를 조성함으로써 건강하게 살 수 있도록 돕는다.

나는 이제 내 몸의 세포들을 위해 조화로운 내적 분위기를 창조하는

평화롭고 조화로운 사랑의 생각을 선택한다.

나는 내 몸의 모든 부분을 사랑한다.

삶은 좋은 것이다.

나는 삶을 사는 것이 즐겁다!

저는 우리가 우리 몸의 모든 질병의 발생에 이바지한다고 믿습니다. 몸은 삶의 다른 모든 것과 마찬가지로 우리 내면의 생각과 신념을 비추는 거울입니다. 몸은 항상 우리에게 말하고 있습니다. 우리 몸의 모든 세포는 우리가 가진 모든 생각과 우리가 말하는 모든 말에 반응합니다.

어떤 증상을 영구히 없애기 위해서는 먼저 정신적인 원인을 해소하기 위해 노력해야 합니다. 증상은 외적으로 나타난 것일 뿐입니다. 신체를 가장 불편하게 만드는 정신적 사고 패턴은 비판, 분노, 원망, 죄책감입니다. 예를 들어, 오랫동안 비판에 빠져 있었다면 종종 관절염과 같은 불편함으로 이어질 것입니다. 분노는 몸을 감염시키는 것으로 변합니다. 오랫동안 품어온 분노는 곪아 터지고 자아를 갉아먹으며 결국 암으로 이어질 수 있습니다. 죄책감은 언제나 벌을 주려고 합니다. 죄책감은 고통을 유발합니다. 우리가 공황 상태나 지속적인 통증 상태에 있을 때 그것들을 제거하려고 노력하는 것보다 건강할 때 우리 마음에서 이러한 부정적인 사고 유형을 없애기가 훨씬 쉽습니다. 스스로 책망하거나 죄책감을 느끼지 않으면서, 우리는 앞으로 다가오는 미래 질병의 불안한 사고 패턴을 만들지 않기 위해 치유 작업을 해야 합니다.

우리가 사랑으로 우리 몸이 전하는 메시지에 귀를 기울일 때, 우리는 몸에 필요한 음식을 공급하고, 운동하고, 자신 몸을 사랑하게 됩니다. 우리 몸을 돌보는 것은 사랑의 행위입니다. 우리는 우리가 살고 있는 이 훌륭한 몸이라는 성전을 소중히 여기고 존경해야 합니다. 저는 우리가 모두 병에 걸려 요양원에 가야 한다고 믿지 않습니다. 그런 방식으로 우리가 이 특별한 행성을 떠나야 하는 것은 아닙니다. 스스로 돌보고 오랫동안 건강하게 지낼 수 있다고 생각합니다. 이제 우리가 의료 및 제약 산업에서 힘을 되찾아야 할 때입니다. 우리는 매우 비싸고 종종 우리의 건강을 파괴하는 첨단 기술 의학에 희생되고 있습니다. 이제 우리가 모두 자신 몸을 통제하는 법을 배우고 스스로 건강을 만들어 수백만 명의 생명과 수십억 달러를 구할 때입니다. 우리가 몸과 마음의 연결을 진정으로 이해할 때, 우리의 불편함은 대부분 사라질 것입니다.

다음 편지는 불편함이라는 주제와 관련이 있습니다.

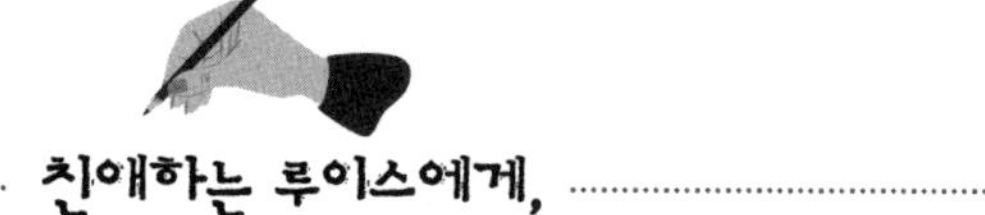

친애하는 루이스에게,

63세의 아버지는 방금 전립선암 진단을 받으셨습니다. 수술할 수 없는 것 같고, 의사들은 아버지의 남은 날이 얼마 되지 않았다고 합니다. 어머니는 이 일로 망연자실하고 계십니다. 부모님은 은퇴 후를 위해 많은 계획을 세웠고, 이제 그들은 그 계획들을 함께 즐길 수 없을 것 같습니다. 아버지는 몹시 우울해하시며 자신의 병에 대해 우리에게 이야기하려 하지 않으십니다.

당신의 책을 읽음으로써 암을 극복할 수 있다는 것을 알게 되었습니다. 아버지가 이 병과 싸우도록 돕기 위해 제가 할 수 있는 일이 무엇인지 알고 싶습니다. 그리고 저는 어머니가 아버지를 지지해 주시고 강하게 해 주실 수 있도록 돕고 싶습니다. 이 상황에서 내가 할 수 있는 일이 있습니까? 저는 부모님을 정말 사랑하는데, 이런 모습을 보는 것은 끔찍합니다.

사랑하는 이여,

당신은 제 마음과 가까운 것에 관해 이야기할 기회를 주셨습니다. 전립선암은 유방암과 마찬가지로 예방할 수 있으며 종종 치료할 수 있습니다. 사실, 우리가 겪는 두려운 질병(불편함) 대부분은 생활 방식, 즉 영양 부족, 흡연, 과도한 알코올 사용, 마약, 운동 부족,

부정적인 정신 태도 등에서 비롯됩니다. 래리 크랩Larry Clapp이 쓴 《약과 수술을 없이 90일 안에 전립선 건강PROSTATE HEALTH IN 90 DAYS: Without Drugs or Surgery》이라는 아주 좋은 책이 있습니다.

당신 아버지의 암이 얼마나 진전되었는지, 또는 그가 의사의 의견을 얼마나 받아들였는지는 모르겠지만, 확실히 조사해 볼 가치가 있습니다. 우리가 얼마나 오래 살아야 하는지 말해줄 권리는 아무도 없습니다. 우리는 죽음에 대한 선고를 받아들이는데, 그것은 종종 누군가의 의견일 뿐입니다. 아버지는 이 진단이 단지 경종을 울리는 것에 불과하며, 자신의 건강을 기꺼이 자신 손에 맡기고자 한다면 할 수 있는 일이 많다는 것을 깨달을 필요가 있습니다. 많은 사람은 죽을 것이라고 말한 의사들보다 더 오래 살았습니다.

반면에, 모든 사람은 그들 자신의 의식의 법칙 아래 있으며, 그들 자신이 선택해야 합니다. 아버지는 자신의 방식대로 하실 것입니다. 지원을 제공할 수는 있지만 강요할 수는 없습니다. 부모가 치유에 대한 자신만의 방법을 찾을 수 있도록 부모를 충분히 사랑하십시오. 이렇게 확언하시면 좋을 듯합니다. **나는 부모님에게 사랑과 지지를 보낸다.**

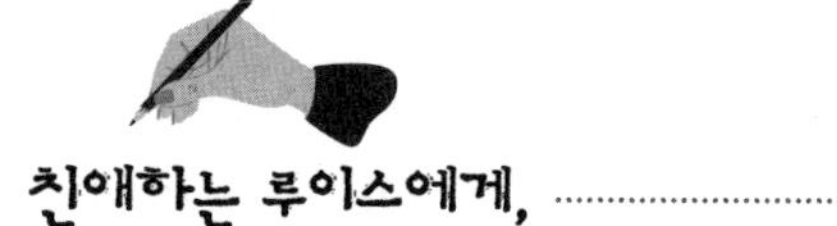

친애하는 루이스에게,

저는 41세이고 6주 전에 유방암 진단을 받았습니다. 저는 종괴 절제술(유방암 부분 절제술)을 받았고 지금 항암 치료를 받고 있습니다. 비록 나는 이 병을 치료하기 위해 전통적인 방법을 선택했지만, 나는 내 몸 전체를 안팎으로 치료하는 것이 얼마나 중요한지 알고 있습니다.

저는 당신의 책을 읽었고 당신의 테이프를 들었고, 질병이 발생하는 이유에 대한 당신의 믿음을 이해하지만, 그것을 매일 나 자신에게 적용하는 데 약간의 어려움이 있습니다. 제 마음은 질병이 재발하는 것에 대한 두려움을 없애야 치유에 더 많은 시간을 할애할 수 있을 것 같습니다. 어떻게 하면 두려움을 없애고 치유에 더 집중하는 법을 배울 수 있을까요? 나는 유방암에 대한 당신의 구체적인 확언을 계속해서 반복했습니다. 이게 효과가 있는지 어떻게 알 수 있습니까?

사랑하는 이여,

지금은 당신이 비록 현재의 의학 처리를 이용하고 있더라도, 당신의 몸을 치유하는 대체의학 또는 보충적인 방법에 당신이 할 수 있는 정보들을 모으는 시간입니다. 지식을 넓히십시오. 몸과 마음의 연결 및 유방암과 영양의 연관성에 대해 자세히 알아보세요. 저도 암에 걸렸을 때, 손에 닿을 수 있는 모든 것을 공부했고, 그것은 두려움을 완화하는 데 도움이 되었습니다. 저는 당신이 크리스티안 노드럽Christiane Northrup, M.D. 의사가 쓴《여성의 몸, 여성의 지혜Women's Body, Women's Wisdom》를 읽을 것을 강력히 추천해 드립니다. 이 책은 여성을 위한 좋은 정보와 여성이 자신 몸을 통제할 방법에 대한 많은 정보로 가득 차 있습니다. 나는 당신이 즉시 책방에 가서 유방암에 대한 노드럽 박사의 견해를 읽을 것을 제안합니다.

저는 유방암을 앓고 있는 여성들 대부분이 자신 삶에서 자신을 우선시하지 않고 다른 모든 사람을 먼저 챙기는 사람들인 것을 배웠습니다. 가슴은 영양을 상징하며, 당신은 아마도 다른 모든 사람에게 영양을 공급하고 자신을 위한 자원이 거의 없는 사람일 것입니다. 유방암에 걸린 여성들은 "안 돼!NO!"라고 말하는 법을 배워야 합니다! 핑계를 대는 "아니요!"가 아니라 그냥 "아니요!"입니다. 그렇습니다, 당신을 이용하는 데 익숙한 사람들은 당신이 처음 "안 돼"라고 말할 때 화를 낼 것입니다. 첫 번째 "안 돼"가 가장 어렵고, 두 번째 "안 돼"가 조금 더 쉬울 것이며, 세 번째가 되면 왜 몇 년 전에는 하지 않았는지 의아해할 것입니다. 사람들은 항상 "예"라고 대답하는 사람을 이용합니다. 그들은 경계를 설정하고 "아니요!"라고 말할 수 있는 사람들을 존중합니다. 이것은 당신에게 큰 교훈입니다. 이렇게 확언하십시오. **나는 나 자신을 사랑하고 영양을 공급하며, 안전하다.**

친애하는 루이스에게,

저는 6년 동안 칸디다증(곰팡이가 일으키는 다양한 감염질환)을 앓고 있습니다. 생존하기 위해 SSI(사회 보장 연금)에 의존해야 했습니다. 우리 가족은 이 질환을 모르거나 이해하지 못합니다. 너무 부끄러워서 친구나 동네 사람들에게 감히 말하지 못할 것입니다.

아직 파헤치고, 느끼고, 놓아버려야 할 것들이 많아요.

이 과정의 속도를 높이는 방법에 대해 조언해 주시겠습니까?

사랑하는 이여,

누군가 오래된 상처를 치유하는 것과 관련하여 "파헤친다"라고 말하는 것을 들을 때면 항상 걱정됩니다. 오래된 문제와 감정을 해결하고 놓아 버리는 것은 부드럽고 애정 어린 보살핌이 필요한 치유 과정이며, "파헤친다!"라는 것은 보통 부드럽고 섬세한 과정을 의미하지 않습니다. 때로는 우리 내면의 아이가 종종 우리의 해결되지 않은 많은 문제와 감정을 괴롭히는 사람인 것을 기억하는 것이 도움이 됩니다. 치유 과정을 계속하면서, 그 여린 내면의 아이를 기억하고, 여느 아이와 마찬가지로 인내와 친절과 격려를 풍성하게 베풀어 주십시오. 당신은 기적적인 방법으로 회복 과정을 가속할 것입니다.

수치심과 죄책감이 가장 큰 문제이지, 칸디다증이 문제가 아닙니다. 만약 당신이 발목을 부러뜨리거나 감기에 걸렸다면 당신은 "부끄러움"을 느낄 건가요? 물론 아니에요. 죄책감은 당신이 뭔가를 잘못했다는 생각에서 오고, 수치심은 당신에게 뭔가 잘못되었다는 생각에서 옵니다. 둘 다 사실이 아닙니다. 당신은 위대하고 신성한 생명의 표현이며, 당신은 우연히 칸디다증이라는 질병(불편함)을 겪고 있습니다.

집단 치료는 아마 당신에게 매우 유익할 것입니다. 이런 경험을 하는 사람이 혼자가 아니라는 것을 알면 부정적인 감정을 극복하는 데 도움이 될 수 있다. 저는 또한 종교 과학 교회가 친교와 지원의 훌륭한 원천인 것을 알게 되었습니다.

매일 아침 거울을 보며 **"나는 나 자신을 사랑하고 받아들인다!, 나의 완전한 치유를 위해 필요한 모든 것이 지금 나에게 온다."** 라고 확언하세요.

친애하는 루이스에게,

저는 이탈리아에서 당신에게 편지를 쓰는 33세 여성입니다. 저는 당신의 모든 책을 읽었고, 그 책들이 너무 좋아서 여기 당신의 세미나에 참석했습니다. 그 경험은 저에게 매우 중요했습니다! 이틀간의 모임 덕분에, 저는 건선을 없앨 수 있었습니다.

지금 저는 제 건강의 다른 측면에 대해 올바른 결정을 내리려고 노력하고 있습니다. 갑상선 기능 항진증에 대한 수술을 받아야 할지 말아야 할지 결정할 수 없습니다. (이 상태로 인해 갑상선종대과 심계항진 증상도 있습니다) 이 수술 후에는 평생 매일 약을 먹어야 한다는 말을 들었기 때문에 지금까지 미루고 있었는데, 그렇게 할 수 있을지 확신할 수 없었습니다. 당신의 책 중 하나에서 당신은 독자들에게 "자신의 한계를 극복하라"고 제안했고, 나는 한계를 극복했다고 믿지만, 이 수술을 피하려고 무엇을 할 수 있습니까?

사랑하는 이여,

당신의 모든 질병(불편함)은 삶에서 좌절하는 다양한 형태입니다. 나는 당신의 창의성이 결코 꽃피도록 허락되지 않았다는 것을 압니다. 어떤 이유로든, 당신은 자신을 자유롭게 표현하는 것을 허용하지 않을 것입니다. 건선을 풀어주는 건 아주 잘했습니다. 이

제 좀 더 깊이 작업해야 합니다.

신체적인 측면에서는 중국 전통 의학을 하는 영양사(한의사)와 함께 일할 것을 제안하고 싶습니다. 형이상학적 수준에서, 밀라노에는 저 루이스 헤이Louise Hay가 훈련한 교사가 있습니다. 그의 이름은 막스 다미올리Max Damioli라고 합니다. 이 패턴을 영구적으로 없애는 데 도움이 되도록 그와 몇 가지 세션을 가지십시오. 내 삶에서 막힌 곳에 이르렀을 때, 저는 치료사에게 의지하는데, 잘 훈련된 치료사는 종종 우리 자신의 눈에 가려진 것을 명확하게 볼 수 있도록 도와줍니다. 이렇게 확언하세요. **나는 기쁜 마음으로 내 자신의 치유 과정에 참여한다!**

친애하는 루이스에게,

저는 1년 전에 HIV(인간면역저하 바이러스) 진단을 받은 20세 여성입니다. 남편은 결혼하기 전에 나를 감염시켰습니다. 제 T 세포 수가 높으므로 제가 매우 잘 지내고 있다고 믿으며 장기적인 생존자가 될 것이라고 확신합니다. 저는 긍정적인 생각이 우리가 누구인지에 어떤 영향을 미치는지에 대한 영향과 지식을 가지고 자랐기 때문에 그렇게 느낍니다. 저는 에이즈에 관한, 그리고 루이스 헤이 당신의 삶을 치유하는 것에 관한 당신의 책들을 읽었는데, 그 책들은 매우 도움이 되고 격려가 됩니다.

하지만 제가 알고 싶은 것은, 누군가 정말로 HIV나 AIDS를 완전히 치료할 수 있다고 생각하십니까? 스스로 치료하기로 결심했지만, 과연 가능할지 하는 생각이 듭니다. 만약 그렇다면, 어떻게 할 수 있을까요?

사랑하는 이여,

에이즈를 스스로 치료한 사람들이 있습니다. 제가 바라는 것만큼 많지는 않지만, 몇몇 사람들이 있긴 합니다. 정확한 통계를 내기가 어려운데, 왜냐하면 사람들은 스스로 치유할 때, HIV/AIDS에 붙여진 낙인 때문에 다시 자신 일로 돌아가기 때문입니다. 피플지에 기고된 기사로 동부 해안에 살고 있는 니로 어시스턴트는 스스로 치유하고 현재 에이즈에 걸린 사람들PWAs을 위한 워크숍을 운영하고 있습니다. 캐롤라인 미스Caroline Myss는 PWA의 초기 작업자였습니다. 그녀의 책《에이즈-변화의 통로AIDS: Passageway to Transformation》은 한 남자와 그의 치유에 대한 그녀의 첫 번째 사례를 기록하고 있습니다. 그녀는 또한 PWA를 위한 많은 워크샵을 운영했습니다. 그녀의 책《영혼을 위한 7단계 치유의 힘Anatomy of the Spirit: The Seven Stages of Power and Healing》은 몸과 마음, 영혼을 치유하고자 하는 모든 사람이 읽을 가치가 있습니다.

치유되는 사람들 대부분은 집중 프로그램에 참여하는 경향이 있습니다. 그들은 식단을 바꿉니다. 운동을 시작하고. 흡연과 음주를 중단합니다. 그리고 피마자유 팩, 비타민, 미네랄, 허브, 테라피, 명상 및 기도, 그리고 특별한 경우와 관련된 모든 것을 사용하기도 합니다. 치료는 일반적으로 파괴적인 내면의 메시지를 방출하고, 용서를 위해 노력하고, 자기 사랑을 형성하는 데 필요합니다. 무엇보다도, 프로그램은 기쁨으로 참여해야 합니다. 너무나 많은 사람이 마치 벌을 받는 것처럼, 그들의 치유 프로그램에 참여합니다. 치유는 치료보다 더 깊으며 내면에서 나와야 합니다.

이렇게 확언하세요. **나는 치유에 필요한 모든 것을 내 삶으로 끌어들인다.** 건강 자료를 읽기 시작하고 아이디어와 강의를 위해 지역 건강 식품점의 강좌를 찾아보십시오. 자신을 사랑하고 몸을 사랑하십시오.

친애하는 루이스에게,

당신이 쓴 책《치유-있는 그대로의 나를 사랑하라》에 대해 감사 드립니다. 당신이 제안하는 많은 것들을 실천하고 있습니다. 예를 들어, 저는 여러 해 동안 궤양을 앓고 있었는데, 그 병과 감정적 원인일 가능성이 있는 것 사이의 연관성을 이해한 후에, 하룻밤 사이에 이루어진 것은 분명 아니었지만, 마침내 완치되었습니다.

최근에 나는 "운동할 때 혈중 산소가 부족하다"라는 것을 알게 되었습니다. 의사들은 모든 종류의 검사를 시도했지만, 이 병의 원인을 아직 찾지 못했습니다. 나는 형이상학을 공부하는 학생이기 때문에, 물질이 먼저 정신적 차원에서 생성된다고 믿는다. 제발 도와주세요! 이 질환의 정신적 원인은 무엇입니까? 당신이 가진 모든 지식과 지혜로 저에게 줄 수 있는 모든 조언과 제 특정 상황에 맞는 확언에 크게 감사드립니다.

사랑하는 이여,

저는 이 특별한 병에 대해 들어본 적이 없고, 당신은 그것에 대해 자세히 설명하지 않아서 구체적으로 어떤 증상이 있는지 알아야 정확하게 말씀드릴 수 있다만, 운동을 하거나 계단을 오를 때 이런 일이 발생합니까? 어쨌든 형이상학적 관점에서 이 질문을 살펴봅시다. 피는 항상 기쁨과 가족을 의미합니다. 혈루증이 있을 때, 우리는 가족이 어떻게 당신의 기쁨을 앗아갔는지, 혹은 적어도 당신의 관점에서 볼 때 당신의 삶에서 기쁨을 누리는 것을 어떻게 방해했는지를 다루고 있습니다. 산소는 생명의 호흡이며, 건강한 혈액에는 적절한 양의 산소가 있습니다. 우리의 마음은 사랑을 상징하고, 우리의 피는 기쁨을 상징합니다. 건강한 사람의 경우, 마음은 사랑으로 온몸 전체에 기쁨을 내뿜습니다. 저는 이 기쁨이 당신 몸의 모든 세포를 적시고, 진정시키고, 포화시켜 각 세포가 기쁨의 분위기 속에서 최선을 다할 수 있게 하는 것을 상상합니다. 당신은 재미있는 사람입니까? 많이 웃으세요. 두려움을 기쁨으로 바꿀 수 있습니까? 어떻게 하면 당신의 삶에 더 많은 기쁨이 깃들게 할 수 있을까요? 아직도 용서해야 할 사람이 있는가요? 당신의 마음은 사랑을 위해 만들어졌습니다. 사랑이 당신을 치유할 것입니다. 이렇게 확언하세요. **나는 즐겁고 자유롭게 삶을 살아간다.**

질병(불편함)을 극복하기 위한 확언

나는 내 몸을 사랑한다.

내 몸은 건강해지는 것을 좋아한다.

나는 나의 영광스러운 몸에 감사한다.

나는 내 몸이 보내는 메시지에 귀를 기울인다.

내 몸의 모든 세포는 사랑받고 있다.

나는 나 자신을 돌보는 방법을 안다.

나는 그 어느 때보다도 건강해졌다.

나는 삶의 모든 부분과 조화를 이룬다.

나는 사랑으로 나 자신을 위한 완벽한 건강을 만들어 낸다.

나는 내 몸이 최적의 건강을 유지하기 위해 모든 수준에서 필요 한 것을 제공한다.

All is well
in my world!
I am safe!

7장

교육

나는 계속해서 이해를 늘려가고 있다.

나는 가르칠 수 있다.

매일 나는 내 안의 신성한 지혜에 조금 더 의식을 연다.

나는 살아 있어서 기쁘고,

내게 주어진 좋은 것들에 대해 매우 감사한다.

나에게 삶은 교육이다.

나는 매일 내 생각과 마음을 열고

새로운 통찰력, 새로운 사람들, 새로운 관점,

그리고 내 주변과 내 안에서 일어나는 일을 이해하는

새로운 방법을 발견한다.

더 많이 이해할수록 내 세계는 더 확장된다.

나의 새로운 정신 능력은 지구 학교에서 벌어지는 모든 변화에

편안하게 느끼는 데 정말 도움이 된다.

우리가 이 세상에서 무엇을 하는지는 중요하지 않습니다. 우리가 은행장이든 설거지하는 사람이든, 주부든 선원이든 상관없습니다. 우리는 모두 우주적 진리와 연결된 지혜를 내면에 가지고 있습니다. 우리가 기꺼이 내면을 들여다보고, 정말로 원하고 필요로 하는 것이 무엇인지 스스로 물어볼 때, 정말로 귀를 기울인다면, 우리는 답을 얻게 될 것입니다. 우리는 우리에게 필요한 것이나 옳고 그른 것에 대한 다른 사람들의 그림에 우리의 힘을 줄 수 없습니다. 우리는 우리 삶의 권위자입니다. 그것을 이해할 때, 우리는 우리에게 옳은 길을 따르기 시작할 수 있습니다.

제 워크숍에 참석한 한 여성이 배우가 되고 싶어 했습니다. 그녀의 부모님은 그녀를 설득하여 로스쿨에 진학시켰고, 그녀는 법대에 진학하라는 주변 사람들로부터 많은 압력을 받았습니다. 그러나 그녀는 한 달 다니다가 로스쿨에 더 이상 가지 않았습니다. 그녀는 항상 하고 싶었던 일이기 때문에 연기 수업을 듣기로 했습니다. 얼마 지나지 않아 그녀는 자신의 인생에서 아무 데도 가지 않을 것이라는 꿈을 꾸기 시작했습니다. 그녀는 비참해지고 우울해졌습니다. 그녀는 의심을 떨쳐 버리는 데 어려움을 겪고 있었고 인생에서 가장 큰 실수를 저질렀을지도 모른다고 느꼈습니다. 꿈에서 누구의 목소리를 들었는지 물었더니 아버지의 목소리라고 했습니다.

이 이야기에 공감할 수 있는 사람들이 많이 있습니다. 그 젊은 여성은 연기를 하고 싶어 했고, 그녀의 부모님은 그녀가 변호사가 되기를 원했습니다. 그녀는 혼란스러워하다가 자신의 삶을 위해 옳은 일을 해야 한다는 것을 진정으로 이해하게 되었습니다. 그녀는 내면의 지혜와 연결되어야 했고, 자신 외에 다른 사람을 기쁘게 할 필요가 없다는 것을 깨달아야 했습니다. 그녀는 아버지를 사랑하면서도 자신을 충족시킬 수 있었습니다.

우리를 아끼는 사람들이 다른 생각을 하고 있을 때도 자신에게 옳은 일을 하는 것은 큰 도전 중 하나입니다. 우리는 다른 사람들의 기대를 충족시키기 위해 여기에 있지 않습니다. 저는 결국 모든 것이 최상의 선을 위해 움직이고 있다고 믿지만, 때로는 우리가 어려운 도전을 통과하는 동안 도전과제를 보기가 어렵습니다. 우리에게 가장 좋은 방식으로 삶을 경험하도록 신성한 지성을 신뢰함으로써, 우리는 우리 자신의 성취의 길을 찾고 모든 것을 즐길 수 있도록 스스로 힘을 실어줍니다.

다음 편지는 교육 주제와 관련이 있습니다.

친애하는 루이스에게,

막내 아이가 학교에 들어가면 나는 다시 대학에 가고 싶다고 늘 말해 왔지만, 저에게는 네 명의 아이와 남편이 있으니 힘들까, 봐 두렵습니다. 남편이 아이들이나 제가 하는 활동에 충분히 지원하지 않는다고 느낍니다. 남편은 다음과 같은 말을 합니다. "당신이 이 모든 아이를 원했으니 희생해야만 해."

하지만 아이가 있다고 해서 꿈을 이루지 말아야 하는 걸까요? 제가 뭘 해야 하나요?

사랑하는 이여,

당신이 꿈을 이루기 시작하면 남편이 당신을 잃을까 두려워하는 것처럼 들리는군요. 그는 당신이 그를 넘어서게 될까, 봐 두려워 합니다. 당신의 남편은 또한 여성의 위치가 어디에 있어야 하는지에 대한 강하고 전통적인 생각을 하고 있다고 생각합니다. 하지만 당신에게는 자신을 충족시킬 수 있는 완전한 권리가 있습니다. 당신이 허락하지 않는 한 아무도 당신을 위해 대신 생각할 수 없습니다. 당신이 마음속으로 생각하는 생각은 당신의 사적인 생각입니다. 여기에서 변화를 시작합니다. 공부하세요. 독서하고, 자기 계발 테이프를 들으세요. 도서관에서 많은 것을 찾을 수 있습니다. 당신이 원하는 삶이 어떻게 될지 마음속으로 창조하십시오. 확언을 연습하십시오.

확언은 당신이 생각하고, 말하고, 믿는 모든 것임을 기억하십시오. 당신은 남편이 당신을 통제할 수 있다고 믿는 잠재의식의 프로그램을 지지하는 남편이 되기를 바라는 프로그램으로 바꾸고 싶어 합니다. 다음과 같은 강력한 확언을 사용하십시오. **가족은 내가 꿈을 이룰 수 있도록 전적으로 지지한다. 나는 내 인생에서 모든 좋은 것을 누릴 자격이 있다.**

친애하는 루이스에게,

저는 몇 년 동안 당신의 가르침에 관심이 있는 대학생입니다. 방학 동안에는 자기 계발서를 읽고, 과거를 용서하고 풀어놓기 위해 노력하며, 자신감과 자존감을 높이려고 노력합니다. 저는 도전적인 대학에 다니고 있고, 제 수업은 흥미롭기는 하지만 매우 어렵습니다. 학기 중에는 너무 과로하고, 과식하고, 잠을 자지 않고, 사람들로부터 저 자신을 고립시킴으로써 정신적, 육체적 건강을 파괴하게 되었습니다. 계속해서 공부 성적에 대해서 두려움을 느끼고 스트레스를 받으며 살고 있습니다.

매 학기가 끝날 때쯤이면 나는 "다시 시작"해야 하고 건강과 자존감을 다시 세워야 합니다. 저는 몇 년 동안 학교에 다닐 계획이며, 교육과정의 전체 과정에서 불행해지고 싶지 않습니다. 당신이 가진 모든 조언은 크게 감사하겠습니다.

사랑하는 이여,

왜 당신은 당신의 "성적"을 그렇게 중요하다고 생각하는 것입니까? 그것들은 단지 종이에 새겨진 표시일 뿐이며 당신의 자존감과 자신감과는 아무런 관련이 없습니다. 그런 부정적인 숫자를 자신에게 주지 마십시오. 저는 시험과 성적이 균형을 잃고 학생들에게 너무 많은 스트레스를 준다고 생각합니다. 테스트는 당신이 얼마나 알고 있는지 또는 얼마나 모르는지를 보여주기 위한 것입니다.

매일 아침 몇 분간 명상하는 것으로 시작하십시오. 자신의 가치와 자부심을 선언하십시오. 학교가 항상 더 쉬워진다는 것을 확언하십시오. 당신이 겪는 모든 경험에 관해 감사하는 마음을 키우십시오. 매 순간 기쁨을 찾는 법을 배우십시오. 당신의 삶입니다. 삶을 사랑하십시오, 그러면 삶은 당신을 사랑할 것입니다. 확언하세요. **나는 인생에서 성공한 사람이다. 나는 어디로 향하든 번영한다.**

친애하는 루이스에게,

저는 19살이고 최근에 몇 가지 중요한 시험에 떨어졌습니다. 지금은 다시 시험을 치르는 데 한 해를 보내고 있습니다. 이 일로 화가 나기도 합니다. 좀 더 열심히 공부했더라면 합격해서 대학에 갈 수 있었을 텐데 하는 생각이 듭니다. 저는 게으르고 무능했고, 지금 죄책감을 느낍니다. 신께서 저를 게으르게 두지 않으셨는데, 정말 죄인처럼 느껴집니다. 모든 것에 대해 의기소침해졌습니다. 새로운 시작을 하고 싶습니다. 저에게 해줄 수 있는 조언이 있습니까?

사랑하는 이여,

당신이 할 수 있는 최고의 새로운 시작은 자신을 사랑하는 것에서 비롯됩니다. "화 있을진저!" 하는 습관에서 벗어나십시오. 그것은 시간과 에너지의 낭비입니다. 후회는 끔찍한 습관이며, 지금 당장 멈추지 않는다면 평생 함께할 것입니다.

귀중한 교훈을 배웠고 이제 앞으로 나아갈 때입니다. 올해가 당신에게 멋진 경험이 되리라는 것을 압니다. 한 달 동안 하루에 적어도 500번은 다음의 확언을 말하길 바랍니다. **나는 나 자신을 사랑하고 감사한다.** 나는 당신의 인생이 더 좋게 바뀔 거일 것을 압니다.

친애하는 루이스에게,

저는 "에너지의 소통"에 어려움을 겪고 있는 대학생입니다. 예를 들어, 명상하기 위해 안으로 들어갈 수 없습니다. 또한 영적인 모임, 음악 수업, 미술 수업에서도 집중하는 데 어려움을 겪습니다. 제 생각에는 이런 집중 없이는 배우고, 창조하고, 치유할 수 없습니다.

한 가지 가능한 원인은 부모님이 저를 왼손잡이에서 오른손잡이로 바로잡았기 때문일 듯합니다. 왼손을 사용하고 싶었기 때문에 집중의 흐름에 있을 때 필요한 "우뇌"를 사용할 때 죄책감을 느낄 수 있다는 것입니다. 또 다른 가능한 원인은 신뢰할 수 없는 권위 있는 인물과 파트너가 저를 통제하려고 하는 것을 보았고, 이것이 에너지 흐름에 대한 신뢰 부족을 일으켰을 수 있다는 것입니다. 또한 기억력과 조정력에 어려움이 있으며 노래를 방해 없이 끝까지 부르는 것이 거의 불가능합니다. 비록 정보가 머리에서 논리적이라 할지라도 올바르게 나오질 않습니다. 무엇을 할 수 있을까요?

사랑하는 이여,

인생이 당신에게 "투쟁"이 된 것처럼 들립니다. 인생은 정말 단순하고 쉬워야 합니다. 요가 수업을 듣는 것을 고려해 본 적이 있습니까? 그것은 당신의 몸을 이완시키고 당신 안에 막힌 에너지의 채널을 여는 데 도움이 될 것입니다.

오른손잡이가 되라고 강요한 부모님을 용서하십시오. 그들은 자신이 가진 지식으로 할 수 있는 최선을 다하고 있었습니다. 다른 작업을 할 때 오른손을 쓰든 왼손을 쓰든 둘 다 적합하다고 느끼기 때문에 어느 손을 사용해도 완벽하게 양손잡이가 될 수 있다고 생각합니다.

학습 장애가 있거나 난독증이 있을 수도 있습니다. 이러한 것들은 극복할 수 있습니다. 더 큰 성공을 달성하는 데 도움이 될 수 있는 것이 무엇인지 결정하기 위해 교육적/심리 테스트를 받는 것을 고려할 수 있습니다.

죄책감과 과거, 두려움과 미래를 내려놓으십시오. 지금, 이 순간, 오늘을 살기 위해 자신을 훈련하십시오. 이 글을 읽으면서 숨을 깊이 들이쉬고, 숨을 완전히 내쉬고, '**나는 있는 그대로 완벽하다. 나는 쉽고 애씀 없이 배운다. 나는 나 자신에게 평화롭다.**'라고 확언하세요. 이 경험은 당신을 위한 교훈일 뿐입니다. 우주와의 영적 연결을 재확립하십시오. 당신은 혼자가 아니며, 사랑받고 있습니다.

친애하는 루이스에게,

저는 중학생들이 자존감과 자기애Self-love를 키울 수 있도록 돕는 프로그램을 설계하는 과정에 있습니다. 우리는 가장 가난한 자아상을 드러내는 것처럼 보이는 학생들을 참여시키고 몇 주 동안 그들과 함께 일하기를 원합니다. 이 프로그램을 개발하는 데 사용할 수 있는 자료와 아이디어의 형태로 도움을 주시면 감사하겠습니다.

사랑하는 이여,

청소년들이 자존감을 키울 수 있도록 돕는 데 시간을 할애하고 계신 것이 얼마나 기쁜지 모릅니다. 이 사업은 너무나 필요합니다. 제가 당신께 드릴 수 있는 것 중 하나는 "자신을 사랑하기 위한 10단계"입니다. 많은 사람에게 큰 도움이 되었습니다. 이 프로그램의 개발에 행운을 빕니다.

자신을 사랑하기 위한 10단계

1. **모든 비판을 중단하십시오.** 비판은 결코 아무것도 바꾸지 않습니다. 자신을 비판하기를 거부하세요. 있는 그대로 자신을 받아들이세요. 모든 사람은 변합니다. 당신이 자신을 비판할 때, 당신의 변화는 부정적입니다. 당신이 자신을 인정할 때, 당신의 변화는 긍정적으로 됩니다.

2. **자신을 겁주지 마십시오.** 당신의 생각으로 자신을 공포에 떨게 하지 마세요. 그것은 끔찍한 삶의 방식입니다. 당신에게 즐거움을 주는 정신적 이미지를 찾고(저의 이미지는 노란 장미), 즉시 무서운 생각을 즐거움을 주는 생각으로 전환하십시오.

3. **온화하고 친절하며 인내심을 가지십시오.** 자신에게 관대해지세요. 새로운 사고방식을 배우면서 자신에게 인내심을 가지십시오. 당신이 정말로 사랑하는 사람에게 하듯이 자신을 대하십시오.

4. **당신의 마음에게 친절하게 대하십시오.** 자기혐오는 자신 생각을 미워하는 것입니다. 그런 생각을 하는 자신을 미워하지 마십시오. 부드럽게 생각을 바꾸십시오.

5. **자신을 칭찬하십시오.** 비판은 내면의 정신을 무너뜨립니다. 칭찬은 정신을 세워 줍니다. 할 수 있는 한 많이 자신을 칭찬하십시오. 모든 작은 일도 얼마나 잘하고 있는지 자신에게 말하십시오.

6. **자신을 지원하십시오.** 스스로 도울 수 있는 방법을 찾아보세요. 친구들에게 손을 내밀어 도움을 청하십시오. 도움이 필요할 때 도움을 청하는 것은 강해지는 것입니다.

7. **부정적인 것에 대해 사랑하십시오.** 당신이 필요를 충족시키기 위해 그것들을 만들었다는 것을 인정하십시오. 이제 당신은 그러한 필요를 충족시킬 수 있는 새롭고 긍정적인 방법을 찾고 있습니다. 그러니 사랑스럽게 오래된 부정적인 패턴을 풀어 놓으십시오.

8. **몸을 돌보세요. 영양에 대해 알아보세요.** 당신의 몸이 최적의 에너지와 활력을 갖기 위해 어떤 종류의 연료가 필요합니까? 운동에 대해 알아보세요. 어떤 운동을 즐길 수 있습니까? 자신이 살고 있는 몸이라는 성전을 소중히 여기고 존중하십시오.

9. **거울 작업을 하세요.** 눈을 자주 들여다보세요. 자신에 대한 사랑이 커지고 있음을 표현하세요. 거울을 보면서 자신을 용서합니다. 거울을 보면서 부모님과 대화를 나눕니다. 그들도 용서하십시오. 적어도 하루에 한 번은 "사랑해. 나는 정말로 너를 사랑해."라고

말하세요.

10. **자기를 사랑하세요.** 지금 하세요. 몸이 나아지거나, 체중이 줄거나, 새로운 직장이나 새로운 관계를 얻을 때까지 기다리지 마세요. 지금 시작하고 할 수 있는 최선을 다하십시오.

목표 달성을 위한 확언

나는 훌륭한 삶을 살고 있다.

나는 내 두 발로 서 있다.

나는 내 힘을 받아들이고 사용한다.

나는 내 존재의 많은 길을 탐험한다.

나는 새로운 생활 방식을 기꺼이 배우고 싶다.

나는 완전히 완전하고 온전하다고 느낀다.

나는 내 자신의 힘을 받아들이고 사용한다.

나는 내 삶에 깊이 만족하고 있다.

나는 내가 필요한 것을 자신에게 준다.

내가 성장하는 것은 안전하다.

8장

감정적 문제

나는 비판, 두려움, 죄책감, 분노, 수치심의
무거운 외투를 벗었을 때의 자유로움을 사랑한다.
그러면 나는 나 자신과 다른 사람들을 용서할 수 있다.
이것은 우리 모두를 자유롭게 한다.
나는 오래된 문제에 대한 내 짐을 기꺼이 포기한다.
나는 더 이상 과거에 얽매여 살기를 거부한다.
나는 그 낡은 짐을 그토록 오랫동안 짊어지고 있었던
나 자신을 용서한다.
나는 나 자신과 다른 사람들을 사랑하는 방법을 몰랐던
나 자신을 용서한다.
우리는 모두 자신의 행동에 대한 책임이 있으며,
우리가 내어준 것을 삶은 우리에게 돌려줄 것이다.
그러니 나는 아무도 벌할 필요가 없다.
우리는 모두 우리 자신의 의식 법칙 아래 있다.
나는 내 마음의 용서할 수 없는 부분들을
깨끗이 씻어내는 일을 하고, 사랑이 들어오도록 허용한다.
그런 다음 치유되고 온전해진다.

감정적 문제는 고통스러운 문제 중 하나입니다. 때때로 우리는 화가 나거나, 슬프거나, 외롭거나, 죄책감이 들거나, 불안하거나, 두려울 수 있습니다. 이러한 감정이 지배하게 될 때, 우리의 삶은 감정의 전쟁터가 될 수 있습니다. 우리 중 많은 사람은 자신이 결점이 많다고 느끼기 때문에 스스로가 충분히 좋은 사람이 아니라고 믿으며 앞으로도 그럴 거로 생각합니다. 그리고 만약 우리가 우리 자신에게 뭔가 잘못을 발견하면, 그러면 다른 사람들에게서도 뭔가 잘못된 것을 발견하게 될 것입니다. 우리의 큰 문제 중 하나는 우리 대부분이 우리가 버려야 할 것이 무엇인지에 대해서는 가장 잘 모른다는 것입니다. 우리는 무엇이 잘되지 않는지 알고 있고 삶에서 무엇을 원하는지 알고 있지만 무엇이 우리를 방해하는지는 볼 수 없습니다.

우리는 우리의 감정 유형과 문제에 대해 잠시 생각해 볼 필요가 있습니다. 당신이 주로 느끼는 감정이 비판, 두려움, 죄책감, 분노 중 어떤 범주에 속합니까? 한 가지 감정만 주로 느낍니까? 아니면 여러 가지 감정이 같이 올라옵니까? 항상 떠오르는 것은 두려움인가요, 아니면 죄책감인가요? 당신은 올라오는 감정이 비판이나 분노나 화가 많습니까? 분노는 억눌려 있는 화라는 점을 지적하고 싶습니다. 그러므로 만약 당신이 화를 표현하는 것이 허락되지 않는다고 믿는다면, 당신은 많은 분노를 쌓아둔 것입니다.

우리는 우리의 감정을 부정할 수 없습니다. 우리는 그들을 편리하게 버리고 싶으면 버릴 수 있는 것처럼 가볍게 무시할 수 없습니다. 만성적인 자기혐오, 죄책감, 자기비판은 몸의 스트레스 수준을 높이고 면역 체계를 약화합니다. 따라서 우리가 건강하고 온전한 개인이 될 수 있도록 이러한 감정의 원인을 제거하는 것이 우리의 과제입니다. 우리 삶의 모든 것은 우리가 누구인지를 비추는 거울입니다. 어딘가에서 불편한 일이 일어나고 있을 때, 우리는 내면을 들여다보고 "나는 이 경험에 어떻게 기여하고 있을까? 이 일이 일어나도록 믿는 내 안의 신념은 어떤 게 있을까?"라고 묻습니다.

그런 다음, 우리는 다른 사람이 우리에게 무엇을 했는지, 우리가 과거에 무엇을 배웠는지는 중요하지 않다는 것을 깨달아야 합니다. 오늘은 새로운 날입니다. 지금이 우리가 책임질 수 있는 순간입니다. 지금이야말로 우리가 스스로 미래를 창조할 수 있는 순간입니다. 우리는 반드시 할 수 있습니다. 왜냐하면 우리 내면에는 우리를 도와줄 수 있는 더 높은 힘이 있기 때문입니다.

다음 편지들은 감정적 문제에 관한 주제를 다루고 있습니다.

친애하는 루이스에게,

5년 전에 결혼 생활이 파탄에 이른 이후로 심한 우울증과 싸우고 있습니다. 남편과 거의 11년 동안 좋은 부부관계를 유지했지만, 남편은 마약과 술에 중독되었고, 강박적으로 돈을 써서 가정경제를 파산으로 몰아넣었고, 제 친한 친구와 바람을 피웠습니다. 그 이후로 저는 남자 두 명과 연애를 했는데, 둘 다 아주 안 좋은 결과를 가져왔습니다. 마지막 연애는 저를 거의 자살로 몰아넣었습니다.

저의 근본적인 문제는 세상이 무너지기 전까지는 꽤 좋았다고 생각했던 하나님과의 관계라고 확신합니다. 남자와 헤어진 지 3개월 만에 남편, 집, 신용 등급, 직장, 정서적 건강 등 모든 것을 잃었습니다. 저는 수년 동안 형이상학을 공부하는 학생이므로 첫 번째 생각은 다음과 같았습니다. 어떻게 이런 일이 저에게 일어날 수 있을까요? 때로는 기도합니다. 명상도 합니다. 십일조도 꼬박합니다. "**나는 친절하고 사랑이 많은 사람이다.**"라고 확언도 합니다.

사랑을 표현하고 받고, 삶이 주는 경이로움을 즐기고, 하나님을 가까이 느끼고 싶은 마음이 간절합니다. 하지만 제가 즐기고 싶은 모든 것, 즉 사랑하는 배우자, 성관계, 가족, 가정, 번영, 삶의 목적 등을 친구들이 즐기는 것을 보면 매우 실망스럽습니다. 저는 여전히 비틀거리고 헤매고, 힘들어하는 동안 내 주변의 모든 사람은 삶의 비밀을 발견한 것 같습니다. 돌이켜 보면, 제가 사랑했던 모든 것과 모든 사람을 제게서 빼앗긴 것 같습니다.

이 글을 읽을 때면 제가 너무 징징대는 사람처럼 들리고 피해자처럼 들려서 움찔하지만, 절망과 좌절감이 너무나 압도적이기 때문입니다. 도와주실 수 있으세요?

사랑하는 이여,

당신이 그토록 절망에 빠져 있는 이유는 문제의 핵심을 놓치고 있기 때문입니다. 모든 것이 그토록 무력해 보이는 것은 당연합니다. 그대는 여러 해 동안 자기 연민에 빠져 있었습니다. 눈물을 닦고 내면 작업을 해 봅시다. 우리는 어렸을 때 가정에서 경험하는 것을 통해 사랑이 어떤 것인지를 배웁니다. 당신의 가정에서 표현된 사랑은 부드럽고 존중받는 것이었나요? 고함치고, 비명을 지르고, 문이 쾅 닫히는 소리였나요? 부모님 중 한 분이 알코올 중독자였습니까? 부모님은 서로를 존중했나요? 그들은 충실했나요, 아니면 불충실했나요? 우리는 부모님을 보면서 관계를 맺는 법을 배웁니다. 우리가 클 때, 우리는 이와 같은 관계를 다시 만드는 경향이 있습니다. 제가 보기에는 당신이 모든 관계에서 아버지나 어머니를 재창조하는 것처럼 들립니다. 아마 당신의 상사들도 마찬가지일 것입니다. 당신 내면에 있는 이 유형을 풀어놓을 때까지 그런 관계를 지속할 것입니다.

부모를 용서하고 놓아주기 위해 노력해야 합니다. 당신은 특정 종류의 치료 그룹에서 이것을 가장 잘할 것입니다. 교회를 통해 뭔가를 찾아보거나, 지역의 뉴에이지 신문을 읽어 보십시오. 만약 당신이 유형을 바꾸는 것에 대해 진지하게 생각한다면, 인생은 당신에게 다음 단계를 가져다줄 것입니다. 다음 단계가 나타나면 그것을 해 보세요! 잠시 관계를 멀리하고 자신을 사랑하는 법을 배워보세요. 당신이 스스로 사랑할 때, 당신은 당신을 사랑할 수 있는 사람을 끌어들일 것입니다. 이렇게 확언하세요. **나는 부모님을 용서하고, 나 자신을 사랑할 자유가 있다.**

친애하는 루이스에게,

저는 정신 분석가에게 매우 의존하게 되었습니다. 마음속에서, 그녀(정신 분석가)는 제가 결코 가지지 못한 어머니였습니다. 그 분석가를 믿었고, 그녀를 화나게 하거나 실망하게 하고 싶지 않았습니다. 어려움이 생겨 그녀가 저를 실망하게 했을 때, 저는 다시 버림받았고, 사랑받지 못했으며, 무가치한 존재라는 느낌이 들었습니다. 저는 다른 여러 분석가와 몇몇 치료사에게 연락했습니다.

저는 현재 루이스 헤이 당신의 오디오 테이프, 특히 화 내려놓기Anger Releasing 작업을 하고 있습니다. 이 수련을 하면서 분노, 슬픔, 절망 등 다양한 감정이 올라옵니다. 그 후 몇 시간 동안 평온하고 편안한 느낌이 들지만, 아무것도 이루어지지 않는 것 같습니다. 이것 말고 또 할 수 있는 다른 게 있나요?

사랑하는 이여,

가장 먼저 이해해야 할 것은 당신이 잘하려고 다른 사람에게 의존하는 것으로 생각합니다. 아무도 이것을 할 수 없습니다. 만약 그들이 당신에게 그들이 할 수 있다고 믿게 만든다면, 당연히 당신은 버림받았다고 느낄 것이고, 그들이 잘 전달하지 않을 때 화가 날 것입니다.

제가 보기에는 당신이 아무도 당신을 도와줄 수 없다는 것을 스스로 증명하고 있는 것처럼 들립니다. 자신을 위해 스스로 노력하지 않고 한 치료사에서 다른 치료사로 바꿔서 뛰어다니는 것은 쓸모가 없습니다.

당신은 강력한 존재이며 당신 안에 자신을 치유할 수 있는 지혜와 지식이 있다는 것을 아십시오. 당신 안에 있는 신성한 지혜와 사랑과 더 많이 접촉하기 위해 노력하여, 당신이 당신의 삶을 책임지고 자신을 위해 평화롭고, 건강하고, 사랑스럽고, 번영하는 삶을 창조할 수 있습니다.

당신을 위한 몇 가지 확언은 다음과 같을 수 있습니다. **나는 스스로 결정을 내릴 수 있는 능력이 있다. 나는 나의 모든 힘을 받아들인다. 나는 항상 안전하다. 나는 삶이 나를 위해 여기에 있다고 믿는다.**

제가 당신에게 편지를 쓰는 이유는 삶의 난간에 대롱대롱 매달려 있기 때문입니다. 저는 신경성 식욕 부진에서 거의 9년 동안 회복하고 있습니다(저는 24살입니다.). 저는 병원을 들락날락하고 치료사한테 갔다가 왔다가 하면서 심리 치료와 나 자신이라는 직업 전체에 완전히 좌절감을 느꼈습니다. 지난 몇 년 동안 신념 체계의 변화에 관해 많은 책을 읽었지만, 별 소용이 없었습니다. 확언을 해 보았고 당신의 책 몇 권을 읽었지만, 기억할 수 있는 한 오랫동안 저와 함께 있었던 이 모든 곳에 만연한 무가치라는 감정을 제거할 수 없는 것 같습니다.

간신히 가지고 있는 돈을 도움이 되지 않는 책과 테이프에 쓰는 것에 지쳤습니다. 무엇보다도, 생각하고, 말하고, 행동하는 모든 것에 대해 자책하는 것에 지쳤습니다. 과거에 심한 우울증을 앓았고, 다시 그 심연으로 떨어지는 자신을 발견합니다(그리고 내 체중은 매우 적게 나갑니다). 제가 뭘 놓치고 있는 걸까요? 뿌리박힌 깊은 신념을 바꾸거나 현실을 바꾼다는 이 개념을 직감적으로 이해할 수 없다는 것이 저에게 무슨 잘못인가요? 제가 시도해 볼 수 있는 기술, 테이프 또는 운동을 추천해 주실 수 있나요? 모든 것과 모두를 포기하기 직전입니다.

당신은 얼마나 강력한 여성입니까? 당신은 치료사, 의사, 병원 직원, 심지어 책과 테이프보다 더 강력합니다. 아무도 당신 스스로 치유하도록 강요할 수 없습니다. 당신은 너무나도 강력합니다. 언젠가 당신은 이 강력한 에너지를 자신 몸을 파괴하는 대신 치유 과정으로 돌리고 싶을 수도 있습니다.

이 세상에 당신만큼 스스로 이길 수 있는 사람은 아무도 없고, 당신은 그것을 아주 잘합니다. 이제 가장 큰 질문은 이렇습니다. "당신에 대해 무엇이 그렇게 끔찍해서 이렇게 가혹한 방식으로 스스로 처벌해야 합니까?" 나는 수천 명의 사람에게 이 질문을 던졌지만, 아무도 나에게 이해할 만한 대답을 해 주지 못했습니다. 당신의 문제가 어려워진 만큼, 당신은 여전히 자기혐오만을 다루고 있을 뿐입니다. 그리고 자기혐오는 자신에 관한 생각을 미워하는 것일 뿐입니다. 생각은 바뀔 수 있습니다.

있잖아요, 사랑스러운 이여, 삶의 모든 것은 생각일 뿐입니다! 당신이 무엇을 하고 있든 하지 않고 있든, 당신은 생각하고 있습니다. 당신의 생각이 당신의 삶을 형성합니다! 그래서 우리가 모두 생각을 통제하는 법을 배우는 것이 매우 중요합니다. 우리는 이 개념의 중요성을 이제 막 배우기 시작했습니다. 생각은 자연의 법칙입니다. 우리의 생각은 우리의 경험을 만듭니다. 우리가 생각하는 것이 우리가 얻는 것입니다. 그대는 그대의 생각이 통제를 벗어나 자기혐오의 틀에 박힌 채 걷잡을 수 없이 날뛰도록 그냥 내버려 두었습니다.

당신의 개인사에 대한 모든 세부 사항을 알지는 못하지만, 당신의 어린 시절 어딘가에서 누군가가 당신에게 당신이 쓸모없는 사람이라고 말했다는 것은 압니다. 어쩌면 그들은 당신이 "좋지 않은 사람이다"라고 생각하게 만드는 방식으로 당신을 대했을 수도 있습니다. 이것은 자기혐오가 많은 무지한 사람에게서 나온 의견이었습니다. 당신이 착한 소녀였기 때문에, 당신은 그들을 믿었고 그 이후로 그 전제에 따라 행동했습니다.

당신은 자유로운 사람이기 때문에, 그들이 당신을 학대하는 방식을 계속 유지할 자유가 있고, 아니면 다른 방식으로 살아야 할 때라고 결정할 수 있습니다. 우리 각자는 "그들이 말하거나 행동하는 것"에도 불구하고 자신을 사랑하는 법을 배우기 위해 이 행성에 옵니다. 그대는 오래된 영혼이며, 더 어려운 교훈을 가지고 이 세상에 들어왔습니다. 오래된 영혼의 존재인 당신은 또한 당신을 도와줄 더 많은 자원을 가지고 있습니다. 당신은 강력한 치유사가 될 잠재력이 있습니다. 제가 아는 모든 훌륭한 치료사들은 영혼의 어두운 밤을 많이 겪었습니다.

그래서 당신에게 제안이 있습니다. 당신은 치료받았고, 책을 읽었으며 테이프를 들었습니다. 당신은 모든 것을 알고 있습니다. 이제 에이즈 병동이나 아동 병원에 가서 자원봉사를 하십시오. 다른 사람들을 도울 수 있을 만큼 충분히 오랫동안 자신에서 벗어나십시오. 당신은 이것이 당신의 삶에 얼마나 기적을 만들어 낼 것인지에 놀랄 것입니다. 그것은 당신의 치유 경험에 엄청나게 이바지할 것입니다. 그것은 또한 당신의 삶에 많은 사랑을 가져다줄 것입니다.

친애하는 루이스에게,

저는 과거에 두 번의 심각한 우울증을 겪은 23세 여성입니다. 몇 주 동안 나는 극도의 슬픔을 경험하고 있지만, 고통에 있어서는 이전의 우울증 시기와는 똑같지 않습니다. 그 슬픔이 무엇에 관한 것인지도 모르겠습니다. 다시 우울증을 겪는 것 같지만, 내 안의 어떤 부분은 괜찮다고 느끼고, 어떤 다른 부분은 매우 슬픕니다.

우울증은 우리 가족에게도 있지만, 가족 각자에게 미치는 영향은 다릅니다. 더 이상 이 병을 앓고 싶지 않지만, 어디서부터 시작해야 할지, 어떻게 생각을 바꿔야 할지 모르겠습니다.

사랑하는 이여,

우울증이나 가족 내에 만연해 있는 것처럼 보이는 다른 모든 것에 대해 제가 믿는 바를 말씀드리겠습니다. 저는 우리가 가족의 다른 구성원들, 보통 부모로부터 우리의 행동을 모방한다고 느끼며, 이는 차례로 같은 질병(dis-ease 불편함)의 발병 유형을 나타냅니다. 이 유전적" 불편함은 우리가 우리의 신념 체계를 바꿀 때, 그 유형을 바꿀 수 있습니다.

우울증은 당신이 가질 권리가 없다고 느끼는 화를 나타냅니다. 희망 없음을 나타내지요. 당신은 한동안 슬픔을 느꼈다고 말합니다. 그렇지만, 꼭 어렸을 때를 떠올려 보라고 말씀드리고 싶습니다. 그때도 슬픔을 느꼈나요? 당신은 꽤 외톨이였나요? 당신은 감정을 표현하는 대신 마음속에 꾹 담아두고 간직하는 경향이 있습니까? 우리는 나이가 들어감에 따라 다양한 방식으로 자신의 감정을 감추며 인생을 살아갑니다. 우리는 그런 원치 않는 감정을 경험하게 하는 많은 방해 요소를 발견합니다.

당신의 슬픔에 관해 이야기할 수 있는 사람, 상담사나 지원 단체를 찾으십시오. 마치 당신 안에는 호리병에 갇힌 감정이 많이 있는 것처럼 들립니다. 당신이 그것들을 놓아줄 때, 당신은 당신의 고통을 풀어줄 것입니다. 스스로 반복할 수 있는 좋은 확언은 다음과 같을 수 있습니다. **나는 나 자신을 사랑하고 소중히 여긴다.** 하루에 500번 이상 말해 주세요.

친애하는 루이스에게,

분노와 원망이 몸을 망가뜨릴 수 있다는 것을 이전부터 알고 있었지만, 지금까지 멈출 방법이 없었습니다. 지금 저는 자신을 파괴하고 있고, 어디로 가야 할지 모르겠습니다.

일주일에 6일 밤을 일하고 있고, 부부관계를 유지하려고 노력하고 있지만, 남편이 낮에만 일하니까 힘듭니다. 우리는 여러모로 잘 지내지만, 서로를 보지 못하기 때문에 많은 문제가 있습니다. 저에게는 먹는 문제, 지출 문제, 원망, 분노, 자기혐오가 있습니다. 좌절감을 느끼고 누구에게 의지해야 할지 모르겠습니다.

더 이상 노력할 만한 가치가 있는 것은 아무것도 없다고 생각하며, 이 악순환에서 결코 벗어날 수 없을 것입니다. 어떻게 해야 할지 조언 부탁드립니다.

사랑하는 이여,

당신의 편지는 당신이 이제 당신의 삶을 책임져야 할 때라고 느낀다는 것을 말해 줍니다. 힘의 중심은 항상 지금, 이 순간에 있으며, 우리는 바로 지금 여기에서 변화를 시작할 수 있습니다. 생각은 바뀔 수 있고, 자기 파괴적인 유형도 바뀔 수 있습니다. 오랫동안 우리와 함께 해온 사람들은 일이 필요합니다. 저는 당신이 일종의 지원 조직에 있는 것이 도움이 되리라 생각합니다. 전화번호부 앞면의 아래에서 확인하십시오. 해당 그룹을 위한 "커뮤니티 서비스"를 찾으세요. 또한 당신이 매일 거울 작업을 하고 스스로 안심시키는 것이 좋으리라 생각합니다. 이렇게 확언하세요. **나는 내면으로 돌아서서 내가 필요로 하는 모든 편안함과 지혜를 찾는다.**

당신은 당신의 삶에서 가장 중요한 사람인 것을 기억하십시오. 우리가 자신의 필요를 충족시킬 수 있을 만큼 자신을 소중히 여기기 시작할 때까지, 우리는 주변 사람들이 그렇게 하기를 기대할 수 없습니다. 한 번에 한 걸음씩 나아가십시오.

친애하는 루이스에게,

제 치유를 도와주신 것에 대해 감사드립니다. 당신은 저를 6년간의 우울증에서 벗어나게 하는 올바른 길로 인도하는 매우 중요한 역할을 했습니다.

아직 갈 길이 멉니다. 왜냐하면 조증 측면을 다시 프로그래밍해야 하기 때문입니다. 조울증에 어떻게 대처할 수 있는지 설명해 주시겠습니까? 조울증 자아를 다스리기 위해 어떤 교훈을 얻어야 할까요?

사랑하는 이여,

당신이 조울증에 관해 이야기할 때, 당신은 에너지 불균형에 관해 이야기하고 있는 겁니다. 어쨌든 당신은 자신이 될 권리가 없다고 결정했습니다. 6년 전, 어떤 일이 있었습니까? 그 일이 당신을 삶에서 어떻게 도망치게 했나요? 어떤 면에서 당신은 자신의 감정, 특히 분노와 우울을 표현할 권리가 없다는 두려움 때문에 에너지를 억누르고 있었습니다. 다른 에너지 수준에서, 억누른 에너지를 보상하기 위해, 당신의 진자는 격렬하게 흔들리고 완전히 현실을 넘어서서 조울증이 되었습니다. 두 경우 모두, 현실을 부정하고 "본향"에 가고자 하는 강한 욕망, 즉 영적으로 근원의 집에 있기를 바라는 강한 욕망이 있습니다.

당신은 당신 자신 그대로 존재할 권리가 있다는 것을 배워야 합니다. 도망칠 사람도 없고, 기쁘게 할 사람도 없습니다. 당신은 삶의 신성한 표현이며, 당신의 모든 장엄한 속에서 당신 자신을 표현하기 위해 이곳에 왔습니다.

이렇게 확언하세요. **나는 우주에서 집에 있고, 모든 생명이 나를 사랑하고 지지한다.** 이것은 당신 존재의 가장 깊은 수준에서 당신에게 사실이며, 당신 내면의 아이는 이것을 알고 받아들일 필요가 있습니다.

제 책과 테이프가 당신에게 많은 도움이 될 수 있지만, 저는 당신이 전문 상담사와 함께 치유 작업을 하는 편이 낫다고 생각합니다. 어디로 가야 할지 모르겠다면 (800) 553-4539로 전국 정신건강 소비자 자조 정보 센터National Mental Health Consumers' Self-Help Clearinghouse에 전화하십시오. 항상 도움을 받을 수 있을 겁니다.

정서적 건강을 위한 확언

나는 지금 무한 사랑과 빛과 기쁨에 살고 있다.

나의 세상에서는 모든 것이 잘된다.

나는 내 자신의 힘을 주장하고, 사랑으로 나만의 현실을 만든다.

나의 이해 수준은 계속 높아지고 있다.

나는 아름답고 모두가 나를 사랑한다.

나는 긍정적인 변화의 과정에 있다.

나는 나 자신을 사랑하고 인정한다.

나는 내 삶을 믿고, 안전하다.

나는 나의 독특함을 받아들인다.

나의 내면을 들여다보는 것이 안전하다.

삶이 나를 지탱해 준다.

9장
가족 관계

나는 살아 있는 사람들과 죽은 사람들을 포함한,
내 가족 전체를 사랑의 원으로 둘러싼다.
나는 우리 모두에게 의미 있는
훌륭하고 조화로운 경험을 확언한다.
나는 우리 모두를 하나로 모으는
시대를 초월한 무조건적인 사랑의 그물 일부가 된 것을
큰 축복으로 느낀다.
나보다 앞서 살았던 조상들은
자신이 가진 지식과 이해력으로 최선을 다했고,
아직 태어나지 않은 자녀들은 새로운 도전에 직면할 것이며
그들이 가질 지식과 이해력으로 최선을 다할 것이다.
매일 나는 내 임무를 더 분명하게 보게 되는데,
그것은 단순히 오래된 가족의 한계를 버리고
신성한 조화에 눈을 뜨는 것이다.

우리는 모두 가족 형태를 가지고 있으며, 우리 삶의 현재 상태에 대해 부모, 어린 시절 또는 환경을 탓하기는 매우 쉽습니다. 만약 우리가 비판이 일상이었던 가정에서 자랐다면, 우리는 성인이 되어서도 비판적으로 될 것입니다.

만약 우리가 분노를 표현하는 것이 허용되지 않는 가정에서 자랐다면, 우리는 아마도 분노와 대립을 두려워하고, 분노를 삼키고 분노가 우리 몸에 머물게 할 것입니다. 만약 우리가 가족 구성원 모두 죄책감에 조종당하는 가정에서 자랐다면, 우리는 아마 어른들과 같은 방식으로 살아갈 것입니다. 우리는 아마도 항상 "미안하다"라고 말하며 뛰어다니며, 결코 대놓고 아무것도 요구할 수 없습니다. 우리는 우리가 원하는 것을 얻기 위해 어떤 식으로든 조종해야 한다고 느낍니다.

우리는 자라면서 이러한 거짓 관념에 따라 살기 시작하고 내면의 지혜를 잃어버립니다. 우리는 가족의 한계를 넘어설 수 있다는 것을 깨달아야 합니다. 우리는 과거의 불만에 매달릴 때 고통을 겪는 사람들입니다. 우리는 우리 삶의 상황과 사람들에게 우리를 지배하는 힘을 주지만, 바로 이 상황과 사람들은 우리를 정신적으로 노예로 만듭니다. 그 상황과 사람들은 우리가 "용서하지 않음"에 갇혀 있을 때 우리를 계속 통제합니다.

우리는 우리에게 상처를 주는 믿음을 버려야 합니다. 이를 통해 우리는 고통, 분노, 비난의 불필요한 순환에서 벗어날 수 있습니다. 상처 주는 믿음은 우리를 우리 자신의 고통 속에 가두고, 우리 자신과 다른 사람들과 긍정적이고 긍정적인 관계를 형성하는 것을 방해합니다.

우리가 있는 그대로 받아들여지기를 원한다면, 우리는 다른 사람들을 있는 그대로 기꺼이 받아들여야 합니다. 우리는 항상 부모님이 우리를 온전히 받아들이기를 원하지만, 종종 부모님을 있는 그대로 받아들이려 하지 않습니다. 수용은 우리 자신과 다른 사람들에게 그저 있는 그대로 존재할 능력을 줍니다. 다른 사람에게 기준을 세우는 것은 오만한 일입니다. 우리는 우리 자신을 위한 기준만 세울 수 있습니다. 그리고 그렇다 하더라도, 우리는 그것들이 표준이라기보다는 삶의 안내 지도에 더 가까워지기를 원합니다. 자기 수용을 더 많이 연습할수록 더 이상 도움이 되지 않는 습관을 버리기가 더 쉬워집니다. 우리는 사랑의 분위기 속에서 성장하고 변화하기 쉽습니다. 우리는 다른 사람을 사랑하고 그들의 과거 행동을 용서하기 위해 노력해야 하며, 그렇게 하기 위해서는 먼저 자신을 사랑하고 용서하는 법을 배워야 합니다.

다음 편지들은 가족 관계에 관한 주제와 관련이 있습니다.

제 문제는 지배적이고 통제적인 친정어머니입니다. 저는 그녀가 많은 문제를 겪었다는 사실을 인정하지만(어머니는 제가 겨우 5살 때 소아마비에 걸렸고, 1년 후 아버지는 다른 여자와 결혼하기 위해 떠났습니다), 그녀와 함께 있을 때면 완전히 숨이 막히는 느낌이 듭니다. 저는 어머니가 항상 저와 다른 자녀들에게 100퍼센트를 주신다는 사실에 감사하며, 어려운 여건 속에서도 힘들었지만, 어머니가 최선을 다했다는 것을 알고 있다고 말했습니다. 저는 그녀에게 내 삶을 '가질' 수 없다고 말해 주기도 했습니다. 저는 지금 저를 위해 제 삶을 살고 있습니다.

어머니의 통제에서 벗어나는 데만 오랜 세월이 걸렸고, 전 남편과 같은 다른 통제적인 사람들도 그랬습니다. 루이스, 이제 어떻게 어머니와 가까워질 수 있을까요? 그녀는 여든의 나이에 접어들고 있으며, 이제 어머니의 나이가 보이기 시작합니다. 저는 정말로 어머니와 가까이 있고 싶지만, 그녀의 집을 방문할 때는 약 3미터 떨어진 곳에 서서 열린 문을 닫아야 한다고 느꼈습니다. 조언 주셔서 감사합니다.

나이 든 사람들이 자녀들이 멀어지는 것에 대해 불평할 때, 그들은 자신들이 그 상황을 자초한 사람인 것을 잊어버립니다. 부모가 자녀에게 "그렇게 말하지 마, 저렇게 하지 마, 그렇게 생각하지 마"라고 말하는 것은 소통을 단절하는 것입니다. 또한, 아이가 성인이 된 후에도 오랫동안 이를 유지하려고 강요하고 통제하는 부모 역시 사랑의 관계에 장벽을 세웁니다.

당신은 삶에서 어머니의 선택에 대한 책임이 없습니다. 자신의 선택에 대한 책임은 자신에게 있습니다. 지배적인 부모를 갖는 것은 지배적인 배우자가 삶에 등장한다는 것을 보장합니다. 둘 다에서 멀어지는 당신을 위해 '브라보 마이 라이프(인생에 감탄)' 하세요. 당신은 그녀에게 결코 가까이 갈 수 없을지도 모르며, 그것은 **당신의 잘못이 아닙니다**. 죄책감을 떨쳐 버리십시오.

어머니가 당신을 바꾸려 하지 않고 있는 그대로 받아주기를 바란다는 것을 저도 압니다. 이제 어머니에게도 같은 공간을 주십시오. 그녀를 있는 그대로 받아주세요. 만약 그녀가 대부분 지배적인 사람 같을 때, 계속해서 스스로 반복합니다. 그때 어머니가 무슨 말을 반복하는지 적어보세요. 그리고 그 말에다 번호를 매겨보세요. 어머니가 당신을 괴롭히려고 할 때 그때 당신은 "오, #7이 간다."라고 말할 수 있습니다. 또는 "그녀는 이번에 #6과 #4를 결합하고 있습니다." 이 방법은 당신이 새로운 관점으로 사물을 보는 데 도움이 될 것이며, 항상 당신이 마치 다섯 살짜리처럼 반응하지 않는 데 도움이 될 것입니다.

이렇게 확언하세요. **나는 어머니와 기쁨과 사랑이 넘치는 관계를 맺고 있다.** 6개월 동안 매일 이 확언을 하고 무슨 일이 일어나는지 보세요.

친애하는 루이스에게,

나는 며느리와 사이좋게 지내려고 무척 노력하는 시어머니입니다. 제 손자가 불치병으로 죽어가고 있습니다. 저는 제 며느리와 아들이 저와 마찬가지로 끔찍한 시간을 겪고 있다는 것을 이해합니다. 저는 그들을 몹시 사랑합니다.

며느리는 제가 그들에 대한 저의 사랑을 신체적으로 보여주기를 원합니다. 며느리는 제가 그들에게 신경 쓰지 않는다고 말하고 제가 끔찍하다고 생각합니다. 뭘 해야 할지 모르겠어요. 저는 제 사랑을 그렇게 표현할 수 없는데, 왜냐하면 그것은 내가 자라온 방식이 아니기 때문입니다. 저에게 무슨 문제가 있습니까? 저는 왜 제 아이들에게 사랑을 보이는 것이 그토록 부끄러운 것일까요? 어렸을 때는 뽀뽀하고 껴안아 주곤 했는데, 아이들이 어른이 된 지금은 부끄러운 생각이 듭니다. 뭘 해야 할지 모르겠어요. 제발 도와주세요. 이것이 저를 아프게 합니다.

사랑하는 이여,

우선, 당신에게 "잘못"이 없다는 것을 깨달으십시오. 당신은 우주의 신성한 창조물이며 사랑을 주고받을 무한한 가치가 있습니다.

당신의 편지를 보면, 당신이 포옹하고 키스하는 것보다 "사랑해요"라고 말하는 것을 더 편하게 느끼는 사람으로 인식됩니다. 당신이 지적했듯이, 이것은 부분적으로 당신이 어렸을 때 받은 메시지 때문입니다. 아마도 당신의 집에서는 신체적 접촉을 권장하지 않았을 것입니다. 아이들은 신체적 접촉과 안정감에 대한 욕구가 높습니다. 이러한 욕구가 충족되지 않으면, 신체적 접촉의 부족을 무언가 "잘못" 되었다는 의미로 해석할 수 있습니다. 그 생각이 자신에 대한 믿음이 되면서, 그들은 자신 몸과 신체적 욕구에 대한 수치심을 갖게 됩니다. 그들은 자신의 안전 영역을 지키고 자신이 필요하다고 생각하는 "결점"을 드러내지 않기 위해 다른 사람들과의 신체적 접촉을 차단합니다. 그러나 당신이 "틀렸다"라거나 "결함이 있다"라는 믿음은 더 이상 당신에게 사실일 필요가 없습니다. (이런 종류의 수치심을 치유하는 과정을 묘사한 훌륭한 책은 존 브래드쇼가 쓴《수치심의 치유Healing the Shame That Binds You》입니다.)

당신과 당신의 며느리가 고려해야 할 또 다른 것은 우리가 모두 다른 방식으로 사랑을 경험한다는 것입니다. 다른 사람들은 "사랑합니다"라는 말을 들을 필요가 있습니다. 그런가 하면 꽃이나 사탕과 같은 사랑의 물질적 증거를 볼 필요가 있는 사람들도 있습니다. 우리는 때때로 사랑하는 사람들이 우리가 가장 편안하게 사랑을 표현하는 것과는 다른 방식으로 사랑을 경험하기를 선호할 때 문제를 겪습니다. 시간을 내어 사랑하는 사람의 선호 사항을 이해하고 우리 자신의 취향을 나눔으로써, 우리는 서로에 대한 사랑을 더 잘 전달할 수 있습니다.

마지막으로, 당신의 며느리가 지금 그녀 자신의 두려움과 부족함 때문에 당신에 대해 흠을 찾고 있을 수 있다는 생각이 듭니다. 그녀를 축복하고, 그녀의 투사에 휘둘리지 않고 연민 가득한 사랑의 마음을 내십시오. 다음과 같이 확언하는 것이 도움이 될 겁니다. **나는 사랑이 풍성하며, 이 사랑을 거리낌 없이 표현한다. 사랑을 표현하는 것은 나에게 안전하다.**

친애하는 루이스에게,

저는 35세의 여성으로, 부모님과 떨어져 산 지 벌써 7년이 되었습니다. 집에 가면 항상 자신을 돌볼 수 없는 어린아이로 돌아간다는 것을 알게 되었습니다. 부모님과 함께 있을 때는 집세를 어떻게 낼 수 있을지, 매일 일하러 갈 수 있을지 상상할 수 없습니다. 그것은 지금 살고 있는 집으로 돌아가는 것에 대한 두려움을 불러일으키고, 내 능력과 자존감에 의문을 품게 만듭니다. 물론, 따로 사는 집에 돌아오면 여느 때처럼 책임을 다하고 생활을 계속하는 데는 문제가 없습니다. 문제는 제가 어린 시절 살던 집을 방문하는 것이 두렵다는 것인데, 부모님이 연로해지시고 가능한 한 많은 시간을 부모님과 함께 보낼 수 있기를 원하기 때문에 괴롭습니다. "집에 가는 것"에 대한 불안을 덜어줄 수 있는 지혜의 말이 있을까요?

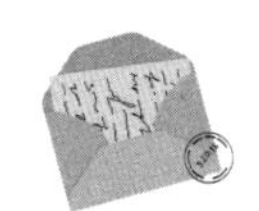

사랑하는 이여,

당신이 정말로 저에게 묻고 있는 것은 "어떻게 자랄 수 있을까?" 입니다. 부모님과 오랫동안 함께 살았기 때문에, 어쩌면 당신의 마음속에는 여전히 어린 애처럼 대접받고 보살핌 받는 것을 즐기는 부분이 있을 것입니다. 지금 어린 시절의 집에 놀러 가면, 어린 소녀의 평온한 삶을 누리고 싶은 강한 끌림을 다시 한번 느낄 수 있습니다.

그러나 당신은 28년 동안 안락한 보안을 유지한 후 집을 떠날 수 있을 만큼 강해졌고, 일과 책임을 다하는 삶을 스스로 창조했습니다. 저는 이제 당신이 부모님 댁을 방문할 때 마음을 다시 프로그래밍할 수 있을 만큼 충분히 강해졌다는 것을 압니다. 독립성을 잃는 것에 대한 두려움과 불안 대신, 그 생각을 연로한 부모에 대한 사랑으로 바꾸십시오. 당신을 위한 좋은 확언은 다음과 같을 수 있습니다. **이제 나는 완전하고, 안전하고, 독립적인 성인이 되어, 나 자신을 돌보고 내 사랑과 힘을 부모님과 나눌 수 있다.**

친애하는 루이스에게,

언니와 저는 서로 다른 지역에 살고 있지만 항상 연락을 주고받았습니다. 문제가 생길 때마다 언니에게 전화를 걸어 이야기할 수 있다고 늘 느꼈습니다. 그녀는 독신이고, 좋은 직장에 다니며, 돈도 많습니다. 저는 이혼했고 혼자 키운 네 명의 십대 자녀가 있습니다. 요즘 큰아들과 충돌이 생겨 고민이 많았는데, 언니에게 전화를 걸어 의논하면 도움이 됩니다.

최근에 언니에게 전화를 걸어 큰아들 마이슨에 관해 이야기하기 시작했을 때, 언니는 듣고 싶지 않다며 내 말을 가로막았습니다. 그녀는 일반적으로 십 대에 대한 나의 부정적인 태도와 특히 제 아들 문제에 지쳤다고 말했습니다. 그녀는 제가 태도를 바꿀 때까지 다시는 전화하지 말아 달라고 부탁했습니다.

저는 매우 상처를 받았고 무엇을 해야 할지 모르겠습니다. 저는 언니와 좋은 관계를 맺고 싶지만, 언니는 십 대를 키우는 것이 어떤 것인지 이해하지 못합니다. 이 상황을 해결하기 위해 제가 할 수 있는 일이 있습니까?

사랑하는 이여,

다음에 언니와 이야기할 때는 즐거운 말만 하도록 하는 것이 어떻겠습니까? 당신이 언니를 얼마나 사랑하고 고맙게 생각하는지 말해 주세요. 그런 다음, 자녀에 대해 이야기해야 한다면, 자녀에 대해 좋은 점만 이야기하십시오. 당신의 언니는 당신의 문제를 버리는 곳(감정적 쓰레기통)이 되는 것에 지쳤다고 생각합니다. 상처받는 대신, 이것을 가족의 상황을 치유하는 기회로 활용하십시오.

큰아들에게 얼마나 사랑하는지, 얼마나 자주 말합니까? 당신은 그가 하는 좋은 일에 관해 감사하거나 칭찬합니까, 아니면 그가 무엇을 잘못하고 있는지 듣기만 합니까? 네 명의 십 대 자녀를 키우느라, 해야 할 일이 많고, 머리카락을 뽑고 싶을 때가 있다는 것을 압니다. 그러나 우리는 십 대들이 어린아이에서 성인으로 성장하는 것이 얼마나 어려운지 종종 잊어버립니다. 그들은 이 시기에 그 어느 때보다도 칭찬과 사랑이 필요합니다. 저는 당신이 아들을 사랑하고 아들의 어려움을 이해한다는 것을 알게 함으로써 아들과의 관계를 회복할 수 있다고 확신합니다. 이렇게 확언하세요. **나의 맏아들은 기쁨이자 축복이며, 나는 그를 사랑한다.**

친애하는 루이스에게,

저는 38세의 여성으로, 정서적 및 신체적 학대가 조부모님으로부터 부모님에게로, 그리고 저와 다른 형제자매들에게 전해져 내려오는 매우 역기능 가정에서 태어났습니다. 여러 해 동안 저 자신을 위해 노력한 끝에, 압도하곤 했던 우울증, 실직, 신체적 질병을 극복하였습니다.

문제는 이제 제가 더 건강해졌으므로 가족과 그들이 나에게 쏟아붓는 모든 억압적인 쓰레기를 처리하는 데 어려움을 겪고 있다는 것입니다. 아무리 긍정적인 대화를 해도 소용이 없었고, 그들은 저의 에너지를 소진합니다. 본질적으로, 저는 그들에게 사랑을 느끼지 않고, 그들이 혈연관계이기 때문에 육체적인 애착만을 느낄 뿐입니다. 때때로 저는 그들이 저를 그토록 강하게 끌어내리려고 하는 이 유형을 끝내기 위해 그들이 죽기를 바랐습니다. 이런 감정을 느껴도 괜찮은 것일까요? 그들이 항상 나쁜 소식과 부정적인 것들로 저를 짓누르고 있을 때, 어떻게 하면 긍정적인 기분을 유지할 수 있을까요?

사랑하는 이여,

당신이 어렸을 때, 당신은 가족이 퍼뜨리는 학대를 강제로 받아야

만 했습니다. 이제 당신은 38세가 되었고, 스스로 많은 치유 작업을 했는데, 왜 계속 그들의 학대를 받는 것입니까? 당신은 그들을 바꾸기 위해 여기에 있는 것이 아닙니다. 당신은 자신을 치유하고 자신을 사랑하기 위해 여기에 있습니다. 당신이 자유로워지기 위해 그들이 죽을 필요는 없습니다. 지금 당장 그 가족에게서부터 떠날 수 있습니다. 그들을 불쌍히 여기는 연민의 마음을 가지십시오. 그들의 아픈 게임을 계속하지 마십시오. 계속해서 부정적인 것에 자신을 복종시키는 것은 사랑의 행위가 아닙니다.

당신은 그들이 당신에게 원하는 방식으로 당신의 삶을 살지 않으며, 그들도 당신이 원하는 방식으로 그들의 삶을 살지 않습니다. 그만큼 간단합니다. 각자의 길을 가십시오. 당신은 자신만의 영적 치유의 길을 걷고 있습니다. 공부하고 과거를 놓아버림으로써 자신의 이해를 키우십시오. 당신의 가족을 사랑으로 축복하고, 그들이 그렇게 되도록 내버려 두십시오. 이렇게 확언하세요. **나는 사랑으로 가족을 놓아주고, 나에게 의미 있는 행복을 자유롭게 경험할 수 있다.**

친애하는 루이스에게,

제 여동생은 뚱뚱하고 비만과 관련된 건강 문제가 많습니다. (체중으로 인한 당뇨병으로 일주일에 두 번 투석을 받아야 합니다) 설탕을 먹지 말아야 하는데도 주기적으로 폭식을 하고 인슐린 투여를 소홀히 합니다. 그녀에게는 훌륭한 남편과 어린아이가 있는데, 왜 그녀가 서서히 자살하는 것처럼 보이는지 이해할 수 없습니다. 그녀를 돕기 위해 제가 할 수 있는 일이나 말은 무엇인가요?

사랑하는 이여,

누군가를 사랑하면서 그 사람이 자신에게 좋지 않다고 생각하는 방식으로 살아가는 것을 보기가 어렵다는 것을 압니다. 그러나 우리 각자는 자신만의 특정한 삶의 길을 걷고 있으며, 우리 중 누구도 다른 사람을 판단할 권리가 없습니다. 우리 각자는 각자 배워야 할 교훈이 있고, 당신은 여동생의 삶에서 배워야 할 교훈이 무엇인지 모릅니다. 그러나 "학생이 준비되었을 때 (그리고 내가 믿기로는, 조금 전까지만 해도 안 나타나던) 교사가 나타날 것"이라고 합니다. 분명 여동생에게도 그런 일이 일어날 것입니다.

그러니 그녀를 사랑하고 그녀를 있는 그대로 있게 하십시오. 확언은 다음과 같습니다. **여동생을 포함한 우리 가족 구성원 한 사**

람 한 사람이 행복하고, 건강하고, 온전하고, 완전하다. 우리 세상 안에서 모든 것이 순조롭다. 이 확언은 우리 자신의 특정한 상황에 맞게 표현되며, 우리가 모두 가족을 위해 사용할 수 있는 것입니다. 그러면 우리는 모든 경험이 정말로 우리 최상의 선을 위한 것임을 신뢰할 수 있습니다.

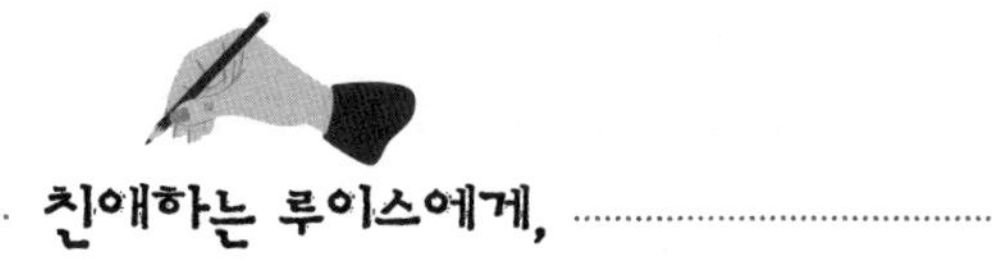

친애하는 루이스에게,

저는 부모님의 관심, 사랑, 물질적인 것들이 불공평하게 분배되는 데서 오는 질투와 분노의 감정을 극복하는 데 어려움을 겪고 있습니다. 부모님은 세 명의 남동생과 여동생에게는 항상 관대하셨지만, "중간"에 낀 3명에게는 관심을 주지 않았습니다. 우리가 성인이 된 지금도 그러합니다. 저는 부모님의 행동이 바뀔 것이라고 믿지 않으며, 명백한 불공평으로 인해 우리 가족은 큰 긴장을 느꼈습니다.

저는 질투와 분노, 무가치하다는 느낌에서 벗어나기를 갈망하며, 강하고 사랑이 넘치는 관계가 발전할 수 있도록 가족이 치유되는 삶을 꿈꿉니다. 여기서 어디로 가야 하나요?

사랑하는 이여,

당신은 가족 안에서 치유를 찾는 데만 시간을 낭비하게 됩니다. 가족 치유는 절대로 일어나지 않을 수 있습니다. 당신은 다른 사람의 태도나 행동에 대해 책임을 지지 않습니다. 당신이 치유할 수 있는 유일한 것은 당신과 당신 자신 내면의 고통입니다. 그것은 일어난 일이 아닙니다. 그것은 당신이 그것에 어떻게 반응하기로 선택하느냐에 달려 있습니다.

당신이 어떤 이유로 가족에 들어오기로 선택했다고 믿을 수 있다면, 이 경험에서 배워야 할 교훈은 무엇이라고 생각하십니까? 저는 우리가 구체적인 교훈을 배우고 그것을 극복하기 위해 가족을 선택한다고 믿습니다. 당신의 질투, 분노, 무가치한 감정은 당신에게 해를 끼칠 뿐입니다. 그들을 용서하시겠습니까? 자신을 사랑하고 자신을 위해 좋은 삶을 창조하는 법을 배울 것입니까? 이것은 우리가 모두 겪는 영적인 도전입니다. 옳고 그른 문제를 내려놓으십시오. 당신은 과거에 있었던 것을 바꿀 수 없습니다. 당신의 유일한 힘은 지금, 이 순간에 있습니다. 부모님을 생각할 때마다 사랑으로 축복하십시오. 당신이 가족으로부터 얻은 모든 좋은 점을 찾아보기 시작하세요. 다른 곳에서 강하고 사랑에 찬 관계를 발전시키십시오. 당신은 항상 친구들과 이상적인 가족을 만들 수 있습니다. 매일 하루를 시작하기 전에 다음과 같이 확언함으로써 감사로 시작하십시오. **나는 신성하게 축복받았고, 나 자신과 삶을 사랑한다.** 오늘은 당신의 행복을 위한 날입니다.

가족 패턴을 극복하기 위한 확언

나는 내 가족을 사랑으로 축복한다.

나는 가족 구성원들이 자기 자신이 될 수 있도록 허락한다.

나는 나 스스로 결정을 내린다.

나의 모든 관계는 사랑의 원으로 둘러싸여 있다.

나에게는 변화를 만드는 힘이 있다.

나는 모든 오래된 상처를 놓아주고 나 자신을 용서한다.

나는 가족의 낡은 한계를 놓아버리고 신성한 조화에 눈을 뜬다.

나의 모든 관계는 조화롭다.

나는 부모님의 어린 시절에 대해 연민을 느낀다.

나는 모든 비판을 놓아준다.

All is well
in our world!
We are safe!

10장 두려움과 공포증

나는 언제든지 사랑과 두려움을 선택할 기회를 얻고 있다.

두려움의 순간에도 나는 태양을 기억한다.

태양은 구름이 잠시 가려도 항상 빛나고 있다.

태양처럼, 유일무이한 무한한 힘은

비록 부정적인 생각의 구름이 일시적으로 그것을 가릴지라도,

영원히 나에게 그 빛을 비추고 있다.

나는 빛을 기억하기로 선택했다.

나는 빛 안에서 안정감을 느낀다.

그리고 두려움이 찾아올 때,

나는 그것들을 하늘의 지나가는 구름으로 보기로 선택하고,

그것들이 가던 길을 가도록 내버려 둔다.

나는 내가 두려워하는 존재가 아니다.

항상 나 자신을 지키고 방어하지 않고 살아가는 것이 안전하다.

두려움을 느낄 때, 나는 내 마음을 열고

사랑으로 두려움을 녹여버린다.

지구상에는 두려움이 만연해 있다고 말할 수 있습니다. 당신은 매일 뉴스에서 전쟁, 살인, 탐욕의 형태로 두려움을 유발하는 것에 대해 보고, 들을 수 있습니다. 두려움은 우리 자신에 대한 신뢰의 결핍입니다. 그래서 우리는 삶을 신뢰하지 않습니다. 우리는 우리가 더 높은 수준에서 보살핌을 받고 있다는 것을 믿지 않기 때문에 신체적 수준에서 모든 것을 통제해야 한다고 느낍니다. 분명히, 우리는 우리 삶의 모든 것을 통제할 수 없어서 두려움을 느낄 것입니다.

신뢰는 우리가 두려움을 극복하고 싶을 때 배우는 것입니다. 그것은 믿음의 도약이라고 불립니다. 우주 지성에 연결된 내면의 힘을 신뢰하세요. 당신을 숨 쉬게 하는 힘은 우주를 창조한 힘과 같다는 것을 기억하십시오. 당신은 모든 생명과 하나입니다. 당신이 자신을 더 많이 사랑하고 삶을 신뢰할수록, 더 많은 삶이 당신을 사랑하고, 지지하고, 안내하기 위해 여기에 있을 것입니다. 당신은 물질과 물질적인 세계만을 신뢰하는 대신에 보이지 않는 것을 신뢰할 수 있습니다. 우리가 아무것도 하지 않는다는 말은 아니지만, 신뢰가 있다면 인생을 훨씬 더 쉽게 살아갈 수 있습니다. 우리는 우리 주변에서 일어나는 모든 일을 물리적으로 통제할 수 없을지라도 우리가 보살핌을 받고 있다는 것을 믿어야 합니다. 마태복음 6장을 읽어 보세요.

두려움은 우리 마음의 한계입니다. 사람들은 병에 걸리거나 노숙자가 되는 것에 대해 너무 많은 두려움을 가지고 있습니다. 분노는 방어 기제가 되는 두려움입니다. 그것은 우리를 보호하지만, 우리 마음속에 두려운 상황을 재현하는 것을 멈추고, 그 두려움을 통해 우리 자신을 사랑하는 것이 훨씬 더 강력할 것입니다. 우리는 우리 삶에서 일어나는 모든 일의 중심에 있습니다. 모든 경험, 모든 관계는 우리 안에 있는 정신 패턴의 거울입니다.

사랑은 두려움의 반대입니다. 우리가 우리 자신을 더 많이 사랑하고 신뢰할수록 자신에게 더 많은 자질을 끌어들입니다. 우리가 정말로 두렵거나 화가 나거나 걱정하거나 자신을 좋아하지 않는 일을 하고 있을 때, 우리 삶에서 모든 것이 어떻게 잘못되어 가는지 보는 게 놀랍지 않습니까? 우리가 정말로 자신을 사랑할 때도 마찬가지입니다. 모든 것이 연승 행진을 시작하고, 우리는 "녹색 신호등"과 "주차 공간"을 얻습니다. 아침에 일어나면 하루가 아름답게 흐릅니다.

우리는 스스로 돌볼 수 있도록 자신을 사랑해야 합니다. 우리는 마음과 몸과 정신을 강화하기 위해 할 수 있는 모든 일을 해야 합니다. 우리는 내면의 힘에 의지해야 하고, 좋은 영적 연결을 찾아야 하며, 그것을 유지하기 위해 진정으로 노력해야 합니다.

다음 편지들은 두려움과 공포증에 관한 것입니다.

친애하는 루이스에게,

저는 30대 초반의 기혼 남성으로, 아내와 저에게는 2명의 어린 자녀가 있습니다. 누군가 비이성적으로 생각할 수도 있다는 두려움이 반복되고 있는데, 당신이 그것을 극복하도록 도와줄 수 있는지 궁금합니다. 기본적으로 아내가 죽고 저를 혼자 남겨 놓을까 봐 늘 두렵습니다. 그녀가 차를 타고 떠날 때마다, 그녀가 자동차 사고를 당할까 봐 두렵습니다. 그녀가 욕조에 빠지거나 집에서 다른 이상한 사고를 당할까, 봐 두렵습니다.

그런 걱정하는 것이 어리석은 일인 것을 알지만, 그런 감정을 마음에서 지울 수 없는 것 같습니다. 제 아내는 젊고 활력이 넘치며, 아내가 앞으로 수십 년을 더 살지 못하리라 생각할 만한 실질적인 이유는 전혀 없습니다. 하지만 제 마음은 제 논리에 협조하지 않습니다. 도와줄 수 있나요?

사랑하는 이여,

당신이 어렸을 때 가장 두려웠던 것은 무엇이었나요? 제가 당신의 편지에서 듣고 있는 것은 아주 어린 나이에 버림받는 것을 감당해야 했던 어린아이의 목소리입니다. 가족 중 누군가가 죽어서 당신을 떠났습니까? 어쩌면 이혼이 있었을지도 모릅니다. 당신이 기억할 수 있는 가장 이른 시기는 언제였습니까? 당신의 감정은 전혀 비이성적이지 않습니다. 그것은 어린 시절 상실의 시간에서 비롯된 것입니다. 당신이 도움을 청하는 것은 좋은 일입니다.

이제 당신은 아내와 자녀들과 함께 행복을 찾았지만, 그것을 빼앗길까 두려워합니다. 일종의 상담이나 웃음 치료가 당신에게 매우 좋을 것입니다. 로어노크Roanoke에 라이프스트림Lifestream 센터가 있다는 것은 축복입니다. 가서 그곳 사람들과 이야기하십시오. 캐롤린 브래튼Carolyn Bratton을 추천하고 싶습니다. 당신은 그 활동들이 당신의 두려움을 풀어주는 데 매우 도움이 된다는 것을 알게 될 것입니다. 당신을 위한 좋은 확언은 다음과 같을 것입니다. **나는 인생에서 모든 좋은 것을 받을 자격이 있고, 나는 안전하다.**

친애하는 루이스에게,

당신이 쓴 책《치유-있는 그대로의 나를 사랑하라》에 감사드립니다. 당신은 저를 위해 너무 많은 것을 정확하게 맞는 말을 책에 썼기 때문에 책을 다 읽은 후에 그냥 앉아서 울었습니다. 제가 개선할 수 있는 몇 가지 문제 영역을 식별하는 데 도움을 주셨습니다!

강박 행동에 대해 궁금한 점이 있습니다. 매일 밤 알람이 켜져 있는지 확인하기 위해 알람을 열 번씩 확인합니다. 저는 삶에서 매우 체계적이며, "잘 정돈되어 있다"라고 느끼기 위해 항상 특정 횟수나 방식으로 사물을 만져야 합니다.

토크쇼에서 이 질환에 대해 논의하는 것을 본 적이 있지만, 당연히 원인에 대해서는 논의되지 않았고, 유일한 치료법은 피할 수 없는 약이었습니다. 그것은 저에게 상당한 장해가 되고 있습니다. 당신이 저를 위해 이 주제에 대해 약간의 빛을 비출 수 있기를 바랐습니다.

사랑하는 이여,

지금 당신 안에 있는 너무나 불안하다고 느끼는 아이의 목소리가 들립니다. 어쩌면 당신이 어렸을 때는 절대로 실수해서는 안 된다고 생각했을 수도 있고, 실수했을 때 엄한 벌을 받았을지도 모릅니다. 어쩌면 당신은 삶의 역기능 부분에서 살아남기 위해 의식을 발달시킨 아이였을 수도 있습니다. 당신의 어린 시절에 "규칙"은 무엇이었나요?

어렸을 때 배운 모든 규칙과 누가 그 규칙을 말했는지 목록을 만드는 데 큰 도움이 될 것입니다. 이 작업을 모두 기억해 내는 동안 완료하는 데 며칠이 걸릴 수 있습니다. 이 목록을 하나씩 살펴보면서 "이것이 내가 오늘도 따르고 싶은 규칙인가?"라고 스스로 물어보십시오.

어렸을 때 당신은 가족의 규칙에 순종해야 했지만, 이제 성인이 되었기에 오늘날 당신의 삶에 적용되는 자신만의 지침을 만들 수 있습니다. 우리가 변화하는 것처럼 규칙도 바뀔 수 있다는 것을 기억하십시오. 어렸을 때 당신에게 적절한 규칙이었던 것이 성인이 된 당신에게 적절한 규칙이 아닐 수도 있습니다. 크게 숨을 쉬고 성장할 수 있도록 스스로 허락하십시오. 실수하고 배울 수 있도록 허용하십시오.

나는 나답게 살 수 있는 자유가 있다. 당신에게 좋은 긍정입니다. 적어도 한 달 동안 하루 종일 끊임없이 스스로 이렇게 말하십시오. 당신의 치유 길이 시작되었습니다.

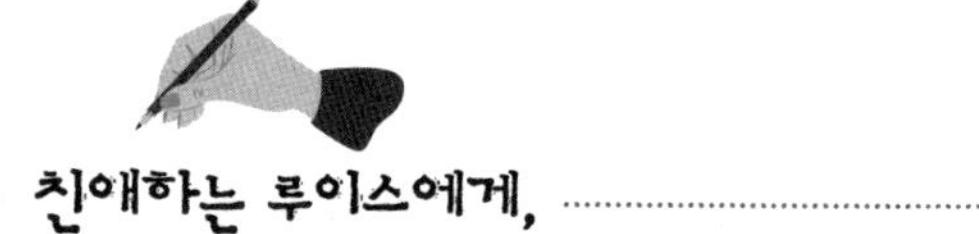

친애하는 루이스에게,

저는 매우 힘든 삶을 살아온 27세 여성입니다. 저는 가족 문제, 경제적 어려움, 그리고 3년 동안 사귄 남자친구와 문제를 겪었습니다. 스트레스를 너무 많이 받아서 불안, 공황 발작, 위장 장애가 생겼고 때때로 숨을 쉴 수 없었습니다. 가끔은 숨이 막힐 것 같다는 생각이 들어요. 저도 건선을 앓고 있어서 모든 것을 시도해 보았지만 사라지지 않습니다. 저는 전인적 치유 의학과 정신 치유를 믿습니다. 하지만 여전히 아프고 더 나빠질까, 봐 두렵습니다. 저는 건강해지고 싶고, 아름답고, 사랑스럽고, 건강한 삶을 살고 싶습니다. 제가 뭘 해야 하나요? 무엇을 추천하실 수 있으신가요? 왜 이런 일이 발생합니까? "통제 불능"인 느낌이 듭니다. 도와주세요.

사랑하는 이여,

당신은 너무 오랫동안 스트레스와 두려움에 집중해 왔습니다. 다음 한 주 동안 타이머를 가지고 다니셨으면 합니다. 30분마다 알람을 설정합니다. 벨이 울리면 아주 깊고 천천히 숨을 세 번 들이쉬고 조용히 스스로 "모든 것이 잘됐어, 모든 것이 잘됐어, 모든 것이 좋아"라고 말하세요. 사랑으로 당신의 건강을 축복하기 시작하십시오. 삶은 당신이 살아 있는 동안 지속될 수 있는 충분한 숨을 주었습니다. 당신이 속도를 늦추면서, 삶을 신뢰하기 시작할 것입니다. 당신의 건선이 사라질 것이라 확신합니다. 우리의 피부는 우리의 개성을 보호합니다. 당신은 삶에서 매우 위협을 느낍니다. 요가 수업은 당신의 마음과 몸에 유익할 것입니다. 많은 YWCA는 소액의 비용으로 요가를 제공합니다.

당신의 마음과 꿈의 문은 안쪽으로 열립니다. 이것은 문제를 해결하기 전에 긴장을 푸는 법을 배워야 한다는 것을 의미합니다. 문제를 해결할 수만 있다면 긴장을 풀 수 있다고 생각하는 것을 압니다. 그러나 그런 식으로 작동하지 않습니다. 부담을 덜기 위해서는, 다른 가능성이 일어날 수 있도록 마음속에 긴장을 풀 공간을 만들어야 합니다.

12단계 프로그램에 참여하십시오. 비용이 들지 않으며, 문제를 해결하기 위해 노력하는 신뢰할 수 있는 사람들 무리에 속해 있어야 합니다. 이렇게 확언하세요. **나는 과거를 잊는다. 나는 삶을 믿는다. 나는 안전하다.**

친애하는 루이스에게,

어렸을 때 미지인 것, 특히 사탄, 유령, 외계인 등에 관한 생각을 몹시 두려워했습니다. 저는 여전히 이런 두려움을 느끼고 있고, 이제 내면 아이에게 그녀가 안전하다는 확신을 주고 싶습니다. 여러 해 동안 가톨릭 학교 다닌 후, 두려움이 들 때면 예수께 도움을 청하는 데 익숙해졌습니다. 하지만 더 이상 세상에서 안전하다는 느낌을 얻기 위해 다른 힘 있는 존재에게 의존하고 싶지 않습니다. 그것을 제가 저 자신을 위해 스스로 할 수 있는지 알고 싶습니다. 저는 예수나 사탄과 같은 거창한 존재들에 비해 내 마음이 작게 느껴진다는 것을 알아차렸고, 그래서 저 자신이 똑같이 강하다고 상상하는 것이 우스꽝스럽게 느껴집니다. 이 가톨릭 전통은 제가 자라면서 혼란스러웠다고 생각합니다. 저 자신이 오컬트로(주술로)부터 안전하다고 생각하는 것에 대한 조언을 듣고 싶습니다. 이 분야에서 저를 도와줄 수 있습니까?

사랑하는 이여,

사람들이 다른 사람들을 통제하기 위해 두려움을 이용한다는 것은 너무나 슬픈 일입니다. 당신이 두려움에 사로잡힌 어린 시절을 보냈다는 것을 알 수 있습니다. 저도 그랬습니다. 당신이 허락하지 않는 한 어떤 사람, 장소, 사물도 당신에게 어떤 힘도 쓸 수 없습니다. 그대는 거짓된 존재들에 대한 "기억들"이 그대의 생각을 지배하도록 허용하고 있습니다. 태양 신경총과 하복부에서 뻗어 나오는 탯줄을 통해 유령, 외계인, 그리고 사탄에 대한 관념이 끊어져 사라지는 걸 보는 걸 시각화하길 추천합니다. 큰 소리로 스스로 확언하십시오. **나는 내가 항상 신성하게 보호받고 있다는 것을 안다. 나는 이제 이 거짓 존재들로부터 내 영혼을 다시 불러내고, 나는 안전하다.** 그런 다음에 이 코드를 다시 뽑고 힘을 되찾는다고 상상해 보십시오. 당신 안에 강한 힘이 느껴질 때까지 매일 필요하다면 자주, 이것을 시각화하세요.

오컬트의 "이미지"로부터 힘을 되찾는 것은 당신의 영적인 도전 중 하나입니다. 사탄은 "거창한 존재"가 아닙니다. 사탄은 다른 사람들을 지배하기 위해 사용되는 인간의 정신 속에 있는 생각입니다. 존재의 진리로부터 미신을 분리하세요. 당신은 안전합니다.

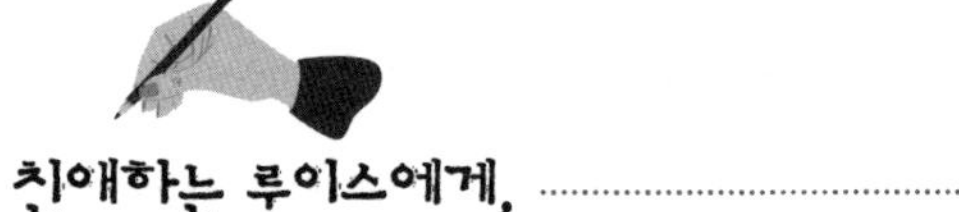

친애하는 루이스에게,

작년에 제 아파트가 두 번이나 괴한의 침입을 당했고, 지금은 밤에 혼자 집에 있는 것이 힘듭니다. 기도와 확언에도 불구하고 잠을 이루기가 어렵습니다.

어젯밤, 저는 억지로 제 방에 들어가 문을 닫았습니다. 저는 기도하며 왜 두려운지 하나님께 여쭈어보았고, 의붓아버지에게 성추행당한 것 같은 이상한 생각이 들었습니다. 최근 미디어에서 아동 근친상간에 대해 많이 강조하고 있어서, 제가 성추행을 당한 건지 아니면 그냥 상상하는 건지 모르겠습니다. 제 인생에서 거의 또는 전혀 기억나지 않는 8년의 기간이 있지만, 저는 거기에 없는 것을 만들고 싶지 않습니다.

여기서 무엇을 해야 할지 어디로 가야 할지 모르겠습니다. 작은 소리라도 들릴 때마다 가슴이 쿵쾅쿵쾅 뛰는 것 같은 느낌에 지쳤다는 것만 압니다.

사랑하는 이여,

당신은 더 이상 고통을 겪을 필요가 없으며, 혼자서 이 문제를 해결할 필요도 없습니다. 즉시 의사를 찾아가거나 치료법을 찾으십시오. 명확한 이상을 가지고 있고 이 시기를 세심하게 안내할 수 있는 사람과 함께 일해야 합니다. 적어도 알아넌AlAnon 모임에 참석하여 사랑의 우정과 이해의 지혜를 발견하게 될 것입니다. 많은 사람이 AlAnon에 참석함으로써 다양한 위기를 통해 도움을 받았습니다.

외부 환경이 어떻든 간에, 당신이 진정으로 노력하고 있는 유일한 것은 자신을 사랑하는 것입니다. 그리고 자신을 사랑하는 것이 신을 사랑하는 것입니다. 당신은 신의 사랑이 넘치는 피조물이며, 인생에서 가장 좋은 것을 누릴 자격이 있습니다. 당신이 치유의 길에 있다는 것을 알고 확언하십시오. **나는 지금 이 문제를 해결하고 나 자신을 더욱 사랑하기 위해, 필요한 모든 도움을 끌어당기고 있다.**

친애하는 루이스에게,

저는 당신의 책에서 얼마나 많은 것을 배웠는지 글을 써서 당신에게 말해야 한다고 느낍니다. 15살 때, 저는 오빠에게 성적 학대를 당했습니다. 남편에 대한 원한을 품고 있었기 때문에 정신적으로 큰 고통을 겪었습니다. 27살 때 불안 발작이 일어나기 시작했고, 그것이 광장공포증으로 발전했습니다. 2년 정도 병원에 가서 완치됐다고 생각했는데 아직도 가끔 무섭다는 생각이 듭니다. 당신의 책을 읽고 치료를 받은 후, 저는 터널 끝에서 빛을 보기 시작했습니다. 어쩌면 저는 치유가 너무 빨리 일어나기를 기대하고 있는지도 모릅니다. 저는 저 자신을 사랑하지만, 어쩌면 제가 원하는 만큼은 아닐 수도 있습니다. 조언을 해 주시면 대단히 감사하겠습니다.

사랑하는 이여,

광장공포증은 보통 극도의 자기혐오와 자신을 믿지 못하는 것에 대한 두려움과 관련이 있습니다. 자기혐오는 자신에 대해 가지고 있는 "생각"을 미워하는 것입니다. 생각은 바뀔 수 있습니다. 우리가 하는 모든 생각과 내뱉는 모든 말은 우리에게서 나가고 경험으로 우리에게 돌아옵니다. 자기혐오나 자기 부정은 부정적인 경험으로만 우리에게 돌아올 수 있습니다.

자신을 사랑하는 것은 자신을 치유하는 것임을 기억하세요. 마음의 문은 안쪽으로 열립니다. 용서하기 전에는 자신을 사랑하는 것이 불가능합니다. 이것은 다른 사람들의 나쁜 행동을 용인하는 것이 아니라, 비통함과 분노의 감옥에서 우리 자신을 해방하는 것을 의미합니다. 당신이 진정으로 용서할 때, 사랑은 쉽게 올 것입니다. 당신은 자신을 훨씬 더 많이 사랑할 필요가 있습니다. 그렇게 할 때 삶의 많은 측면이 치유될 수 있습니다. 당신에게 좋은 확언은 다음과 같습니다. **나는 나 자신을 믿고, 삶이 나를 지지하고 보호해 줄 것이라고 믿는다. 나는 안전하고, 모든 것이 잘될 것이다.**

친애하는 루이스에게,

저는 싸움이 잦은 가정에서 자랐고, 종종 목숨을 잃을까 봐 두려워했습니다. 저는 항상 제가 미쳤다는 말을 들었고 제가 무슨 말을 하는지 모른다는 말을 들었습니다. 제가 정말로 미쳤다는 것을 두려워하며 자랐고, 그 결과 그저 "제정신"인 일을 하는 경향이 있습니다. 제가 진정으로 제 삶을 살고 있지 않다고 느낍니다.

하지만 시간이 지나면서 제 두려움이 어디서 시작되었는지 깨닫기 시작했습니다. 하지만, 여전히 제가 '미쳤다'라고 여겨질까, 봐 자유로워지는 것이 두렵습니다. 어린 시절의 트라우마를 치유하는 데 도움이 되는 확언을 해 줄 수 있습니까? 이제 '착한 여자'가 되는 것은 참을 수 없습니다. 감옥에 갇힌 것 같은 기분이 듭니다.

사랑하는 이여,

당신은 어렸을 때 당신 자신에 대해 들었던 거짓말을 당신 존재의 진실과 분리할 필요가 있습니다. 당신의 부모님은 어렸을 때 깊은 충격을 받았고, 인생에 대한 많은 잘못된 생각을 믿으며 자랐습니다. 이것이 그들이 어린 시절에 그런 분위기를 조성한 이유입니다. 겁에 질린 사람들은 자기가 무슨 말을 하는지도 모르고 욕을 합니다. 그러니 그들이 당신 자신에 대해 말한 모든 부정적인 것들이 사실이 아니라고 믿기 시작하십시오! 어렸을 때는 몰랐지만, 이제 어른이 되었으니, 어른의 생각으로 추리할 수 있습니다.

무서워하는 것은 존재 안에 있는 내면 아이입니다. 그러니 지금이야말로 당신이 내면의 아이를 당신의 사랑 날개로 감싸서 무의식의 깊은 아래로 데려갈 때입니다. 너무 무서울 때는, **"과거는 끝났어. 나는 너를 사랑하고 보호하기 위해 지금 여기에 있단다. 아무도 다시는 너를 해치지 않을 거야. 너는 밝고 아름다워. 너는 사랑받고 있고, 자유롭단다."**라고 내면 아이에게 안심을 시켜주세요. 내면의 아이가 긴장을 풀고 당신을 신뢰하기 시작할 때까지 이 말을 반복하십시오.

Al-Anon 모임에 몇 번 가십시오. 가족의 트라우마를 치유하는 방법에 대해 많은 것을 배우게 될 것입니다. 자신을 치유하면서 부모님이 함께 지니고 살아가셨던 고통에 대한 연민도 생기기 시작할 것입니다.

두려움을 해소하기 위한 확언

나는 기꺼이 내 두려움을 풀어 놓겠다.

나는 안전하고 안심할 수 있는 세상에서 살고 움직인다.

나는 모든 파괴적인 두려움과 의심으로부터 나 자신을 해방한다.

나는 나 자신을 받아들이고 내 생각과 마음에 평화를 만든다.

나는 나를 화나게 하거나 두렵게 만들려는 생각들을 극복한다.

나는 쉽게 과거를 잊고 삶의 과정을 믿는다.

나는 보호의 필요성을 기꺼이 포기한다.

나는 이제 나의 위대함만을 보려고 한다.

나에게는 변화를 만들 힘이 있다.

나는 언제나 신의 보호를 받고 있다.

All is well
in my world!
I am safe!

11장

우정

우리 각자는 조화로운 전체의 일부다.

나는 일하고 친구들과 즐겁게 살 때

에너지가 신성하게 섞여 잘 순환한다는 것을 안다.

우리는 성취감과 생산적인 방식으로

서로를 지원하고 격려한다.

나는 모든 사람과 훌륭하고 조화로운 관계를 맺고 있으며,

양쪽 모두 상호 존중과 배려를 한다.

나는 존엄성과 평안과 기쁨을 가지고 살 수 있다.

나는 건강하고, 행복하고, 사랑스럽고, 즐겁고, 존중하고,

지지하고, 생산적이며, 나 자신과 친구들과 평화롭다.

우정은 우리의 가장 지속적이고 중요한 관계가 될 수 있습니다. 우리는 연인이나 배우자 없이도 살 수 있습니다. 혈연관계인 가족 없이도 살 수 있지만, 우리 대부분은 친구 없이는 행복하게 살 수 없습니다. 저는 우리가 이 행성에 태어나기 전에 부모를 선택한다고 믿지만, 우리는 더 의식적인 수준에서 친구를 선택합니다.

친구는 핵가족의 연장선에 있을 수도 있고 가족을 대체할 수도 있습니다. 우리 대부분은 인생 경험을 다른 사람들과 나누어야 할 필요성이 매우 큽니다. 우정을 나눌 때 다른 사람에 대해 더 많이 배울 수 있을 뿐만 아니라 우리 자신에 대해서도 더 많이 알 수 있습니다.

관계는 우리 자신을 비추는 거울입니다. 우리가 항상 끌리는 것은 우리가 가진 자질이나 관계에 대한 신념을 반영합니다. 우리가 친구에 대해 좋아하지 않는 부분은 우리가 하는 행동에도 비슷한 면이 있고, 우리가 믿는 것에 대한 반영입니다. 친구들을 잘 사귀지 못하는 것은, 그들의 그대로가 우리 자신의 삶을 보완할 수 없을 것이기 때문입니다. 친구들 사이의 유대감이 약화할 때, 우리는 그 이유를 이해하기 위해 어린 시절의 부정적인 메시지를 살펴볼 수 있습니다. 예를 들어, 의지할 수 없고 우리를 실망하는 친구가 있다면, 우리는 내면을 들여다봐야 합니다. 우리는 우리가 의지할 수 없는 곳이 어디인지, 그리고 언제 다른 사람들이 실망하게 하는지 볼 필요가 있습니다. 그런 다음, 우리는 부정적인 메시지를 제거하고 다른 사람들을 받아들일 수 있도록 자신을 받아들이는 법을 배우면서 정신적인 집 안 청소를 해야 합니다.

우리가 친구들을 모두 치유하려고 뛰어다니는 것은 무의미합니다. 우리는 다른 사람들에게 변화를 강요할 수 없습니다. 그들이 원한다면 변화할 수 있는 긍정적인 정신적 분위기를 제공할 수 있지만, 다른 사람들에게 변화를 대신해 줄 수는 없습니다. 각 사람은 자신의 교훈을 해결하기 위해 여기에 있으며, 우리가 그들을 위해 대신 치유해 주려 한다면, 그들은 스스로 해야 할 일을 해결하지 못했기 때문에 또다시 똑같은 행동을 반복할 것입니다. 우리가 할 수 있는 일은 그들을 사랑하고 그들의 있는 그대로 모습을 받아들이도록 허락하는 것뿐입니다.

다음 편지들은 우정이라는 주제를 탐구합니다.

저는 친구가 많지 않은 아파트 건물에서 여자와 친구가 된 20대 후반의 잘생긴 여성입니다. 그녀는 과체중이고 육체적으로 매력적이지 않으며 자존감이 매우 낮지만, 그녀가 매우 똑똑하고 재미있다고 생각합니다. 시간 대부분을 그녀와 함께 있는 것을 즐기지만, 그녀는 저를 많이 깎아내리는 경향이 있습니다. 그녀는 다음과 같은 말을 해요. "음, 당신 턱에 난 여드름 좀 보세요.", "왜 머리가 그렇게 푸석푸석하세요?" "당신 종아리가 뚱뚱해요." 등등.

저는 그녀에게 미안한 마음이 들기 때문에 결코 부정적인 방식으로 대답하지 않지만, 그녀의 말은 정말로 제 마음을 불편하게 만들기 시작했습니다. 그녀는 자신이 매력적이지 않기 때문에 다른 사람을 분별할 권리가 있다고 생각하는 것 같습니다. 그녀의 감정을 상하게 하고 싶지는 않지만, 제 감정이 폭발할 것 같고 그녀에게 그 감정을 전염시킬까, 봐 두렵습니다.

이 우정을 끊지 않고 이 상황을 해결하기 위해 무엇을 할 수 있을까요?

저는 당신이 폭발할 필요가 없다고 생각합니다. 그냥 전화하세요.

그녀는 아마도 자신이 무엇을 하고 있는지 모를 것입니다. 우리는 종종 우리가 하는 말과 행동이 습관이기 때문에 의식하지 못합니다. 다음에 그녀가 당신을 비판할 때, "그건 정말 비판적인 말이었어요!" 또는 "당신은 정말 저를 많이 비판해요. 알고 계시는가요?" 일단 당신이 처음으로 그것을 말하고 나면, 그녀가 다시 당신을 판단하거나 비판할 때 그녀를 깨어나게 할 기회가 생깁니다. "또 비판적이군요."

또는 그 판단하는 순간을 포착하기 위해 게임을 만들 수 있습니다. "당신이 나를 비판할 때마다, 나는 보라색 호박이라고 말할 것이니 주의해 주세요."라고 말해 주세요. 당신은 사랑이 담긴 방식으로 그렇게 할 수 있습니다. 만약 그녀가 상처받기로 선택한다면, 그것은 그녀의 문제입니다. 친구를 불쌍히 여긴다면, 친구는 사랑이 없는 행동을 피할 수 있습니다. 그녀에게 친구가 거의 없는 것은 당연합니다. 당신이 그녀를 정말로 좋아한다면, 그녀가 무엇을 하고 있는지 알려주세요. 그런 다음 절교를 할 것인지 아닐 것인지를 결정할 수 있습니다. 다음과 같이 확언하는 게 도움이 되겠습니다. **나는 항상 마음을 열고 사랑으로 정직하다.**

친애하는 루이스에게,

저에게는 유일한 남자 친구인 친한 친구가 있고, 우리는 약 30년 동안 아가페적 사랑 관계를 유지해 왔습니다(그는 70세이고, 저는 54세입니다). 하지만 때때로 친구가 제 건강과 영성에 나쁜 영향을 미친다는 생각이 듭니다. 그는 실제로 제 생명의 에너지를 고갈시켜 저의 감정을 고갈시키고 아프고 우울하게 만드는 것 같습니다. (그는 수년 동안 우울증을 앓고 있습니다) 그는 고의로 저에게 이런 영향을 끼치는 것이 아니라 친절하고 관대하며 배려심이 많습니다. 그러나 약 10년 동안, 저는 그의 어둡고 부정적인 면이 나를 빛의 길에서 어둠의 길로 끌어들여 제 밝은 마음을 갉아먹는 것 같은 인상을 받았습니다.

약 20년 전, 한 점성술사는 우리에게 카르마에서 토성 유대가 있다고 말했습니다. 저는 이 관계가 고통스러운 곤란한 상황이라고 느꼈고, 무엇을 해야 할지 관계의 막바지에 이르렀습니다. 당신이 저에게 줄 수 있는 어떤 응답도 깊이 감사하겠습니다.

사랑하는 이여,

"부정적인 감정을 배수"하는 사람들이 많이 있습니다. 그들은 자신도 모르게 주변 사람들의 에너지를 빨아들입니다. 우울증은 분노가 내면으로 향하는 것입니다. 우울증을 앓고 있는 사람들은 자신이 바꿀 수 없다고 느끼는 상황에 대해 큰 분노를 느낍니다. 그들은 자신이 당연히 누려야 할 자격에 대해 목소리를 높이지 않습니다. 어쩌면 친구는 어린 시절에 있었던 일 때문에 아직도 화가 나 있을지도 모릅니다. 그의 우울증은 당신이 받아들이기로 선택하지 않는 한 당신의 우울증이 아닙니다.

그렇다면 왜 당신의 "유일한 친구"는 당신을 지치게 하는 사람일까요? 이것이 당신이 받을 자격이 있다고 느끼는 것입니까? 20년 전 한 점성술사가 한 말 위에 지금 자신의 소중한 인생을 낭비하지 마십시오. 설령 그 점이 사실일지라도, 당신은 교훈을 배우고 놓아줄 수 있습니다.

당신의 지혜 마지막 끝에 서 있지 마십시오. 계속 앞으로 나아가세요. 당신은 젊은 여성입니다. 당신 앞에는 온전한 인생이 있습니다. 시카고에는 수백만 명의 사람들이 있으며, 이제 당신이 밖으로 나가, 재미있고 쾌활하며 사랑스러운 사람들을 삶에 데려올 때입니다. 기쁨을 찾아가고, 당신의 인생 전체를 바꾸어 놓으십시오. 자주 다음과 같은 확언을 반복하세요. **나는 새로운 삶에 대해 열린 마음으로 받아들인다.**

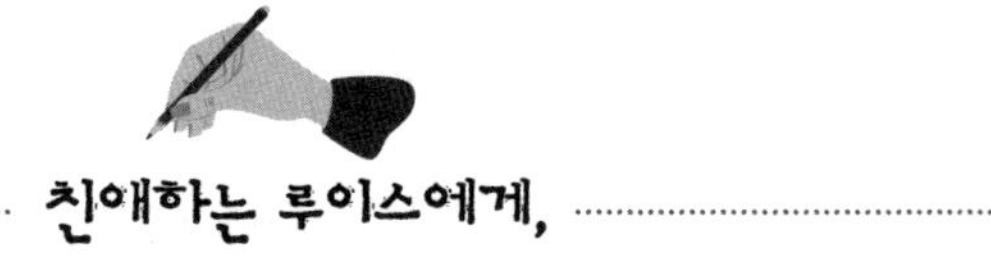

친애하는 루이스에게,

저는 10년 반 동안 사귄 가장 친한 친구와 함께 살고 있는 여성입니다. 제가 성장하고 자신을 더 사랑하게 되고 자존감이 높아짐에 따라 (역기능 어린 시절을 극복한 후) 가장 친한 친구/룸메이트는 점점 더 의존적으로 되었습니다. 그녀는 제가 사람들과의 모든 관계, 특히 남자들과의 친밀한 관계에 대해 극도로 질투하고 위협합니다.

제가 남자와 데이트를 시작하거나 가까워지기 시작할 때마다, 그녀는 갑자기 일종의 스트레스 발작을 일으키거나 어떤 종류의 "사고"나 응급 상황을 만들 것입니다. 작년에 그녀는 갑자기 자신이 양성애자이며 제가 그녀의 집착 대상이라고 말했습니다. 그녀는 한 번도 하지 않은 이상한 행동을 하기 시작했습니다. 제 음식을 먹고, 한 번도 넘지 않았던 경계를 넘었습니다.

이사를 할까, 생각해 보기도 했지만, 경제적인 이유로 이사를 포기했습니다. 저는 이 우정을 소중히 여기지만, 이 모든 일로 인해 매우 혼란스러워졌습니다. 이 상황을 어떻게 우호적으로 처리할 수 있습니까? 도와주세요..

당신의 친구는 당신을 잃을까 봐 무서워합니다. 그러나 그녀는 자신의 개인적인 성장을 할 준비가 되어 있지 않기 때문에 당신과의 간격은 점점 더 벌어지고 있습니다. 어쩌면 당신은 자신의 성장과 자존감, 그리고 이미 자라난 것처럼 보이는 우정의 남은 것들 사이에서 선택해야 할지도 모릅니다.

절대로, 특히 재정적 이유로 누군가로부터 무언가를 "원한다!"라는 이유로 가난한 상황을 절대 유지하지 마십시오. 그것은 당신이 삶이 당신을 돌봐줄 것이라고 믿고 있지 않다는 우주에 대한 강력한 메시지입니다. 그리고 당신은 항상 미안해할 것입니다.

자신의 가치와 자존감을 위해 계속 정진하십시오. "나에게 가장 좋은 것은 무엇인가"라는 질문을 던지고 답을 받는 마음의 공간으로 오십시오. 당신은 다른 사람이 이 마음의 공간을 무너뜨리도록 허용하기까지 자신에게 너무 많은 작업을 했습니다. 다음과 같이 확언하십시오. **이 상황에서는 오직 좋은 것만이 올 것이고, 우리는 안전하다.**

친애하는 루이스에게,

저는 제 오랜 친구를 어떻게 해야 할지 막막합니다. 그녀는 우리가 가까워지기 시작할 때마다 멀어지는 것 같습니다. 우리는 19년 동안 친구로 지냈지만, 저는 여전히 그 우정을 유지하는 사람이 제가 되어야 한다고 느낍니다. 한동안 그녀는 마음을 열고 사랑스러워할 것이고, 그다음에는 제가 매우 혼란스러워하는 이 냉담하고 거리감 있는 행동을 할 것입니다. 우리는 수년 동안 이 문제에 관해 이야기해 왔고, 그녀는 자신이 이렇게 행동한다면 그것은 고의가 아니라고 말합니다. 그녀는 저를 친한 친구 중 한 명으로 생각하지만, 직장에서 재미있는 팩스를 보내면 몇 주 동안 응답하지 않을 것이라고 말했다.

루이스, 설명하기는 어렵지만, 저는 항상 그녀가 곤경에 처해 있는지 알 수 있는 초능력을 가지고 있었고, 그녀와 강한 유대감을 느낍니다. 다른 사람이 필요한 것을 그토록 두려워하는 이 친구를 어떻게 해야 할까요?

사랑하는 이여,

친구에 대한 당신의 걱정을 듣고 있으며, 당신이 그녀와 정신적인 연결을 하고 있어서 편지에서 말한 것처럼 그녀가 "곤경에 처해 있다"라고 느낄 때 반응할 수 있다는 것을 알게 되어 기쁩니다. 그 부분은 훌륭합니다. 그러나 친구에 관한 모든 것은 우리가 바라는 대로가 아니라 있는 그대로 받아들이는 것입니다. 당신이 19년 동안 그녀를 변화시키려고 노력해 왔음에도 불구하고 그녀는 당신을 있는 그대로 받아들인다는 것을 기억하십시오.

그녀와 가진 우정을 즐기십시오. 저는 친구들 한 명 한 명과 각기 다른 관계를 맺고 있고, 그들 모두를 있는 그대로 내버려 둡니다. 제게는 정말 사랑하는 친구들이 많지만, 우리는 일 년에 한두 번 또는 이 년에 한 번 정도만 만날 수 있습니다. 저는 그 친구들과 함께하는 시간을 기뻐하고, 그들을 보지 못할 때도 그들을 애정 어린 마음으로 생각합니다.

그러니 그녀를 있는 그대로 사랑하고 받아들이세요. 할 수 있을 때 그녀를 만나십시오. 이 특별한 관계에 대해 자신과 평화를 이루십시오. 친구와의 우정 확언은 다음과 같습니다. **나는 내 친구들을 있는 그대로 받아들이고, 그들도 나름의 방식으로 나를 사랑하고 받아들인다. 내 세상에서는 모든 것이 괜찮다.**

친애하는 루이스에게,

저는 윤리적 딜레마가 있습니다. 직장에서 같은 승진을 앞둔 두 명의 친구(남성과 여성)가 있습니다. 이 새로운 직업을 얻으려면 지원자는 4년제 대학 학위를 소지해야 합니다. 친구의 이력서에는 둘 다 졸업했다고 적혀 있지만, 실제로는 그렇지 않고 남자친구는 단기 대학에서 1년만 수료했다는 것을 우연히 알게 되었습니다. 저는 그 친구가 그 직업을 얻는 사람이 될 것이고 다른 친구가 손해를 볼까, 봐 너무 두렵습니다.

어떻게 해야 할지 모르겠습니다. 입을 다물고 우주가 일을 처리하도록 해야 할까요? 남자친구에게 이 직업을 갖는 것이 잘못되었다고 말해야 할까요? 제가 할 일인가요? 잘 모르겠습니다.

사랑하는 이여,

우리는 모두 다른 사람들이 하는 일을 관찰하고 일을 "올바르게" 하고 싶어 하는 데 너무 많은 시간을 보냅니다. 그러나 우리 각자는 자신만의 의식의 법칙 아래 있으며 그에 따라 대우받을 것입니다. 그러니, 우리는 우리의 일이 아닌 일에 간섭할 필요가 없습니다. 관련된 다른 사람들에게 위험이 있지 않는 한, 저는 간섭하는 것을 믿지 않습니다. 제가 그렇게 할 때마다 그 간섭은 항상 저에게 역효과를 낳았습니다.

이 승진이 당신의 지위를 방해하지 않는 한, 저라면 그 일을 내버려 둘 것입니다. 이 문제를 자신의 문제로 삼지 마십시오. 다음의 확언을 사용하십시오. **이 직업에 완벽한 사람이 승진할 것이다.** 그런 다음 우주가 상황을 어떻게 처리하기로 하는지 지켜보십시오. 사무실에서 각 개인이 존중과 기쁨의 분위기 속에서 자신 일을 수행하는 조화와 전문성을 시각화합니다. 모두가 안전하고 보호받고 있다는 것을 아십시오.

친애하는 루이스에게,

저는 친구와 함께 사업을 하는 40세 남성입니다. 약 3개월 전, 제 동료는 콧수염을 기른 매우 매력적이지 않고 뚱뚱한 여성인 자신 여동생을 우리 사업의 안내데스크에서 일하도록 고용했습니다. 그녀는 다른 직장에서 해고된 지 얼마 되지 않았고 부양해야 할 남편과 아이가 있었기 때문에 친구도 그녀와 마찬가지로 그녀를 불쌍히 여겼습니다. 저도 불쌍했습니다. 불행히도 이 상황은 잘 풀리지 않고 있습니다. 이 여성은 의뢰인, 고객, 그리고 다른 직원들에게 욕설을 퍼붓습니다. 그녀는 직장에서 비효율적이며, 솔직히 그녀의 외모에 관한 관심 부족은 사람들을 화나게 합니다.

저는 이 여성이 내뿜는 부정적인 에너지가 우리 사업에 해를 끼치고 모두를 불행하게 만들고 있다고 믿지만, 제 동료의 여동생을 해고하는 어색한 위치에 놓이는 것을 원하지 않습니다. 그리고 이 여성에게 다시 직장을 그만두라고 제안한 것에 대해 죄책감을 느낍니다. 저는 난처한 상황에 부닥쳐 있습니다. 어떤 조언을 주실 수 있나요?

사랑하는 이여,

당신은 이 여성이 당신의 고객과 다른 직원들을 학대하도록 허용하면서도 그녀의 감정을 상하게 하는 것을 두려워합니다! 왜 이 일을 하려고 합니까? 정말로 당신의 사업과 직원들의 사기를 파괴하고 싶습니까? 왜 착한 직원들을 처벌하는 거죠? 당장 이 일을 중단해야 하며, 그렇지 않으면 사업을 할 수 없게 될 것입니다. 그룹 전체의 이익은 항상 한 사람의 이익보다 더 중요하며, 특히 그 사람이 말썽꾸러기면 더욱 그렇습니다.

그렇게 말했지만, 이제 지금이 당신의 외교적 능력과 단호함을 시험할 때라는 것을 깨달아야 합니다. 하고 싶은 말을 미리 적어 두고, 거울 앞에서 시범을 보이기도 하면서 연습을 해볼 수 있습니다. 동료와 매우 솔직하고 전문적인 대화를 나누어야 합니다. 당신은 공동대표의 여동생이 이러한 부적절한 행동을 계속하도록 허용함으로써 장기적으로 여동생에게 도움이 되지 않는다는 메시지를 전달해야 합니다. 어쩌면 당신은 그의 여동생이 행동을 바꿀 필요가 있다는 것을 부드럽지만 진실하게 알려준다면, 그 여동생이 더 나은 삶을 살도록 도와줄 것이라는 점을 사업 동료에게 이해시킬 수 있을 것입니다. 그의 여동생은 전문 상담사로부터 어떤 형태의 치료를 받아 그녀의 과도한 체중과 학대의 원인을 조사할 수 있습니다. 어쩌면 그녀는 자신의 고통을 감추고 있을지도 모릅니다. 그녀에게는 내면으로부터의 진정한 변화가 필요합니다. 그녀가 이 파괴적인 길로 계속 가도록 허락하지 말아 주십시오. 이렇게 확언하세요. **나는 조화롭고 번영하는 사업을 하고 있다. 나는 안전하다.**

우정을 강화하기 위한 확언

나는 내 안에 있는 문제투성이인 우정을 끌어당기는 유형을

기꺼이 풀어 놓을 수 있다.

나는 나 자신을 사랑하고 받아들이며,

친구들을 끌어당기는 자석이다.

나의 모든 우정은 성공적이다.

나는 사랑이 많고 보살피는 친구다.

나는 나 자신을 믿고, 삶을 믿고, 친구들을 믿는다.

나 자신을 사랑하고 받아들일 때 다른 사람을 사랑하기는 쉽다.

실수해도 친구들이 도와줘서 잘 해결된다.

나는 지원을 받을 자격이 있다.

내 친구들은 사랑이 넘치고 지지해 준다.

나와 내 친구들은 자기 자신이 될 수 있는

완전한 자유를 가지고 있다.

다른 사람에 대한 나의 사랑과 수용은

지속적인 우정을 만들어 낸다.

All is well
in my world!
I am safe!

12장

게이와 레즈비언 문제

나는 우리가 태어나기 전 각 생에서

이생에서 노력하기로 선택한 유형에 맞게

나라, 피부색, 성적 취향,

그리고 완벽한 부모를 선택한다고 믿는다.

생애마다 다른 성별을 선택하는 것 같다.

나는 때로는 남자로 태어나고, 때로는 여자로 태어난다.

때로는 이성애자이고, 때로는 동성애자로 태어난다.

각 형태의 성별은 그 나름의 성취와 도전 같은 것을 가지고 있다.

사회가 지금의 성별을 인정할 때도 있고,

그렇지 않을 때도 있다.

그러나 언제나 나는 나이며,

완전하고, 온전하고, 완벽한 나이다.

내 영혼에는 성별이 없다.

내 성격에만 성별이 있다.

나는 내 몸의 모든 부분을 사랑하고 소중히 여긴다.

나는 내 성별에 대해 평화롭다.

게이와 레즈비언 커뮤니티는 다른 모든 사람이 가지고 있는 것과 같은 문제를 가지고 있으며, 그것과 더불어 사회의 많은 사람이 그들을 손가락질하며 "나쁘다!"라고 말하는 문제도 있습니다. 종종 그들의 어머니와 아버지들도 "너는 나쁘다"라고 말합니다. 이것은 짊어져야 할 무거운 짐이며, 이런 상황에서 자신을 사랑하기는 어렵습니다. 게이 남성이 AIDS를 처음으로 경험한 사람 중 하나였다는 것은 놀라운 일이 아닙니다.

당신의 성적 취향이 무엇이든, 그것은 당신에게 완벽합니다. 우리가 관계를 언급할 때, 그것은 당신의 관계가 이성애자이든 동성애자이든 상관없이 우리 모두에게 적용됩니다. 심지어 과학조차도 성적 지향은 우리가 선택하는 것이 아니라 타고나는 것임을 인정하고 있습니다. 만약 당신이 이성애자라면, 레즈비언이나 게이 남성이 되어야 한다는 말을 듣는다면 어떤 기분일지 상상해 보세요. 우리는 성별과 같은 단순하고 자연스러운 것을 위해 우리 자신이나 다른 사람을 깎아내려서는 안 됩니다.

누군가에게 죄책감을 주려는 것이 아닙니다. 그러나 우리의 모든 삶이 사랑과 기쁨과 존경으로 기능하기 위해 변화되어야 할 것들을 살펴볼 필요가 있습니다. 50년 전만 해도 거의 모든 게이 남성은 드러나지 않았습니다. 이제 그들은 적어도 상대적으로 개방적일 수 있는 사회의 한 부분을 만들 수 있게 되었습니다. 그리고 그들 중 많은 사람이 빅토리아 시대에 분리된 세계(비즈니스, 정치, 육아 등)에 널리 퍼져 있었다는 것을 당신은 모를 수도 있습니다. 왜냐하면 남성과 여성의 관계가 너무나 긴장되어 있었기 때문에 여자들은 가장 친밀한 관계를 얻기 위해 다른 여성에게 의존하는 경우가 많았기 때문입니다. 낭만적인 우정은 젊은 중산층 남성들 사이에서도 일반적이었습니다. 아무도 그러한 관계를 동성애의 징후로 생각하지 않았습니다. 사실, 이 용어는 19세기 후반까지는 없는 말이었습니다.

요점은 우리가 동성애자들을 찾을 수 있는 곳이 사랑일 것입니다. 사랑에 빠진 유형은 나라마다, 세기마다 바뀝니다. 우리는 지금 소위 규범이라고 불리는 어떤 것들을 가지고 있지만, 그것들 역시 시간이 지나면 바뀔 것입니다. 판단을 내려놓고 사랑을 볼 때 사랑 안에서 기뻐합시다. 지금은 치유를 위한 시간이며, 온전하게 만드는 시간이지, 정죄의 시간이 아닙니다. 우리는 과거의 한계에서 벗어나야 합니다. 우리는 모두 신성하고 장엄한 생명의 표현입니다.

다음 편지는 게이와 레즈비언 문제를 탐구합니다.

친애하는 루이스에게,

친한 친구와 나는 동성애 문제로 막다른 골목에 이르렀습니다. 그녀는 영적인 길을 가면서 동성애자가 되는 것은 불가능할 것이라고 가정하는데, 왜냐하면 일단 깨달음을 얻으면 동성애는 사라질 것이기 때문입니다. 반면에 저는 동의하지 않습니다.

우리는 사람들이 일반적으로 매우 보수적인 매우 지방적인 지역에 살고 있습니다. 우리 둘 다 동성애자를 전혀 알지 못합니다. 루이스 헤이 당신은 에이즈 환자들을 위해 훌륭한 사역(使役)을 하셨는데, 어떤 생각이 드시나요? 이해하도록 도와주세요.

사랑하는 이여,

저는 당신과 당신의 친구와 내 견해를 공유하게 되어 기쁩니다. 두려움을 기꺼이 넘어서려는 당신의 의지는 위대한 영적 성장의 한 단계입니다.

우리가 이해하지 못하는 것을 우리는 두려워합니다. 우리 자신을 더 낫게, 더 크게, 더 중요하게, 심지어 더 거룩하게 만들기 위해 다른 사람을 깎아내리기는 너무나 쉽습니다. 우리가 나병 환자, 정신 장애가 있는 사람, 유색인종을 멀리하던 때가 있었습니다. 이제 우리 대부분은 그러한 제한된 믿음을 넘어섰습니다.

우리가 어떤 형태의 생명체를 "그보다 못한" 것으로 볼 때, 어떻게 우리 자신을 영적인 존재라고 부를 수 있을까요? 우리는 얼마나 교만하고 오만한가를 우리 자신에게 가르쳐 왔습니다. 그리고 그것이 어떻게 우리를 우리 자신의 신성함으로부터 멀어지게 하는지요. 우리는 언제쯤 아이들에게 어떤 사람, 장소, 사물을 미워하도록 가르치는 것을 멈출 수 있을까요?

증오는 학습되는 것입니다. 당신이 가지고 있는 모든 증오나 편견은 학습된 것입니다. 아기는 누군가를 미워하면서 태어나지 않습니다. 우리가 영적으로 성장함에 따라, 우리는 우리 자신과 다른 사람들, 그리고 삶에 관한 낡고 제한적인 생각을 버리게 됩니다.

당신은 동성애자를 한 명도 모른다고 말하지만, 적어도 인구의 10%는 동성애자입니다. 당신은 몇몇 사람들을 알고 있으며, 그들은 직장 동료, 학생, 자녀, 친척, 교민, 이웃 등 지구에 있는 누구라도 될 수 있습니다. 그러나 그들은 사람들의 정죄(定罪)가 두려워 그들이 실제로 누구인지 당신에게 알리는 것을 두려워할 수 있습니다.

우리는 항상 변화를 두려워하기 때문에 변화에 저항하는 것 같습니다. 우리 역사에서 이전에 저항 받았던 모든 변화를 생각해 보고, 그 변화들 덕분에 우리가 얼마나 더 나아졌는지 생각해 보십시오. 한때는 아프리카계 미국인을 군대에 통합하면 사기가 떨어지리라 생각했습니다. 그리고 얼마 전까지만 해도 여성들이 투

표권을 위해 싸우고 있었습니다! 지금 생각하면 어리석은 일처럼 보이지만, 당시에는 많은 두려움과 오해를 반영하는 매우 민감한 문제였습니다.

동성애자들은 틀린 것이 아닙니다. 그들은 그저 있는 그대로 모습일 뿐입니다. 신은 단 한 명의 피조물도 잘못되게 만들지 않으셨습니다. 다른 피부색의 피부를 가진 사람은 잘못이 아닙니다. 당신과 저는 잘못된 게 아닙니다. 우리는 모두 신의 완전한 자녀입니다.

많은 사람이 이 문제에 관한 나의 입장에 불쾌감을 느끼리라는 것을 알고 있습니다. 저항은 종종 변화를 향한 첫 번째 단계입니다. 당신은 먼저 당신의 영적 성장을 저항하지 않았습니까? 수년 동안 저는 별로 유명하지 않은 대의의 옹호자였는데, 왜냐하면 모든 인간이 가치 있고 사랑과 수용이 필요하다고 보기 때문입니다.

우리는 모두 영혼을 가지고 있으며, 우리의 영혼은 성을 가지고 있지 않습니다. 우리가 지구를 떠날 때, 가져갈 수 있는 유일한 것은 사랑할 수 있는 능력입니다. 우리 모두 성장하고 모든 사람을 포용하기 위해 마음을 열도록 합시다. 확언을 다음과 같이 하세요. **나는 삶의 모든 것에 대한 사랑에 찬 이해에 마음을 연다.**

당신 자신의 이해 지평을 넓히고자 하는 자신을 축복하세요.

친애하는 루이스에게,

지난 5년 동안, 제가 클라인펠터 증후군klinefelter syndrome이라는 성염색체 장애를 앓고 있다는 것을 알게 되었습니다. 그것은 제가 더 많은 여성 성염색체와 더 많은 유전자를 가지고 있다는 것을 의미합니다. 곧 여성 호르몬 치료를 시작하려고 하고 있고, 피부 아래가 여성임을 알고 있어서 1년 안에 몸이 여성으로 완성되기를 희망합니다.

저는 이 남성의 몸에 갇힌 여성이 된 것 같고, 유일한 탈출구는 이 수술을 받는 것입니다. 남은 삶 동안 이런 식으로 살고 싶지 않습니다. 저는 제 내면이 느끼는 것처럼 외적으로도 여성스러워 보이고 싶습니다. 교회에 가거나, 은행에 가거나, 쇼핑하거나, 청구서를 내거나, 저녁을 먹으러 갈 때 매일 여성처럼 옷을 입습니다. 저는 친구들이 알고 있는 것처럼 여성이지만, 제 육신을 가진 진정한 여성이 아니었습니다. 저는 당신이 의사가 아니라는 것을 알고 있지만, 실제 여성으로부터 약간의 통찰력이 많은 도움이 될 것입니다.

사랑하는 이여,

우리는 너무나 흥미로운 도전을 가지고 이 세상에 오며, 우리는 모두 그것이 무엇이든 간에 평화를 이루어야 합니다. 마치 몸과 전쟁을 치르고 있는 것처럼 들립니다. 만약 당신이 정말로 내면이 여성이라고 느낀다면, 여성으로서 스스로에 대한 큰 자존감을 만들어줘야 합니다. 많은 여성이 남성적으로 보이는 몸을 가지고 있습니다. 당신은 단지 한 걸음 더 나아갈 뿐입니다. 있는 그대로 자신을 사랑하세요. 당신은 올바른 방향으로 가고 있습니다. 어떤 수술도 당신이 추구하는 내적 평화를 주지 못한다는 것을 기억하십시오. 이 내면의 평화는 자신을 사랑하는 것에서만 올 수 있습니다.

배우 크리스토퍼 리브Christopher Reeve는 사지마비 후 사고에서 배운 가장 중요한 것은 "그는 자신 몸이 아니다"라고 말한 적이 있습니다. 개인성을 넘어서, 물리적 몸을 넘어서, 우리가 항상 존재해 왔고 앞으로도 항상 존재할 영혼이 있습니다. 영혼의 차원에서 자신과 연결되면, 당신은 평화로워질 것입니다.

친애하는 루이스에게,

임상 사회복지사로서, 저는 에이즈에 걸린 남성들을 위한 지원 그룹을 공동으로 진행하는 책임을 맡고 있습니다. 저는 오랫동안 명상과 창의적인 시각화의 가치를 믿어 왔습니다. 그러나 우리 그룹의 남성들은 이완 운동, 테이프, 창의적 시각화 또는 명상의 사용을 일관되게 거부합니다. 저는 그들이 그렇게 할 권리가 있다고 믿지만, 저는 또한 이 결정에 좌절감을 느끼며 그들이 질병을 수동적으로 받아들이는 것으로 보입니다. 우리 집단은 너무나 자주 "끔찍하지 않다"라는 시나리오로 빠져들곤 하는데, 저는 이런 상황이 나약함이나 통제력 상실의 문제를 영속화할 뿐이라고 느낍니다. 당신은 이 문제를 어떻게 해결했습니까?

사랑하는 이여,

정보를 이해할 수 없는 것 같은 사람들을 돕고 싶을 때 얼마나 좌절감을 느낄 수 있는지 이해합니다. 우리가 이해해야 할 것 중 하우리는 누구에게도 변화를 강요할 수 없다는 것입니다. 우리가 할 수 있는 것은 하는 것뿐이고, 그들은 그들이 원하는 대로 그것을 받아들이거나 거부합니다. 저는 종종 "제가 치료자가 아니며, 당신의 어머니도 아니에요. 저는 그저 정보를 줄 뿐이고 당신은 어른이 되어 스스로 결정을 내릴 수 있어요."라고 말합니다.

우리는 우리의 자아가 방해하게 해서는 안 됩니다. 당신이 나와 같다면, 기꺼이 귀를 기울여 주려는 사람들과 함께 할 일이 여전히 많습니다. 당신이 하는 일을 계속하세요, 왜냐하면 그것이 절실히 필요하기 때문이다.

친애하는 루이스에게,

저는 여러 해 동안 HIV에 걸린 채 살아왔고, 잘 지내고 있습니다. 저는 강하고 건강합니다. 하지만 제가 믿은 종교는 제 생활 방식에 매우 반대됩니다. 그들은 종종 저를 "악하다.", "마귀"라고 부릅니다. 저는 이런 공격을 무시하려고 노력하지만, 그 말들은 정말로 상처를 줍니다. 그들은 또한 여전히 이 교회에 있지만 어쨌든 저를 사랑하고 받아들이기로 선택한 제 가족들에게도 상처를 주었습니다.

루이스 헤이님, 깊은 상처와 분노를 어떻게 다뤄야 할까요? 저는 여러 번 용서했지만, 증오의 표현은 계속되는 것 같습니다. 저는 온화하고 사랑이 많고 동정심이 많은 사람입니다. 신께서 저를 사랑하시고 제 기도에 응답하신다는 것을 압니다. 어떻게 하면 괴로움을 해소하여 건강을 해치지 않을 수 있을까요?

사랑하는 이여,

저는 당신의 진짜 모습을 둘러싼 상처와 혼란에 공감할 수 있습니다. 하지만 우리가 어렸을 때는 자신이 믿는 종교에 대해 아무 말도 할 수 없다는 것을 기억하십시오. 어쩌면 당신의 부모는 아직도 부모와 조부모가 했던 종교적 선택을 따르고 있을지 모릅니다.

사랑이 많고 의식 있는 성인으로서, 당신이 신의 소중한 피조물을 경시하는 종교를 선택해야 할지 의심스럽습니다. 당신은 어렸을 때 배운 것과 당신 존재의 진실이 무엇인지를 분리할 필요가 있습니다. 우주의 신성하고 장엄한 창조물로서, 당신은 풍성한 사랑을 받고 있습니다. 다른 종교를 선택하십시오. 저는 당신이 마음 과학Science of Mind 또는 한마음 교회Unity church에 참석함으로써 영성에 대한 새로운 태도를 경험하도록 격려하고 싶습니다.

당신 주변의 모든 사랑과 인정에 마음을 여는 것은 당신에게 달려 있습니다. 당신은 자신을 조건 없이 사랑하는 것으로 이것을 시작해 보십시오. 당신은 이 특정 교회의 회원들이 계몽되지 않은 발언에 대해 책임지지 않습니다. 당신이 그들의 말에 귀를 기울이고 그것을 믿기로 선택한다면, 당신은 책임이 있습니다. 제가 당신을 "보라색 돼지"라고 부르면, 당신은 내가 몇 번을 반복해도 웃으면서 주의를 기울이지 않을 것입니다. 당신은 누구에게 당신의 힘을 주고 있습니까? 당신을 있는 그대로 사랑하고 받아주는 사람들과 함께하세요. 당신을 위한 좋은 확언은 다음과 같습니다. **나는 사랑이 가득한 신의 장엄한 창조물로서, 무한히 사랑받고 있으며, 지금, 이 사랑을 받아들인다.**

친애하는 루이스에게,

저는 남자 룸메이트와 함께 멋진 집에 살고 있는 35세 여성입니다. 우린 둘 다 게이입니다. 저는 그의 세계를 생각합니다. 제가 사는 지역의 '마음 과학' 교회에 출석하면서, 남자든 여자든 제가 선택한 누구든 사랑할 수 있다는 것을 느끼기 시작했습니다. 저의 도전은 아주 잘생긴 남자 동료를 사랑합니다. 우리는 함께 살기 전에는 친구였습니다. 이제 저는 이런 감정에 대해 그에게 말하는 것이 두렵습니다. 왜냐하면 좋아하는 감정이 그를 "바닥"으로 떨어뜨릴 뿐만 아니라 불편한 감정을 유발할 것이 분명하기 때문이다. 이것 어떻게 했으면 좋겠습니까. 도와주세요.

사랑하는 이여,

삶이 주는 것 중 하나는 우리가 사랑하는 모든 사람이 우리를 다시 사랑하지는 않을 거란 것입니다. 그것을 받아들이고, 당신이 가진 좋은 우정을 망치지 마십시오. 물론, 당신은 당신이 선택한 사람을 사랑할 수 있으며, 당신이 할 수 있는 한 많은 사람을 사랑하는 것은 풍요롭습니다. 그러나 룸메이트가 동성애자이기 때문에 그를 불편하게 하지 않는 방식으로 그에게 사랑을 표현할 방법을 고려해야 합니다.

당신은 지금 만족스러운 관계를 맺고 있지 않을 수 있으며, 완전한 관계(사랑과 섹스)에 대한 욕구와 룸메이트에 대한 감정을 혼동하고 있을 수 있습니다. 당신이 가질 수 없는 누군가에게 집중함으로써, 당신은 완벽한 사람이 당신의 삶에 들어올 수 있도록 문을 닫고 있습니다. 여기서 너무나 많은 부정성이 일어나고 있습니다.

이렇게 확언하세요. **나에게는 완벽하고 사랑이 넘치는 짝이 있고, 내 룸메이트도 마찬가지다. 우리는 서로의 선택을 지지한다.**

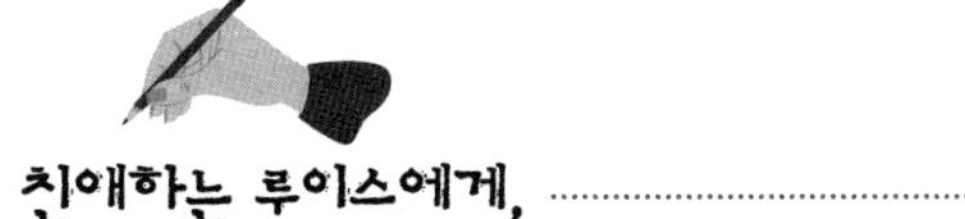

친애하는 루이스에게,

저는 남자 친구와 여러 차례 파란만장한 관계를 맺어온 20대 후반의 게이입니다. 제가 누군가와 엮일 때마다, 이 사람은 저를 변화시키려고 하는 것 같습니다. 그는 제가 술을 끊고, 파티를 즐기지 않고, 친구들과 외출하지 않고, 모든 시간을 그와 단둘이 보내기를 바랄 것입니다. 솔직히 말하고 싶지 않아요. 나는 사회생활을 즐기고 포기하고 싶지 않습니다. 불행히도, 제 남자 친구들은 제가 그들에게 충실하다는 것을 믿지 않습니다. 이 문제로 인해 일부 긴밀한 관계가 끝났고 어떻게 해야 할지 모르겠습니다. 왜 제가 다른 사람을 위해 내 인생을 바꿔야 합니까?

사랑하는 이여,

당신은 남자 친구들한테 많이 물어봅니다. 당신이 요구하는 것과 같은 자유를 그들에게 주는지 궁금합니다. 물론 당신이 변할 필요는 없지만, 당신이 주위를 날아다니는 사회적 나비로 남아 있다면 다른 사람들이 당신 곁에 있을 것이라고 기대하지 마십시오. 당신은 그들이 당신과 함께 날아다니는 것을 좋아합니까, 아니면 그들이 집에 앉아서 당신을 기다리기를 원합니까?

어쩌면 당신은 한 가지 관계에 정착하기에는 감정적으로 너무 어릴 수도 있습니다. 더 이상 할 필요가 없을 때까지 하던 일을 하십시오. 인생의 어느 시점이 되면 파티는 정말 지루해지고 더 만족스러운 일을 찾게 될 것입니다. 하지만 지금은 즐기고, 다음과 같은 확언을 해보세요. **나는 나를 있는 그대로 받아주는 완벽한 짝을 내 삶에 데려온다.**

성별을 포용하기 위한 확언

내 성별을 탐구하는 것은 안전하다.

나는 기쁨과 자유로움으로 나의 욕망을 표현한다.

신은 나의 성별을 창조하시고 인정하신다.

나는 나 자신과 내 성별을 사랑한다.

나는 나 자신에 관한 사랑 안에서 안전하고 확실하다.

나는 내 몸을 즐길 수 있도록 나 자신에게 허락한다.

나는 신념을 제한하는 것을 넘어 나 자신을 온전히 받아들인다.

나는 어떤 상황에서도 나로 있을 수 있다.

나의 성별은 놀라운 선물이다.

나는 사랑할 만한 가치가 있는 사람이다.

13장 건강

건강은 나의 신성한 권리다.

나는 우주의 모든 치유 에너지에 대해 열려 있고 수용적이다.

나는 내 몸의 모든 세포가 지능이 있고

스스로 치유하는 방법을 알고 있다는 것을 알고 있다.

내 몸은 항상 완벽한 건강을 위해 일하고 있다.

이제 나는 나의 완전한 치유를 가로막는

모든 장애물을 놓아버린다.

나는 영양에 대해 배우고 내 몸에 좋은 음식만 먹인다.

나는 내 생각을 살피고 건강한 생각만 한다.

나는 내 몸을 사랑한다.

나는 내 몸의 각 기관, 뼈, 근육,

그리고 모든 부분에 사랑을 보낸다.

나는 내 몸의 세포를 사랑으로 가득 채운다.

나는 과거에 내가 누렸던 모든 좋은 건강 덕분에

지금 내 몸에 감사한다.

나는 지금 여기에서 치유와 건강을 받아들인다.

정원에서 애정을 담아 흙을 비옥하게 하고, 심고, 수확하고, 재활용하는 일을 하면서, 계절, 날씨, 흙, 초목, 지상에 사는 모든 생물과 진정으로 조화를 이룹니다. 저는 딱딱하고 비생산적인 지구의 작은 부분을 취하여 여러 형태의 생명을 지탱할 수 있는 비옥한 양토로 천천히 변화시킬 수 있습니다.

우리가 정원을 가꾸는 것처럼, 우리는 건강하고 풍요로운 삶을 생산하기 위해 우리의 마음과 몸을 가꿀 수 있습니다. 건강을 위한 필수 요소 중 하나는 우리가 먹는 음식을 통해 우리 몸에 양질의 영양을 제공하는 방법을 배우는 것입니다. 미국인으로서 우리는 건강에 좋은 식사에서 패스트 푸드의 편리함으로 옮겨 간 것 같습니다. 우리는 서구 세계에서 가장 병들고 가장 과체중인 나라입니다. 우리는 화학 물질로 가득 찬 기름지고 가공된 식품을 과식합니다. 우리는 건강을 희생하면서 식품 제조업체를 지원합니다. 우리는 우리 몸의 세포가 살아 있다는 것을 잊은 것 같습니다. 그리고 우리의 세포는 자라나고 재생되어야 한다는 걸 망각한 것 같습니다. 삶은 이미 우리에게 먹일 필요가 있고 건강을 유지할 수 있는 모든 것을 제공했습니다.

운동은 건강한 신체를 유지하는 또 다른 요소입니다. 운동을 전혀 하지 않으면 뼈가 약해집니다. 건강을 유지하기 위해서는 운동이 필요합니다. 그리고 우리가 어떤 종류의 운동을 하는지는 중요하지 않습니다. 우리는 단지 동네 주위를 걷는 것으로 시작하여 거기에서 힘을 키울 수 있습니다. 우리는 우리의 몸을 마음처럼 유연하고 탄력 있게 유지하기 위해 운동을 규칙적인 생활의 일부로 만들어야 합니다. 그러나 우리 몸에게 좋은 사람이 되기 위해 노력할 때 기억해야 할 가장 중요한 것은 몸을 사랑하는 것입니다. 스스로 치유하기 위해서는 건강하지 못한 신체 상태에 이바지하는 부정적인 신념을 제거하는 것이 필수적입니다. 우리는 거울에 비친 자신 눈을 들여다보고 우리가 얼마나 멋진 사람인지 스스로에게 말해야 합니다. 우리는 자신 모습을 볼 때마다 긍정적인 정보를 자신에게 주어야 합니다. 날씬해지거나 근육을 키우거나 콜레스테롤 수치를 낮추거나 체지방 비율을 줄일 때까지 기다릴 필요가 없습니다. 우리는 지금 당장 자신을 사랑하고, 사랑으로 우리 몸이 필요로 하는 것에 귀를 기울여야 합니다. 우리는 항상 기분 좋게 느낄 자격이 있습니다.

다음 편지는 건강 주제와 관련이 있습니다.

친애하는 루이스에게,

저는 2년 전에 섬유근육통 진단을 받은 52세 여성입니다. 제 증상은 전신 근육통과 만성 피로입니다. 저는 신체적, 영양적, 감정적, 영적인 관점에서 이 질환을 다루고 있지만, 루이스 헤이 선생님이 추가로 제게 도움을 주시면 대단히 감사하겠습니다.

저는 커뮤니티 칼리지에서 학습 전문가로 일하고 있으며, 사랑하는 남편과 자녀, 손자가 있습니다. 그러나 내 영혼은 표현하라고 울부짖는 듯합니다. 비록 제가 그것을 허락할 수 없는 것처럼 보일지라도 표현 욕구가 끓어오릅니다. 저는 발에 경련을 일으키며 뱀이 허물을 벗기듯 내 피부를 뚫고 나오려고 했습니다. 나는 이것이 본질적으로 신뢰의 문제라고 생각하지만, 놓아버리는 것이 두렵습니다. 어떤 조언이 있을까요?

사랑하는 이여,

섬유근육통에 대해 제가 수행한 모든 연구에 따르면, 정서적 긴장이 주요 원인인 것 같습니다. 경직되고 뻣뻣한 생각은 근육의 뻣뻣함과 뭉침을 유발합니다. 긴장, 두려움, 뻣뻣하게 쥐면 근육에 경련인 쥐가 납니다. 요가 수업에 참여할 것을 강력히 권합니다. 이러한 운동은 근육과 마음을 이완시키는 데 큰 도움이 될 수 있습니다. 의무에서 벗어나십시오.

그대는 그대의 영이 표현을 위해 부르짖고 있다고 말하지만, 이 표현이 무엇이기를 원하는지는 말하지 않고 있습니다. 당신의 발은 밖으로 나가고 싶다고 말하고 있습니다. 신발을 벗고 춤을 추세요. 풀밭이나 모래 속에서 달리십시오. 새처럼 자유롭게 공중을 날아다니는 자신의 이미지를 시각화하십시오. 자유로워질 수 있는 허락과 권한을 스스로에게 주세요. 한 달을 쉬고 혼자 어디론가 가보세요. 숨을 내쉴 때마다, 다음 숨을 쉴 수 있으리라 믿으세요. 인생의 다음 단계를 밟는 데에도 동일한 수준의 신뢰를 적용하십시오. 전 세계가 당신을 기다리고 있습니다. 다음과 같이 확언하세요. **나는 살아 있고 자유롭다. 나는 자유롭게 날아다닐 수 있는 가치가 있다.**

친애하는 루이스에게,

저는 알코올 중독자인 어머니와 언어적, 신체적으로 학대하는 아버지 밑에서 자란 40세 여성입니다. 약 2년 전에 "내면 작업"을 시작했습니다. 제게는 드러내기 부끄러운 특이한 문제가 있지만, 그것을 극복하려면 반드시 극복해야 한다는 것을 압니다.

저는 매력적이고 똑똑한데, 왜 자신에게 "상처"를 입히고 있는 걸까요? 언제부터 시작되었는지는 기억나지 않지만, 발의 피부를 뜯어 먹는 경우가 많습니다. 가끔은 피가 날 때까지 하기도 합니다. 두피에도 문제가 있어서 아무리 머리를 감거나 특별한 크림과 샴푸를 사용해도 두피가 벗겨지고, 솔직히 말해서 두피가 벗겨질 때까지 긁고 피나게 해 벗겨질 때까지 기다릴 수 없습니다.

당신의 책 중 하나에서 피부와 관련된 모든 것은 가치감과 관련이 있다고 읽었습니다. 나는 그것이 내 생활 조건과 재정 상태로 판단할 때 문제인 것을 알고 있는데, 왜냐하면 나는 매달 저축을 방해할 방법을 찾기 때문입니다. 귀하의 답변을 간절히 기다리고 있습니다.

사랑하는 이여,

어렸을 때 가족은 당신을 무자비하게 괴롭혔습니다. 이제 당신은 자신을 선택함으로써 가족의 전통을 이어가고 있습니다. 당신의 어떤 부분에서는 아직도 "충분하지 않고 벌을 받아야 한다."라는 오래된 가족의 정보를 믿는 부분이 있습니다. 우리는 너무나 순종적인 어린아이들이기 때문에 아무리 혼란스럽고 비현실적이며 어리석더라도 거의 모든 "가족 정보"를 받아들일 것입니다. 자, 이제 당신은 참회를 끝냈습니다. 그대는 그대의 죄를 달랬습니다. 이제 이 사태를 끝낼 때입니다. 제가 더 이상의 처벌받아야 할 것을 면제해 주겠습니다. 이제 저주가 풀렸습니다.

과거는 잊어버리세요. 이 순간부터는 자신이 원하는 것만 생각했으면 좋겠습니다. 당신에게 기쁨을 가져다주고 기분을 좋게 하는 생각들을 해 봅니다. 당신의 생각이 당신의 미래를 창조하고 있습니다. 상상할 수 있는 최고의 미래로 만드십시오. 만약 당신이 또 피부를 따고 있는 자신을 발견한다면, 즉시 부모님을 용서하십시오. 이렇게 확언하세요. **나는 부모님 둘 다 용서하고, 나 자신을 사랑할 자유가 있다!** 당신의 삶 전체가 더 나은 방향으로 바뀔 것입니다.

친애하는 루이스에게,

왼쪽 사타구니에 두 번째로 탈장이 생겼습니다. 의사들은 나를 괴롭히지 않는 한 심각하지 않다고 말했다. 그러나 최근 몇 주 동안 여러 번 통증을 느꼈기 때문에 탈장을 고치기로 했습니다. 하지만 병원에 가야 할 때가 되자 몸이 아파서 수술받을 수 없었습니다.

그 이후로 같은 일이 여러 번 일어났습니다. 수술을 받을 준비가 되어 있는데 수술을 받지 못하게 막는 무언가가 나타나 수술을 못 받게 방해합니다. 나는 이것을 이해할 수 없으며, 왜 그런지 궁금해지기 시작했습니다. 내가 수술하지 말아야 할 이유가 있습니까? 첫 번째 수술은 대성공이었고, 사실 두 번째 수술은 준비가 되었다고 생각했습니다. 이것에 대한 당신의 의견을 주시겠습니까?

사랑하는 이여,

장애물이 발생할 때, 그것은 일반적으로 어떤 일을 하기에 적절한 시기가 아니라는 것을 의미합니다. 지연에는 이유가 있습니다. 모든 것이 당신의 최상 선을 위해 잘 풀리고 있다는 것을 믿으십시오. 당신이 어떤 정신적 부담을 짊어지고 계시는지 궁금합니다. 탈장은 종종 스트레스와 오래된 정신적 부담을 나타냅니다. 어떻게 하면 스스로 짐을 가볍게 할 수 있을까요? 누구를 용서해야 하는가요? 다음 수술을 받기 전에 고려해야 할 좋은 문제들입니다. 그리고 그동안, 당신의 몸, 특히 당신의 위와 사타구니에 사랑을 보내십시오. 아침 명상을 할 때, 치유의 에너지가 당신을 통해 흐르는 것을 보십시오. 당신이 생명의 신성한 표현인 것을 알아차리십시오. 당신에게 좋은 긍정 확언은 다음과 같을 수 있습니다. **나는 인생을 즐겁고 쉽게 소화한다. 내 세상에서는 모든 것이 잘 된다.**

친애하는 루이스에게,

길을 잃은 것 같아서 당신에게 편지를 씁니다. 결혼 10년 된 남편은 알코올 중독자인데, 과거에는 항상 술을 끊었지만, 이번에는 석 달 동안 술을 마셨고, 남편과 헤어지기로 했습니다. 저는 저 자신을 머물게 하고 받아들이려고 노력했지만 그럴 수 없습니다.

저는 팔, 턱에 통증을 많이 느꼈고 일반적인 몸 통증을 겪었습니다. 최근 명상을 시작했고, 때때로 몸의 통증이 명상을 못 하게 하고 더 악화시키는 것 같습니다! 확언을 해왔고 내 인생에서 좋은 일을 할 자격이 있다고 믿는 데 어려움을 겪고 있습니다. 통증은 점점 더 심해졌고, 때때로 무력감을 느낍니다. 의사는 저에게 항우울제를 처방하고 싶어 하는데, 저는 항우울제를 최후의 수단으로 생각하고 있으니, 그에 대한 당신의 의견을 알고 싶습니다. 관절과 힘줄이 점점 조여오고 아픈 것 같습니다. 조언 좀 해주세요. 지쳐가고 있어요.

사랑하는 이여,

당신이 빠져나와서 신에게 감사합니다. 당신은 남편의 음주에 대한 책임이 없으며, 그것을 고칠 수도 없습니다. 거기에 머무르는 것은 당신을 파괴할 뿐입니다. 첫걸음을 내딛으신 것을 축하드립니다.

자, 당장 자신을 체육관에 데려가세요. 당신은 분노와 화로 가득 차 있고, 그것을 밖으로 내보내야 합니다. 운동은 우울증을 치유하는 가장 좋은 방법의 하나입니다. 헬스장이나 요가 수업에 갈 수 없다면, 적어도 하루에 한 번은 두 주먹으로 침대를 때리고 말로 감정을 표출하세요. 소리를 지르고 때려야 합니다.

화학적 항우울제를 복용하는 대신 세인트존스워트St. John's Wort를 사용하십시오. 세인트존스워트는 천연 허브 항우울제입니다. 모든 건강식품 상점에서 찾을 수 있으며 부작용이 없습니다. 세인트존스워트St. John's Wort는 영원히 존재해 왔으며 스트레스와 우울증을 완화하는 데 매우 좋으므로 현재 이 나라에서 인기를 얻고 있는 허브입니다. 12단계 프로그램에 가보세요. Al-anon이 좋을 것입니다. 그곳은 알코올 중독자들과 싸워야 하는 사람들로 가득 차 있습니다. 당신에게는 사랑과 지원이 필요합니다. 당신에게 좋은 확언은 다음과 같습니다. **나는 남편을 사랑으로 축복하고 그를 놓아주며, 나는 멋진 새 생명을 창조할 자유가 있다.**

친애하는 루이스에게,

저는 52세의 여성으로, 최근에 저를 완전히 충격에 빠뜨린 경험을 했습니다. 높은 연석에서 떨어져 팔꿈치가 부딪혔습니다. 약간의 골다공증이 있어서 손상이 꽤 심했습니다. 여러 군데 골절이 있어서 핀과 플레이트를 삽입하는 수술을 받아야 했습니다. 부서진 뼈는 제거되었습니다.

지금은 회복하려고 노력하고 있지만, 의사와 병원과 통증에 대한 두려움이 늘 강했습니다. 지금 이 세 가지를 모두 상대해야 합니다. 직장도 그만둬야 했습니다.

이 치유의 시기를 헤쳐 나가는 데 도움이 될 지혜의 말씀을 해주시겠습니까? 육체적 고통에 대한 두려움 때문에 회복이 더딘 것 같습니다. 물리치료는 아플 것 같아서 무서워요.

사랑하는 이여,

두려움은 우리가 다루는 아주 무력한 감정 중 하나입니다. 저는 그대가 평생 두려움으로부터 도망쳐 왔다고 느낍니다. 저는 이 두려움이 어린 시절의 사건에서 비롯되었다고 확신합니다. 이제 당신은 당신의 생각으로 자신을 두려워하고 있습니다. 이것은 자기 사랑의 행위가 아닙니다.

모든 건강식품 가게에서 구할 수 있는 바흐 플라워Bach Flower 에센스Essence인 레스큐 레미Rescue Remedy는 이 시기에 신경을 진정시키는 데 도움이 될 것입니다. 이렇게 확언하세요. **내 몸에 닿는 모든 손은 치유의 손이고, 나는 안전하다.** 이것은 당신이 거의 쉬지 않고 말할 수 있는 확언입니다. 당신은 당신의 생각을 가라앉히고자 합니다. 그리고 의사와 치료사를 사랑으로 축복하십시오. 음악, 이미지, 자기 최면 또한 치유 과정에 도움이 될 수 있는 도구입니다. 물리치료 중 즐거운 장면을 상상하고 치료 후 받게 될 모든 이점에 집중하십시오. 당신의 마음은 강력합니다. 자신의 선을 위해 마음을 이용하세요.

연구에 따르면 천연 프로게스테론을 사용하면 뼈 손실을 되돌릴 수 있습니다. 저는 당신과 모든 여성이 몸에 대해 진정으로 알기를 권장합니다. 우리가 접하는 정보 중 너무 많은 부분이 제품을 홍보하려는 제약 회사에서 나옵니다. 제가 강력히 추천하는 책은 크리스티안 노스럽Christiane Northrup, M.D.이 쓴 《여성의 몸, 여성의 지혜Women's Body, Women's Wisdom》입니다.

친애하는 루이스에게,

지금까지 거의 5년 동안 저는 강도가 다양한 요통에 시달리고 있습니다. 때로는 너무 심해서 거의 참을 수 없을 정도로, 상체가 한쪽으로 기울어지기도 합니다. 당신의 책 'Heal Your Body'에서, 당신은 이것이 "돈에 대한 두려움" 또는 "재정적 지원의 부족"에 기인할 수 있다고 말합니다. 이 말은 제가 돈을 두려워할 수 있다는 뜻인가요, 아니면 돈이 없는 것을 두려워할 수 있다는 말인가요?

또한 이 통증은 주로 오른쪽에서 발생하며, 몸의 그쪽에 구순포진과 건선이 발생하는 경향이 있습니다. 1975년에 나는 산업재해로 인해 오른손 손가락을 절단해야 했습니다. 이것에 대한 어떤 종류의 원인이 있을 수 있습니까? 어떤 종류의 유형입니까?

마지막 질문입니다. 확언은 그것을 사용하는 사람이 그것이 효과가 있는지 없는지에 대해 회의적이더라도 여전히 효과가 있습니까? 신념이 병을 낫게 하는 데 중요한 역할을 하나요?

사랑하는 이여,

고통을 유발하는 유형을 해결하는 가장 좋은 방법은 부모와의 관계입니다. 몸의 오른쪽은 남성적인 면을, 왼쪽은 여성적인 면을 나타냅니다. 당신의 거의 모든 문제가 몸의 오른쪽에서 일어나는 것을 보아, 아버지에 대한 깊은 분노와 해결되지 않은 문제들이 있다고 말하고 싶습니다. 당신이 그랬던 것처럼 고통이 수반될 때마다, 특히 지속적인 고통이 있을 때마다, 우리는 또한 오랫동안 지속되어 온 죄책감에 대처하고 있어야 합니다. 그러나 저는 당신이 죄책감을 느낄 것이 없다고 확신합니다.

과거에 대한 괴로움과 분노를 간직하는 것의 문제점은 그것이 우리 몸에 혼란을 일으킬 수 있다는 것입니다. 용서가 어려울 수 있다는 것을 알지만, 용서는 우리 자신을 자유롭게 하는 유일한 방법의 하나입니다. 저는 당신이 자신도 모르게 만든 이 고통의 감옥에 앉아 있다는 것을 느낍니다.

우리는 종종 무심코 우리의 마음이 과거의 고통에 머물도록 내버려 두며, 이는 우리 주변에 부정적인 분위기를 조성할 수 있습니다. 이것은 차례로 부정적인 경험을 끌어들입니다. 저는 당신이 이러한 패턴을 풀어주는 데 도움을 줄 치료사나 전문가를 찾을 것을 제안합니다.

확언은 평생 당신을 위해 일해 왔습니다. 당신이 하는 모든 생각과 당신이 말하는 모든 단어는 확언이며, 삶이라는 생명에 의해 응답하고 있습니다. 과거에는 종종 부정적이었고 부정적인 결과를 낳았습니다. 이제 당신이 선택한다면, 지금의 생각과 말은 긍정적이고 용서할 수 있으며, 당신의 삶은 더 나은 방향으로 변화될 것입니다. 이 확언을 사용하십시오. **나는 내 가슴으로부터 사랑이 흘러나와 내 과거를 치유하고 이제는 자유다.**

친애하는 루이스에게,

당신이 도와줄 수 있을지 모르겠지만, 27살인 제 아들이 막 발작을 일으키기 시작했습니다. 의사들은 왜 그런 일이 일어나는지 모릅니다. 추천할 수 있는 것이 있습니까? 음식? 자연 치유 방법, 읽어야 할 책, 해야 할 운동 등? 저는 제 아들을 무척 사랑합니다.

사랑하는 이여,

우리는 지금 정크 푸드junk food, 가공식품, 간편식과 같은 위대한 미국 다이어트의 두 번째 세대에 있습니다. 슈퍼마켓에 있는 식품 대부분에 붙은 상표를 읽으면 우리가 몸에 무엇을 주입해 왔는지 알게 될 것입니다.

저 같으면 당신의 아들을 좋은 영양사에게 데려가 당신의 의사와 함께 일하게 할 것입니다. 더 나은 영양 섭취가 유일한 해답이라고 말하는 것은 아니지만, 영양 섭취는 우리의 감정에 중요한 역할을 합니다. 도서관에 가서 질병(dis-ease 불편함)을 치유하는 모든 자연적인 방법에 대해 읽기 시작하십시오. 다양한 자가 치유 방법에 대한 개요를 제공하는 훌륭한 책 중 하나는 루이 프로토Louis Proto의 《자가 치유Self-Healing》입니다. 다른 치유 방법을 탐색해 보시기 바랍니다. 해당 수준에서 무엇을 할 수 있는지 확인하십시오.

확신하며 다음과 같이 확언합니다. **내 아들은 우주의 완전한 자녀이며, 그 자신을 완벽하게 표현한다.**

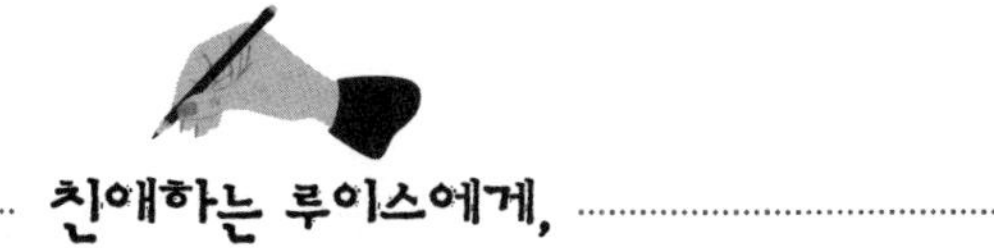

친애하는 루이스에게,

저는 지독한 구취를 앓고 있습니다. 그것은 당신이 상상할 수 없는 방식으로 제 삶에 영향을 미치고 있으며, 특히 사람들을 직접 상대하는 제 직업에서는 더욱 그렇습니다.

저는 이미 위장병 전문의(그는 아무 이상도 발견하지 못함)와 머리, 코, 목 전문의(모든 것이 정신적이라고 생각함)를 만나러 갔습니다. 비타민을 먹고, 술이나 담배를 피우지 않으며, 그 외에는 건강이 좋습니다.

땀샘에 문제가 있는지 확인하기 위해 내분비 학과에 가려고 생각하고 있으며, 이 구취를 일으키는 것이 틀니의 금속일 수 있는지 치과 의사와 상담하고 싶습니다.

사랑하는 이여,

우리의 호흡은 우리의 생명력 그 자체입니다. 그것은 우리 존재의 중심에서 비롯되며 종종 우리의 가장 깊은 생각을 나타냅니다. 지속적인 구취는 분노나 괴로움의 핵심 문제를 반영할 수 있습니다. 당신의 과거에서 용서가 필요한 부분이 있다면, 그에 대해 치유 작업을 하도록 노력하기 시작할 것을 제안합니다. 당신은 어떻게 용서해야 할지 모를 수도 있지만, 만약 당신이 기꺼이 용서하겠다고 선언한다면, 우주는 그 방법을 찾을 것입니다.

신체적인 면에서는, 충치로 인해 종종 불쾌한 구취가 날 수 있으므로 치과 의사와 상담하는 것이 좋습니다. 아마도 치주 의사를 방문하는 것이 순서일 것입니다. 치조농루증이 있을 수 있습니다. 때로는 치아와 잇몸에 불쾌한 구취를 제거하기 위해 깊은 스케일링이 필요합니다. 영양은 사람 대부분이 생각하는 것보다 건강 영역에서 큰 역할을 하므로 좋은 영양사를 만나는 것도 좋습니다. 붉은 고기, 설탕, 청량음료를 너무 많이 섭취하면 잇몸 질환이 생깁니다. 당신의 식단에 있는 무언가에 알레르기가 있을 수도 있습니다.

다음의 확언은 당신에게 좋은 치유의 시작이 될 수 있습니다.

나는 내 존재의 중심에 있는 달콤함을 인식하고, 항상 그것을 표현한다.

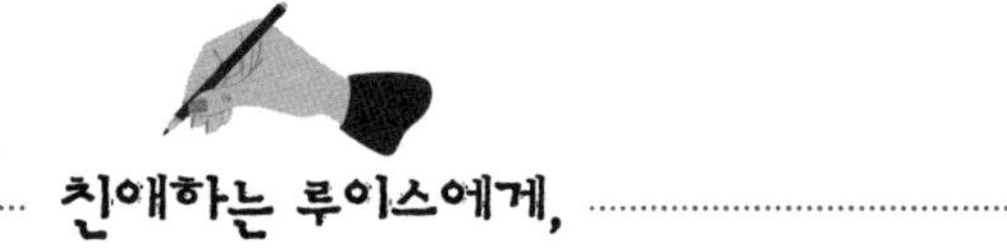

4가지 식품군 중 유제품과 과일 2가지에 알레르기가 있고 육류를 좋아하지 않습니다. 저는 채소를 많이 먹거나 제 문제를 길들일 방법을 찾을 수 있습니다.

저는 때때로 제가 좋아하는 모든 것을 먹고, 그 대가를 톡톡히 치르고 있는 자신을 발견합니다. 여기에는 와인과 아이스크림에서 기침약에 이르기까지 모든 것이 포함됩니다. 과일이나 유제품을 토대로 한 미용 제품을 사용할 수도 있습니다. 열이 심하게 나고, 미친 듯이 가렵고, 숨쉬기가 어렵습니다. 한 번은 정말 과하게 해서 병원에 입원하게 됐어요.

저는 이것이 제가 저 자신을 파괴하는 것처럼 들리리라는 것을 압니다. 그리고 저는 때때로 그렇다고 생각합니다. 제가 할 수 있는 한 최선을 다해 내 몸을 돌보고 싶고, 그런 것들이 이런 음식을 먹지 않는 것이라면 그렇게 해야 합니다. 그러나 저는 이 문제를 끝내거나 적어도 이 문제를 통제하기 위해 모든 것을 시도할 때까지 만족하지 않을 것입니다. 저에게 조언을 주시면 대단히 감사하겠습니다.

우선, 왜 몸에 해로운 것을 먹거나 사용하고 싶을까요? 제가 보기에는 당신이 그렇게 하는 것이 매우 사랑스럽지 않은 것처럼 보입니다. 과거에 무슨 일이 있었길래 자신이 그런 식으로 벌을 받았을까요?

만약 당신이 이 알레르기 반응을 가지고 태어났다면, 그것은 당신이 이번 생에서 평화를 이루기로 선택한 것입니다. 만약 당신이 이 병을 가지고 태어나지 않았다면, 이 병은 언제부터 시작되었을까요? 당시 당신의 삶에는 어떤 일이 일어나고 있었습니까? 용서하고 치유해야 할 상황이 있었나요? 여기에는 교훈이 있으며, 당신은 그것을 배우고 싶어 합니다.

적어도 1~2년 동안은 치유가 되고 건강에 좋은 음식만 먹으라고 권합니다. 감정이 앞뒤로 도약하면서 계속 기분이 좋아질 수는 없습니다. 제가 암에 걸렸을 때, 저는 몇 달 동안 아스파라거스 퓌레(purée, 과일 따위를 삶거나 걸러서 걸쭉한 상태로 만든 가공품)와 새싹만 먹고살아야 하는 것 같았습니다. 하지만 저는 그 일을 해냈고, 그것은 제가 치유되는 데 이바지한 것 중 하나였습니다.

또 714-523-8900으로 전화하여 해당 지역에 알레르기 제거 요법(NAET Nambudripad's Allergy Elimination Techniques) 실무자가 있는지 확인하는 것이 좋습니다. 다른 곳에서는 통증을 완화할 수 없었던 수천 명의 환자들이 NAET에 의해 식품 및 환경 알레르기 치료를 성공적으로 받았습니다.

현재 상황과 화해합시다. 당신은 교훈을 배우고 다음 단계로 이동하기 전에 항상 당신이 있는 곳에서 평화로워야 합니다. 당신을 위한 좋은 긍정 확언은 다음과 같습니다. **나는 나에게 가장 좋은 음식을 즐기고, 내가 평화로울 때 필요한 답이 나에게 온다.**

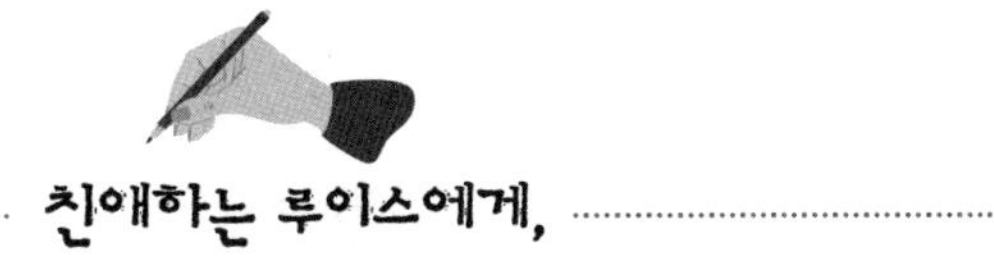

제 인생의 대부분은 신체적으로 매우 건강했습니다. 그러다 3년 전(43세)에 몸이 아파서 두 번이나 수술을 받았습니다. 회복 중에 루이스 헤이 당신이 쓴 글을 발견하고 독서를 많이 하기 시작했는데, 그 과정에서 영감을 받았습니다. 하지만 문제는 그 수술 이후로 건강 문제가 연이어 생긴 것 같다는 것입니다. 인생에서 하고 싶은 일(미술, 봉사, 영적 성장)은 정말 많지만, 병에 걸리면 아무것도 하지 못하고 우울해지는 것 같아요. 저는 더 이상 제 삶을 살지 않고 그저 그것에 대처하고 있을 뿐입니다.

제 마음 한구석에는 (소화계와 생식계와 관련된) 끊임없는 질병이 저 자신에게 보내는 정보가 있다고 생각합니다. 제가 일으킨 것들이라고 확신하는 부분이 있습니다. 문제는 몸이 아플 때면 제가 읽은 영적인 통찰을 따를 수 없는 것처럼 보인다는 것입니다. 분명 제가 병을 자초했다면, 제가 치유를 자초할 수 있어야 하지 않을까요? 하지만 제 마음 한구석에는 확언, 명상 같은 것들을 했는데 효과가 없으며 제가 전보다 더 나빠질까, 봐 두렵습니다. 저는 비참한 정지 상태에 있습니다. 제 인생을 다시 시작하는 데 도움이 될 수 있는 통찰력을 제공할 수 있습니까?

확언, 명상 등은 당신의 삶의 질을 향상할 수 있을 뿐입니다. 부디 병의 짐에 죄책감을 더하지 마십시오. 저에게 들리는 정보는 "나는 병이 나을 자격이 없다"라는 것입니다. 아픈 것을 통해 어떤 부모를 기쁘게 하고 사랑할 수 있습니까? 부모님 중 한 분이 43세쯤에 아파서 그 이후로도 계속 아팠나요? 이것이 당신이 휴식을 취하거나 어떤 일을 하는 것에서 벗어날 수 있는 유일한 방법입니까? 이러한 질문들은 가족의 형태일 수 있으므로 물어보아야 할 중요한 질문들입니다.

반면에, 신체적 측면에서, 43세는 정크 푸드junk food나 심지어 가공식품(설탕 20퍼센트와 지방 37퍼센트)의 표준 미국 식단을 먹은 신체가 이러한 영양 결핍의 영향을 보이기 시작하는 나이입니다. 슈퍼마켓에서 가장 많이 팔리는 품목은 탄산음료, 통조림, 수프, 가공 치즈 및 맥주입니다. 우리는 서구 세계에서 가장 병들고 가장 과체중인 나라입니다. 우리 몸의 세포는 살아 있으므로 성장하고 번식하기 위해 살아 있는 음식이 필요합니다.

우리라는 존재는 우리가 생각하는 것과 우리가 먹는 것입니다. 우리는 우리 몸에 넣는 것에 더 많은 주의를 기울여야 합니다. 음식에 대한 나의 철학은 자라나면 먹으라는 것입니다. 자라나지 않으면 먹지 마십시오. 과일, 채소, 견과류, 곡물이 자랍니다. 가공식품은 아무리 포장되어 있어도 생명을 유지할 수 없습니다. 좋은 영양사를 찾아가 식단을 바꾼 결과에 놀랄 수도 있습니다. 다음과 같이 확언하세요. **나는 내 치유 경로의 다음 단계에 대해 열려 있고 수용적이다.**

건강을 위한 확언

나는 내 몸을 사랑한다.

내 몸은 건강해지는 것을 좋아한다.

내 피에는 생명력과 활력이 있다.

내 몸의 모든 세포가 사랑받고 있다.

나는 건강할 자격이 있다.

나는 나 자신을 돌보는 방법을 안다.

나는 지금 이전 어느 때보다도 더 건강하다.

나는 사랑으로 내 몸이 보내는 메시지에 귀를 기울인다.

내 건강은 빛나고 활기차고 역동적이다.

나는 나의 완전한 건강에 관해 감사한다.

All is well
in my world!
I am safe!

14장
내면 아이

나는 내면 아이를 사랑으로 껴안아 준다.

나는 내 안의 아이를 돌본다. 무서워하는 것은 내면 아이다.

상처받는 것은 내면 아이다.

어찌할 바를 모르는 아이다.

나는 내 아이를 위해 거기에 있을 것이다.

나는 내면 아이를 받아들이고 사랑하며

아이의 필요를 돌보기 위해 내가 할 수 있는 일을 한다.

나는 내면의 아이에게

무슨 일이 일어나든 나는 항상 곁에 있으리라는 것을 알게 해준다.

나는 절대로 외면하거나 도망치지 않을 것이다.

나는 항상 이 아이를 사랑할 것이다.

나이가 얼마나 되든 상관없이, 내면에는 사랑과 수용이 필요한 작은 아이가 있습니다. 당신이 여성이라면, 아무리 자립심이 강하더라도 매우 부드럽고 도움이 필요한 어린 딸이 있습니다. 당신이 남자라면, 아무리 남성적일지라도, 당신 안에는 여전히 따뜻함과 애정을 갈망하는 어린 소년이 있습니다.

어렸을 때, 우리는 무언가 잘못되었을 때, 우리에게 뭔가 잘못이 있다고 믿는 경향이 있었습니다. 아이들은 자신이 제대로 할 수만 있다면 부모와 보호자가 자신을 사랑할 것이고, 때리거나 벌을 주지 않을 것이라는 생각을 갖게 됩니다. 이윽고 아이는 '나에게 뭔가 문제가 있다.' , '나는 충분하지 않다'라고 믿게 됩니다. 나이가 들어감에 따라 우리는 이러한 거짓 믿음을 가지고 있습니다. 우리는 자신을 거부하는 법을 배웁니다.

우리 각자의 내면에는 부모가 있고, 아이도 있습니다. 그리고 대부분, 부모는 거의 쉬지 않고 아이를 꾸짖습니다! 내면의 대화에 귀를 기울이면 꾸짖는 소리를 들을 수 있습니다. 우리는 부모가 아이에게 무엇을 잘못하고 있는지, 또는 얼마나 충분하지 않은지 말하는 것을 들을 수 있습니다. 우리는 부모가 자녀를 더 잘 보살피는 사람이 될 수 있도록 해야 합니다.

저는 내면의 아이와 함께 일하는 것이 과거의 상처를 치유하는 데 가장 가치 있다는 것을 알게 되었습니다. 우리 삶의 이 시점에서, 바로 지금, 우리는 우리 자신을 온전하게 만들고 우리 자신의 모든 부분을 받아들이기 시작해야 합니다. 우리는 내면의 아이와 소통해야 하고, 우리가 어리석게 일을 처리했던 모든 부분, 재미있어 보이는 부분, 무서웠던 부분, 매우 어리석은 부분, 우리 자신의 모든 부분을 받아들인다는 것을 알려야 합니다. 사랑은 제가 아는 가장 위대한 치유의 힘입니다.

사랑은 우리 마음의 어두운 구석에 이해의 빛을 가져다주기 때문에 가장 깊고 아픈 기억조차도 치유할 수 있습니다. 우리의 어린 시절이 얼마나 고통스러웠든, 지금 우리 내면의 아이를 사랑하는 것은 그 고통을 치유하는 데 도움이 될 것입니다. 우리 자신 마음의 사생활 속에서 우리는 새로운 선택을 하고 새로운 생각을 할 수 있습니다. 우리 내면의 아이에게 용서와 사랑의 생각을 불어넣어 주면, 길을 열어줄 것이고, 우주는 우리의 노력을 지지할 것입니다.

다음 편지들은 우리 내면 아이에 대한 주제와 관련이 있습니다.

친애하는 루이스에게,

제 문제의 징후는 과체중입니다. 힘든 어린 시절을 극복하기 위해 과체중을 만들었다는 것을 알고 있지만, 지금 제 삶은 놀랍습니다. 저는 '마음의 과학' 2년째 수업 과정을 마치고 있고, 제가 삶을 창조한다는 것을 배웠습니다. 그런데 왜 저는 이 과체중이라는 낡은 대처 방식을 버릴 수 없는 걸까요?

사랑하는 이여,

당신이 마음 과학Science of Mind에 들어온 이후로 당신의 삶에서 훌륭하고 긍정적인 변화를 이루게 되어 정말 기쁩니다. 마음의 과학을 공부하고 실천하는 것은 당신의 삶을 더 나은 방향으로 바꾸는 가장 빠르고 좋은 방법의 하나입니다.

하지만, 당신이 "힘든 어린 시절"이라고 부르는 것은 당신 안에 깊은 상처나 부정적인 패턴을 남겼을 것입니다. 이러한 것들을 살펴보고, 용서하고, 놓아주어야 합니다. 저는 아직도 당신이 충분히 잘하지 못했다고 스스로 꾸짖는 마음속 비판의 소리를 듣습니다. 당신의 문제는 항상 두려움과 잘못된 느낌이었습니다.

자신에게 확언하기 시작하십시오. **이제 나는 어린 시절의 모든 트라우마를 용서하는 것이 안전하다. 나는 과거에서 벗어난다.**

이제 나는 지금, 이 순간 나 자신을 온전히 사랑하는 것이 안전하다.

계속 공부하십시오. 이해를 통해 계속 성장하십시오. 당신의 삶은 계속 개선될 것입니다. 저는 당신이 할 수 있다는 것을 압니다.

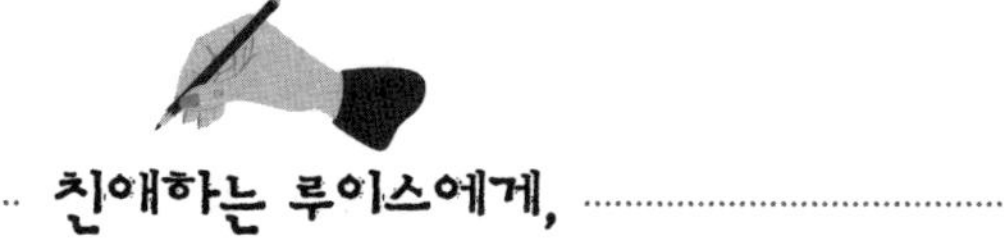

친애하는 루이스에게,

저는 자기 자신이나 다른 사람들에 대한 사랑이 거의 없는 부모님 밑에서 자랐습니다. 부모님은 나를 칭찬해 주거나 가치를 인정해 주는 경우가 거의 없었습니다. 오히려 그들은 계속해서 꾸짖고 꾸짖었는데, 제가 아무리 그들의 인정을 받으려고 해도 말입니다.

또한 부모님은 자주 서로 심하게 싸웠고, 때로는 아버지가 어머니와 여동생들과 저를 신체적으로 학대하기도 했습니다. 성인이 된 저는 잘못된 양육에 대해 부모님을 용서했지만, 어렸을 때 부모님이 가르쳐 주신 많은 정보를 떨쳐 버리기가 어렵습니다.

루이스, 과거의 부정적인 정보를 어떻게 지울 수 있을까요? 저 자신을 사랑하는 법을 배워야 하고 내 가치를 깨달아야 하지만, 제가 자라온 수치심과 죄책감, 두려움에 갇혀 있다고 느낍니다.

사랑하는 이여,

아주 많은 멋진 워크숍이 당신에게 제공됩니다. 모든 종류의 12단계 프로그램이 있습니다. 대부분은 전화번호부 앞면의 커뮤니티 서비스Community Service 아래에 나열되어 있습니다. 손을 뻗어 그들이 제공하는 도움을 활용함으로써, 당신은 매우 도움이 될 수 있는 치유 환경에 자신을 노출할 수 있습니다. 당신은 또한 내면으로 들어가 조용히 우주에 치유 과정의 적절한 다음 단계로 데려다 달라고 요청할 수 있습니다. 더 큰 이해 속으로 나아가기를 정말로 바라는 데서 진지해지면 나타납니다.

또한, 죄책감은 단지 당신이 뭔가 잘못했다는 생각과 관련된 감정일 뿐인 것을 매일 자신에게 상기시키십시오. 수치심은 당신에게 뭔가 잘못되었다는 생각과 관련된 감정일 뿐입니다. **'나는 완벽하고, 온전하고, 완전하며, 있는 그대로 나다'**라는 확언을 사용하세요. 당신이 자신에 대한 이 진리의 말을 더 많이 반복할수록, 당신은 과거를 더 빨리 놓아줄 것입니다.

친애하는 루이스에게,

당신이 저에게 도움이 되는 확언을 줄 수 있는지 알고 싶습니다. 저는 낮은 자존감으로 고통받고 있으며, 현재 치료를 받고 있습니다. 땀이 너무 많이 나서 걱정됩니다. 저는 제 문제가 단지 건강한 땀샘을 갖는 것보다 더 깊다는 것을 알고 있습니다. 저는 많은 문제를 가지고 있지만, 당신이 저에게 지도해 준다면 저는 기꺼이 그 일을 할 것입니다. 루이스, 제 삶의 일부가 되어 줘서 고마워요.

사랑하는 이여,

땀은 마치 당신의 몸이 항상 불안한 상태에 있는 것처럼 들립니다. 두려움이 만성화되고 신체가 항상 "투쟁 또는 도피" 상태로 기능할 때, 신체는 끊임없이 아드레날린의 홍수를 생성하여 땀을 많이 흘리게 합니다.

하루 종일 잠시 멈춰 서서 자신이 안전하다는 것을 자신에게 확신시키는 시간을 가지십시오. 두려움은 종종 어린 시절부터 세상에서 분리되어 있고 혼자라는 믿음에 의해 만들어집니다. 내면 아이에게 당신이 모든 생명과 하나라는 것을 상기시키는 시간을 가지십시오. 당신에 대한 놀라운 확언은 다음과 같습니다. **나는 우주에서 안전하고, 모든 생명이 나를 사랑하고 지지한다.**

친애하는 루이스에게,

저는 최근에 미망인이 되어 신의 자녀가 된다는 것이 어떤 느낌인지 이해하려고 노력합니다. 저는 부녀 관계가 없었기 때문에 그분의 자녀들을 향한 사랑에 공감할 수 없습니다. 아버지는 집에 계시는 일이 거의 없었고, 집에 계실 때도 나에게 말을 걸거나 안아주거나 내가 있다는 사실조차 인정하지 않으셨습니다.

기도와 명상으로 제가 바랄 수 있는 그 어떤 것도 줄 수 없는 기쁨을 얻었지만, 지금, 이 순간 저는 이 알 수 없는 아버지의 사랑을 다루는 제 일부를 잃어버린 것 같습니다. 내면 아이로 돌아가는 실험도 해봤지만, 딸과 아빠가 서로에게 어떻게 반응할지 모르기 때문에 내면의 대화는 거의 없었습니다. 답답한 상황입니다. 제게 통찰력을 주시거나 신의 부성애의 아름다움을 어떻게 알 수 있을지 조언해 주시겠습니까?

사랑하는 이여,

우리의 가부장적 사회는 항상 신을 구름 위에 앉아서 우리의 죄를 기억하는 노인, 즉 자식과 관계를 맺는 아버지의 모습으로 생각하게 만들려고 노력해 왔지만, 이는 사실이 아닙니다. 신은 인간상 그 이상이십니다. 저는 “신”이 모든 우주를 창조하고 매 순간 당신의 심장을 뛰고 당신의 몸을 숨 쉬게 하는 놀라운 무한 지성이라고 믿습니다. 신을 인간으로 만들지 않고도 신을 사랑할 수 있습니다.

그렇습니다, 우리는 모두 우리를 창조한 이 권능의 자녀이지만, 이 유대감을 느끼기 위해 우리 자신의 아버지와 육체적 관계를 맺을 필요는 없습니다. 하지만 당신이 남편과 아버지를 크게 잃은 슬픔을 느끼고 있다는 것을 이해합니다.

아버지의 어린 시절 양육 방식 때문에 아버지 역시 사랑을 나타낼 수 있는 능력이 제한되었다는 것은 슬픈 일입니다. 저는 아버지의 아버지가 그에게 말을 걸지 않았다고 상상할 수 있으며, 그는 아마도 부모는 그렇게 행동해야 한다고 믿었을 것입니다. 아버지를 용서하십시오. 그와 매일 대화를 나누고, 당신이 부녀의 사랑을 이해하는 데 도움을 달라고 요청하십시오. 또한 당신이 이 행성을 떠날 때가 되었을 때, 당신의 아버지께서 사랑으로 당신을 기다리고 계실 것임을 믿으십시오.

당신을 위한 좋은 확언은 다음과 같습니다. **나는 내 안의 아이가 원했던 모든 사랑과 그 이상을 준다. 내 아이는 안전하고 사랑받고 있다.** 또한 존 폴라드 3세John Pollard III가 쓴 《Self-Parenting》이라는 책도 강력히 추천합니다.

친애하는 루이스에게,

자신감은 어떻게 키울 수 있을까요? 당신은 자신을 어떻게 믿습니까?

나는 아동 학대의 피해자였고 성적 학대를 당했습니다. 나는 15살에 자살을 시도했고 세 번의 결혼을 겪었습니다. 나는 용서하는 일을 많이 했고 더 이상 부모님을 원망하지 않습니다.

저는 어렸을 때부터 간호사가 되고 싶었습니다. 저는 10개월짜리 실습 간호 프로그램에 들어갔고, 강사님은 제가 주저하거나 머뭇거리는 경향이 있지만, 자신을 믿고 주도권을 잡는 법을 배울 수 있다면 잘할 것이라고 말했습니다. 그녀는 제가 우리 반에서 가장 높은 평균을 가진 사람 중 하나이므로 이론과 지식이 내 머릿속에 있고 그것을 적용하는 데 문제가 있다고 말했습니다.

저는 다른 강사와 함께 수술실에서 3주 실습을 막 마쳤습니다. 그녀는 제가 너무 느려서 아무도 저를 고용하지 않을 것이라고 말했습니다. 지금은 봄방학 중인데, 제 마음 한구석에는 학교로 돌아가고 싶지 않은 부분이 있어요. 절망과 무력감을 느낍니다.

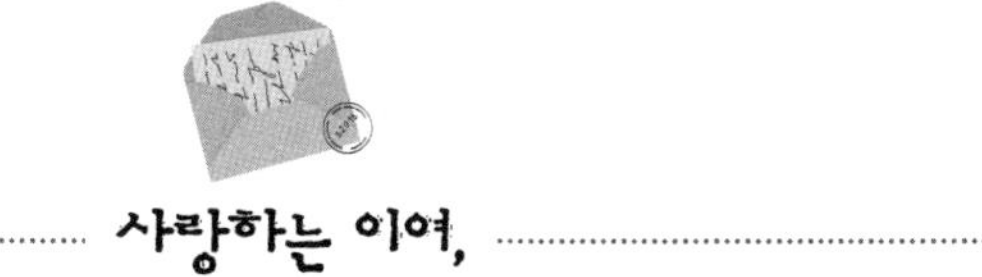

사랑하는 이여,

간호사가 된다는 것은 누군가를 돌보는 것을 의미합니다. 당신은 어떤 사람이며 먼저 자신을 돌보기 시작해야 한다는 것을 기억하십시오. 자신을 지탱하는 방식으로 자신을 보살피십시오. 당신이 당신 자신의 환자인 것처럼 행동하십시오. "나는 나 자신을 위해 무엇을 하고 싶은가?" 이 질문은 당신에게 매우 중요한 치유의 단서가 될 것이며, 당신이 자신을 치유함에 따라, 당신이 주고 싶은 방식으로 주는 것이 점점 더 쉬워진다는 것을 알게 될 것입니다.

절망감과 무력감이 밀려올 때, 자신이 두려움만을 다루고 있다는 것을 깨달아야 합니다. 당신은 주저하거나 느리거나 주저하지 않습니다. 당신은 단지 겁에 질려 있습니다. 이 낡은 감정들은 그저 내면의 어린 소녀가 표면으로 올라오는 것뿐입니다. 내면 아이는 자주 위로와 안심을 받아야 합니다. 그녀의 손을 잡고 당신이 지금 그녀를 위해 여기 있으며 다시는 그녀가 학대당하도록 허용하지 않을 것이라고 말하십시오.

매일 아침저녁으로 거울을 보며 확언합니다. **나는 이제 내 마음속에 있는 모든 사랑을 다해 내 안의 아이를 보살피고, 그 아이는 치유되었다.**

내면의 아이 작업은 지속적인 과정입니다. 당신의 내면 아이는 항상 거기에 있고 항상 편안함을 찾고 있습니다. 시간이 조금 걸렸지만, 나는 상처 입은 내면의 아이를 치유했고, 당신도 할 수 있다는 걸 알고 있습니다.

내면 아이를 키우기 위한 확언

나는 지금 내 자신을 완전히 사랑한다.

나는 내 안의 아이를 사랑으로 껴안는다.

나는 내 자신의 한계를 기꺼이 넘어서고 싶다.

나는 내 자신의 삶에 대한 책임을 진다.

나는 자유롭다.

나는 이제 성인이 되었고,

내 내면의 아이를 사랑으로 돌보고 있다.

이제 나는 나의 오래된 두려움과 한계를 넘어섰다.

나는 나 자신과 내 삶에 대해 평화롭다.

나는 내 감정을 표현해도 안전하다.

나는 나 자신을 사랑하고 인정한다.

나는 지금 나의 미래를 창조한다.

15장

육아/자녀

자녀는 부모의 소유물이 아니다.

그들은 우주로부터의 축복이다.

그들은 개별적인 밝은 영들이며,

또 다른 인간 체험을 하러 오는 오래된 영적 영혼들이다.

그 영들은 그들이 받게 될 교훈과 도전을 위해 부모를 선택했다.

우리가 그들로부터 배우고자 한다면

그들은 우리에게 많은 것을 가르치기 위해 여기에 있다.

아이들은 종종 인생을 보는 다른 방식을 가지고 있으므로

도전적이다.

부모는 종종 아이들이 본능적으로 자신에게 옳지 않다는 것을

알고 있는 낡고 오래된 생각을 가르치기를 고집한다.

이 영혼이 현재의 인격을 최대한 발전시킬 수 있도록

안전하게 양육할 수 있는 공간을 제공하는 것이 부모의 의무다.

이 행성에 오는 각 어린이는 치유자이며

장려만 된다면 인류를 발전시키기 위해

놀라운 일을 할 수 있다는 것을 깨달을 수만 있다면 말이다.

우리가 조부모로부터 물려받은 틀에

아이를 억지로 집어넣으려고 할 때,

우리는 아이에게 해를 끼치고, 사회에 해를 끼친다.

아이들과 의사소통의 창구를 열어 두는 것이 매우 중요합니다. 아이들이 좋아하는 것과 싫어하는 것에 관해 이야기하기 시작할 때, 종종 일어나는 일은 "그렇게 말하지 마. 그러지 마. 그렇게 느끼지 마. 하지 마, 하지 마, 하지 마." 결국, 아이들은 의사소통을 중단하고 때때로는 집을 떠나게 됩니다. 나이 들어서도 자녀를 곁에 두고 싶다면, 자녀가 어릴 때부터 의사소통의 창구를 열어 두십시오.

아이들의 독특함에 박수를 보내세요. 그들이 단지 일시적인 유행이라고 생각하더라도 자신의 모양으로 스스로를 표현할 수 있도록 허용하십시오. 그것들을 틀렸다고 하거나 그들의 개성을 무너뜨리지 마십시오. 누가 알겠습니까, 저도 역시 살아오면서 아주 많은 유행을 겪었고, 여러분과 여러분의 자녀들도 그럴 겁니다.

아이들은 우리가 시키는 것을 절대로 하지 않습니다. 그들은 우리가 하는 일을 합니다. "담배를 피우지 말라", "술을 마시지 말라", "마약을 하지 말라"고 말할 수는 없습니다. 우리는 모범이 되어야 하며, 자녀들이 표현하길 바라는 삶을 살아야 합니다. 부모가 자신을 사랑하기 위해 기꺼이 노력할 때, 가정 내에서 조화가 이루어지는 것을 보는 것은 놀라운 일입니다. 아이들은 새로운 자존감으로 반응하고 자신을 소중히 여기고 존중하기 시작합니다. 만약 우리가 아이들에게 그들이 피해자가 아니라는 것을, 그리고 그들이 자신 삶에 대한 책임을 짐으로써 그들의 경험을 바꿀 수 있다는 것을 보여줄 수 있다면, 우리는 큰 돌파구를 보기 시작할 것입니다.

우리는 "완벽한 부모"가 될 필요가 없습니다. 우리가 사랑 많은 부모라면, 우리의 자녀들은 우리가 친구로 삼고 싶은 사람으로 성장할 훌륭한 기회를 얻게 될 것입니다. 그들은 자아를 실현하고 성공한 개인이 될 것입니다. 자아 성취는 내면의 평화를 가져다줍니다. 우리가 아이들을 위해 할 수 있는 가장 좋은 일은 자신을 사랑하는 법을 배우는 것으로 생각합니다. 우리는 더 나은 삶을 살게 될 것이고, 그들도 더 나은 삶을 살게 될 것입니다.

다음 편지는 양육 주제와 관련이 있습니다.

친애하는 루이스에게,

남편과 저는 아이를 키우는 방법에 대해 매우 다른 생각을 하고 있습니다. 우리 부부는 둘 다 전통적인 그리스도인 가정에서 자랐고, 저는 남편이 그러한 문제에 대한 최종 결정권을 가지고 있다는 것을 알고 있지만, 남편이 우리 아들에게 너무 가혹하게 대하는 것은 아닌지 걱정이 됩니다. 우리에게는 아들 하나와 딸 둘, 세 자녀가 있습니다. 남편은 두 딸(여덟 살과 아홉 살)을 매우 사랑하지만, 아들은 매우 거칠게 대합니다. 그는 이미 어린 아들에게 싸우는 법을 가르치고 있고(그는 겨우 여섯 살입니다), 우는 것은 잘못된 것이라고 말하고 있습니다.

저는 우리가 아이들을 대하는 방식에서 그렇게 차이를 보인다는 생각이 마음에 들지 않습니다. 저는 세 사람 모두에게 사랑이 되려고 노력합니다. 당신의 책 《치유 있는 그대로 나를 사랑하라》를 읽었는데, 그 책이 매우 영감을 주었습니다. 하지만 이 상황에서 당신의 아이디어를 어떻게 사용할 수 있을지 모르겠습니다. 어떤 조언을 주실 수 있을까요?

사랑하는 이여,

자녀를 어떻게 키울지에 대한 최종 결정권이 남편에게 있는 이유는 무엇입니까? 그 아이들은 당신의 몸에서 나왔고, 당신은 동등한 발언권을 가져야 합니다. 전통적인 기독교인 종교가 여성도 동등한 존재임을 깨달아야 할 때입니다.

당신의 남편이 아들을 어린아이처럼 대하고 이것이 남자아이들을 대하는 방법이라고 믿도록 양육 받았던 것처럼 대하고 있다는 그림이 그려집니다. 제 생각에 이것은 아동 학대와 고문의 한 형태입니다. 당신의 아들은 자라서 자기 아이들을 이런 식으로 대하거나, 아니면 인생의 대부분을 이 상처 치료로 보내게 될 것입니다. 그는 또한 그가 학대받는 동안 그의 여동생들은 좋은 대우를 받기 때문에 여성을 증오하는 법을 배우고 있습니다.

주먹은 항상 두려움과 같습니다. 아이가 자존감을 배울 때, 그들은 결코 싸울 필요가 없습니다. 이제, 당신이 할 수 있는 최선의 일은 자신의 마음이란 공간에서 스스로 정신적인 작업을 하는 것입니다. **나의 모든 자녀는 공정하고 사랑스럽게 대우받는다.** 이렇게 확언하세요. 마음속 공간에 스스로 아무도 모르게 확언하세요. 그런 다음 아들을 포함한 모든 자녀에게 남편을 사랑 많은 아버지로 계속 보십시오.

친애하는 루이스에게,

12살짜리 아들은 똑똑하고 예민하며 자존감이 매우 낮습니다. 그는 눈과 협응 장애에 대한 치료를 받았지만, 그 치료는 "나에게 뭔가 문제가 있다"라는 그의 견해를 강화하는 것 같았습니다. 아들의 전형적인 말은 "나는 괴짜야", "아무도 나를 좋아하지 않아", "나는 바보야", "나는 아무것도 제대로 하지 않아"서입니다. 그는 또한 모든 것에 대해 걱정합니다.

저는 아들을 어떻게 도와야 할지 막막하며, 이러한 태도가 어떤 결과를 초래할 수 있을지 걱정이 됩니다. 저는 아들에게 그가 특별하고 단지 다른 사람의 기대에 부응하지 못한다고 해서 실패자가 아니라는 것을 이해시키지 못하는 것 같습니다.

사랑하는 이여,

우리 각자가 이 행성에 있는 동안 배워야 할 특정한 교훈을 선택한다고 믿습니다. 특정한 불편함이나 조건을 가지고 태어난 아기는 자신을 조건 없이 사랑하는 법을 배울 기회가 있습니다.

당신의 아들은 내성적이고 외톨이인 것 같습니다. 그는 자신을 둘러싼 세상에 참여하지 않음으로써 무엇을 얻고 있다고 믿고 있나요?

아들이 무엇을 먹고 있는지 주목할 수도 있습니다. 영양은 우리의 기분에 매우 중요한 역할을 합니다. 의사와 선생님에게도 그들의 생각을 물어보고 확인하십시오. 신께서도 의료계를 통해 일하신다는 것을 기억하십시오.

자녀를 변화시키는 가장 빠르고 좋은 방법은 우리 자신을 변화시키는 것입니다. 아들이 자존감과 자기애를 갖기를 바란다면, 당신 자신이 그 성품을 개발해야 합니다. 아들을 안심시키세요. 할 수 있는 한 자신을 사랑하는 법을 배우면, 그에게서 긍정적인 변화를 느낄 수 있을 것입니다. 이렇게 확언하세요. **내가 나 자신을 더 사랑할수록 내 아들은 자기 자신을 더 사랑한다. 자기 사랑은 우리 둘 다에게 최상의 선이 된다.**

그에게 모든 훌륭하고 조건 없는 사랑을 계속 주십시오. 부모가 좋아하는 만큼 아이들에게 교훈을 배울 수 없습니다. 우리가 할 수 있는 것은 그들에게 도움을 제공하는 것입니다.

당신이 우리를 도울 수 있기를 바랍니다. 제 남편은 회복 중인 알코올 중독자이고, 저는 알코올 중독자이자 회복 중인 알코올 중독자인 성인입니다. 지금 우리의 관심사는 아이들입니다. 둘 다 주의력 결핍 장애를 앓고 있습니다. 13세 된 우리 소녀는 조용하고 내성적이며, 학교에서도 활동할 수 없습니다. 초등학교 3학년 때 경계성 난독증으로 분류되어 특수반에 배정되었지만, 도움을 거부하고 점점 위축되고 화가 났습니다. 딸아이가 6학년이 되었을 때, 저는 딸을 상담에 참여시키려고 했지만, 딸과 남편은 저와 싸웠습니다. 마침내 저는 그녀에게서 손을 뗐습니다. 그 아이는 아빠의 딸이었고, 저는 나쁜 사람이 되는 것에 지쳐 있었습니다. 8학년 때, 딸은 처음으로 마약을 시도했고, 과다 복용했습니다. 딸은 현재 정신과 의사의 치료를 받고 있습니다.

6살짜리 아들은 유치원 때부터 말썽을 피우기 시작했습니다. 그는 과격하고 무례했습니다. 우리는 그와 대화를 나누었고 "타임아웃(아이를 잠시 혼자 두는 것)"을 주고 때리기도 했지만, 그는 복수심에 불타는 아이였습니다. 한 사람이 그의 감정을 상하게 하면, 그는 파괴적이고 공격적으로 변하며 우리가 그를 사랑하지 않는다고 주장합니다. 이제 그는 통제할 수 없으며 화가 나서 밤에 약을 먹고 있습니다.

우리는 긍정적인 태도를 유지하려고 노력합니다. 이 모든 일을 통해 남편과 저는 서로와 더 가까워졌고 신과도 더 가까워졌습니다. 저는 매일 확언을 하려고 노력하고, 제 자녀들이 신의 인도를 받는다고 단언하지만, 때때로 우리의 신앙과 힘은 약해집니다. 너무 짐이 많은 것 같습니다. 이러한 행동을 일으키는 신념 체계는 무엇입니까? 이 아이들을 돕기 위해, 그리고 남편과 제가 제정신을 유지하도록 돕기 위해 할 수 있는 일은 무엇일까요?

사랑하는 이여,

이 가정에는 개방적이고 정직한 의사소통이 없는 것 같습니다. 당신과 당신의 남편은 모두 12 step 프로그램에 참여하고 있습니까? 상담을 받고 계시는가요? 당신의 아이들은 이제 당신과 당신의 남편이 겪었던 행동을 연기하고 있는 것 같습니다. 당신 가족 모두는 훌륭한 결혼 및 가족 상담자를 찾아가야 합니다. 한동안 지속적인 도움이 필요합니다. 가족이 가지 않을 거라면 당신 혼자라도 꼭 가야 합니다. 당신에게 좋은 확언은 다음과 같습니다. **나에게 필요한 도움은 항상 가까이에 있고 우리는 평화롭다.**

좋은 영양사를 만나러 갈 것을 제안하고 싶습니다. 책을 읽고, 영양과 음식이 몸에 미치는 영향을 조사하십시오. 그것이 유일한 해답이라고 말하는 것은 아니지만, 좋은 영양을 섭취함으로써 놀라운 결과를 보았습니다. 귀하의 자녀는 특정 식품이나 가공

되고 변성된 식품에 강한 알레르기가 있을 수 있습니다.

친애하는 루이스에게,

당신의 책《치유 있는 그대로의 나를 사랑하라》에서 당신은 우리가 부모를 선택한다고 썼습니다. 제 질문은, "부모를 선택하는 것"이 입양의 행동과 어떤 관련이 있는지입니다. 우리의 경우, 우리가 입양한 이유는 제가 불임이기 때문입니다. 제가 '신의 뜻'을 어긴 것인가요, 아니면 제가 감당해야 할 장애물에 불과한 것인가요?

사랑하는 이여,

아이가 불임 등의 이유로 출산을 통해 특정 부모에게 갈 수 없을 때, 그 또는 그녀는 입양의 경로를 찾을 것이라고 믿습니다. 당신이 가진 아이는 당신을 부모로 선택했고 당신에게 다가갈 수 있는 방법을 찾을 수 있었습니다. 이 훌륭한 기회에 감사하십시오.

당신의 불임에 대해 신은 당신에게 아름다운 아기를 주셨습니다. 왜 죄책감을 느끼나요? 이 경험에 대해 의문을 제기하거나 부정적으로 만들지 마세요. 자신을 사랑하고 자신의 상황을 받아들임으로써 행복한 아이와 행복한 결혼 생활을 할 수 있습니다. 신의 뜻은 당신이 행복하고 성취되는 것입니다. 이렇게 확언하세요. **나는 사랑 많은 엄마이며, 예쁜 아기에게 깊이 감사하고 있다.**

친애하는 루이스에게,

우리는 최근에 당신의 책을 읽었고 질병(dis-ease 불편함)에 대한 당신의 정신 패턴이 깨달음을 주었다는 것을 발견했습니다. 하지만 아이들에게 어떻게 적용할 수 있을까요? 우리 둘 다 큰 문제를 가진 자녀가 있는데, 한 명은 눈에, 다른 한 명은 심장에 문제가 있습니다. 이런 종류의 질병을 앓고 있기에는 너무 어리지 않습니까?

사랑하는 이여,

당신이 묘사한 것과 같은 질병을 앓고 있는 아이들은 겁을 먹고 매우 불안해합니다. 아이들은 어른들보다 주변 상황에 훨씬 더 민감하다는 것을 기억하세요. 어른으로서 우리는 때때로 일부 아이들이 얼마나 예민한지, 그리고 그들이 어떤 감정을 품고 있는지 잊어버리거나 이해하지 못합니다.

눈에 문제가 생기면 보이는 것을 좋아하지 않는 정신적 유형을 나타내고, 마음은 "어떻게 하면 내 욕구를 충족시킬 수 있을까?"와 같은 큰 불안을 나타냅니다. 아이들의 눈을 통해 주변 세상을 보는 시간을 가지십시오. 당신이 둔감해진 민감한 상황이 있습니까?

부모로서 우리는 더 깊은 수준에서 자신을 사랑하고 받아들이는 법을 배우고, 우리 모두에게 사랑, 평화, 기쁨, 조화를 가져다 주는 생활 방식을 창조함으로써 자녀를 가장 많이 도울 수 있습니다. 당신이 스스로 더 나은 삶을 보여줄 때, 자녀들은 당신을 본받게 될 것입니다. 확언은 이렇습니다. **내가 과거를 용서하고 나 자신을 치유할 때, 내 아이들도 치유된다.**

친애하는 루이스에게,

저는 흔하고 쉽게 고칠 수 있는 선천적 결함을 가지고 태어났는데, 거의 두 살이 될 때까지 발견되지 않았습니다. 병원에서 어린 시절을 보내고, 몸에 깁스하고, 교정기를 착용한 후, 저는 제 아이를 둔 성인으로서 그것에 대해 매우 씁쓸하고 분노로 가득 차 있다는 것을 알게 되었습니다. 제가 왜 그런 경험을 했는지는 모르겠지만, 이 분노와 괴로움을 내려놓고 싶다는 것은 분명합니다.

사랑하는 이여,

연락해 주셔서 감사합니다. 과거의 아픔을 놓아주려는 당신의 의지는 이미 당신을 치유의 길로 이끌었습니다. 과거에 관한 생각이 머릿속을 스쳐 지나갈 때마다, 할 수만 있다면 큰 소리로 자신에게 이렇게 말하십시오. **나는 기꺼이 용서하겠다. 나는 이제 평안과 이해로 가득 찼다. 나는 치유되었고 온전해졌다.**

불행히도, 우리는 학교에서 관계를 맺는 법이나 좋은 부모가 되는 법을 배우지 않습니다. 부모로서 우리는 우리 자신의 가정에서 본 것만을 통해서만 부모가 되는 것을 배웠기 때문에 할 수 있는 한 최선을 다해 헤쳐 나갑니다. 자녀는 부모를 관찰하면서 배우기 때문에 과거에 대한 원한을 버리는 것이 중요합니다. 그렇지 않으면, 그대는 그대의 자녀들에게 비통하게 반응하도록 가르칠 것입니다. 당신이 그들에게 사랑과 용서를 가르친다면, 그들은 사랑하고 용서하는 법을 배울 것입니다. (심지어 당신이 그들을 키우면서 저지른 "실수"에 대해서도)

부모를 위한 확언

나는 아이들과 터놓고 대화한다.

나의 자녀들은 신성하게 보호받고 있다.

나에게는 사랑이 넘치고, 조화롭고, 즐겁고, 건강한 가족이 있다.

내 아이들은 어디를 가든 안전하고 안심할 수 있다.

나는 자녀들과 사랑이 넘치고 평화로운 관계를 맺고 있다.

나의 자녀들은 강해지고 그들 자신을 사랑한다.

나는 내 아이들의 독특함을 받아들이고 소중히 여긴다.

나는 아이들이 자유롭게 자신을 표현할 수 있도록 허락한다.

나는 내 자녀들을 사랑하고, 자녀들도 나를 사랑한다.

우리는 모두 사랑하는 가족의 일원이다.

All is well
in my world!
I am safe!

16장

번영

나는 신문과 경제학자들이 뭐라고 말하든
내 수입이 계속 늘어나는 것을 허용한다.
나는 현재의 수입을 넘어서고, 경제 예측을 넘어선다.
나는 내가 얼마나 멀리 갈 수 있는지, 무엇을 할 수 있는지
말하는 사람들의 말을 듣는 것을 피한다.
나는 쉽게 부모님의 수입 수준을 넘어선다.
재정에 대한 나의 의식은 끊임없이 확장되고 새로운 아이디어,
즉 깊고, 풍요롭고, 편안하고, 아름답게 사는 새로운 방법을
받아들이고 있다.
나의 재능과 능력은 아주 훌륭하고도 남으며,
그것들을 세상과 나누는 것은 나에게 매우 기쁜 일이다.
나는 내가 받을 자격이 없는 어떤 감정도 넘어서서
완전히 새로운 차원의 재정적 안정을 받아들이게 된다.

우리가 풍요라는 단어를 사용할 때, 많은 사람은 즉시 돈을 떠올립니다. 그러나 시간, 사랑, 성공, 편안함, 아름다움, 지식, 관계 및 건강과 같은 번영의 단어 아래 오는 다른 많은 개념이 있습니다. 원하는 모든 것을 할 시간이 충분하지 않기 때문에 항상 서두르고 있다면 시간이 부족한 것입니다.

만약 당신이 성공이 손이 닿지 않는 곳에 있다고 느낀다면, 당신은 그것을 얻지 못할 것입니다. 삶이 부담스럽고 힘들다고 느낀다면, 늘 불편할 것입니다. 만약 당신이 많은 것을 모른다고 생각하고, 너무 멍청해서 상황을 파악하지 못한다고 생각한다면, 결코 우주의 지혜와 연결되어 있다고 느끼지 못할 것입니다. 만약 사랑의 결핍을 느끼고 관계가 좋지 않다면, 당신의 삶에 사랑을 끌어들이기가 어려울 것입니다. 사람들은 항상 '아, 나는 이것도 갖고 싶고 저것도 갖고 싶다'라고 생각합니다. 그러나 풍요와 번영은 자신을 받아들이는 것에 관한 것입니다. 원하는 것을 얻지 못할 때, 어떤 면에서 자기 자신이 풍요를 받아들이도록 허용하지 않고 있는 것입니다.

돈 문제에 대한 두려움을 갖는 것은 우리의 어린 시절 프로그래밍에서 비롯됩니다. 제 워크숍에 참석한 한 여성은 자신의 부유한 아버지가 항상 파산에 대한 두려움을 가지고 있었고, 돈을 빼앗길지도 모른다는 두려움을 물려주었다고 말했습니다. 그녀는 자신이 보살핌을 받지 못할까, 봐 두려워하며 자랐습니다. 그녀가 돈에 대한 자유를 누리지 못한 것은 그녀의 아버지가 죄책감으로 가족을 조종했다는 사실과 관련이 있었습니다. 그녀는 평생 돈이 많았고, 그녀가 얻은 교훈은 자신을 돌볼 수 없다는 두려움을 버리는 것이었습니다. 돈이 없어도 그녀는 여전히 자신을 돌볼 수 있었습니다.

우리 중 많은 사람이 어렸을 때 가졌던 믿음을 물려받았지만, 우리는 부모의 한계와 두려움을 넘어서야 합니다. 우리는 그들의 믿음을 우리 자신에게 반복하는 것을 멈추고, 돈과 부를 가져도 괜찮다는 것을 확인하기 시작해야 합니다. 만약 우리가 내면의 힘이 무슨 일이 있어도 항상 우리를 돌봐 줄 것이라고 믿을 수 있다면, 우리는 미래에 더 많은 것을 가지게 될 것임을 알면서 힘든 시기를 쉽게 헤쳐 나갈 수 있습니다.

다음 편지는 번영이라는 주제와 관련이 있습니다.

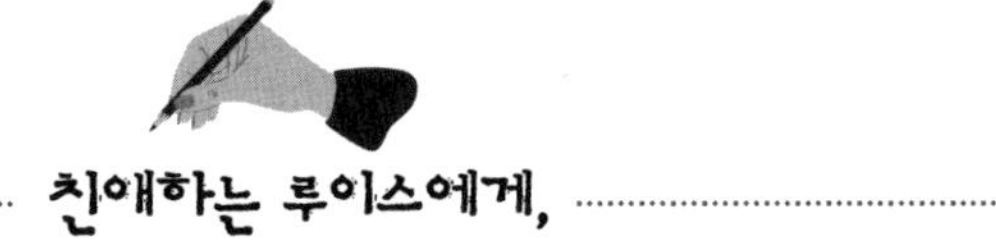

친애하는 루이스에게,

나는 40대 초반의 유부남으로, 예쁜 아내도 있고, 아기도 좋고, 좋은 집도 있고, 꽤 좋은 직장도 있습니다. 불행히도, 제 재정 상황에 절대로 만족하지 않습니다. 제가 얼마나 많은 돈을 버는지, 제 집이 얼마나 큰지, 제 차나 다른 물질적 소유물이 부유한 사람들 것과 비교해 얼마나 비싼지에 대해 제 자부심과 만족감이 제 모든 감정을 감싸는 것 같습니다. 왜 저는 항상 더 많은 것을 원하지 않고 만족하면서 제가 가진 것에 감사할 수 없는 건가요?

사랑하는 이여,

이것은 당신이 혼자 느끼는 문제가 아닙니다. 많은 남자는 자신의 가치가 외적인 소유물에 둘러싸여 있다고 믿도록 양육 받습니다. 당신의 아버지도 아마 그렇게 느꼈을 것입니다. 당신의 영적 성장의 일부는 "점수"를 기록하는 것을 멈추고 자신과 삶을 사랑하는 데서 새로운 의미를 찾는 것입니다. 3일 동안 시간을 내어 혼자 숲속으로 캠핑 여행을 떠나는 것을 추천합니다. 나무, 초목, 동물 및 자연의 요소와 연결되세요. 자신에게 다음과 같은 질문을 던져 보세요. "어떻게 하면 다른 사람들과 경쟁하는 것에서 삶과 연결되는 것으로 나아갈 수 있을까?" "집도 없고 수입도 없다면 어떻게 삶의 의미를 찾을 수 있을까?" "나에게 정말 중요한 것은 무엇일까?" "나는 이생에서 무엇을 가르치러 왔고, 무엇을 배우기 위해 왔는가?"

게일 시히Gail Sheehy가 쓴 책《새로운 통로New Passages》에 따르면, 지금 당장 삶의 의미를 찾기 시작하지 않는다면, 불만족 속에 불타는 50대에 접어들게 될 것이라고 합니다. 우리가 남성 갱년기라고 부르는 것은 종종 우울한 마음 상태입니다. 그녀의 책을 읽어 보십시오. 훌륭합니다. 그것은 우리가 어떻게 열정과 힘으로 제2의 성인기를 맞이하고 살아갈 수 있는지에 대한 청사진을 제공합니다. 저는 우리가 부모님처럼 늙을 필요는 없다고 굳게 믿습니다. 우리는 길고 영광스러운 삶을 살기 위한 새로운 패턴을 세우는 선구자입니다.

다음과 같은 확언을 하세요. **나는 내 인생의 모든 것에 깊이 감사하고 있다.** 이 말을 자주 하고, 우리가 너무나 자주 당연하게 여기는 삶의 모든 작은 것들에 주목하기 시작하세요.

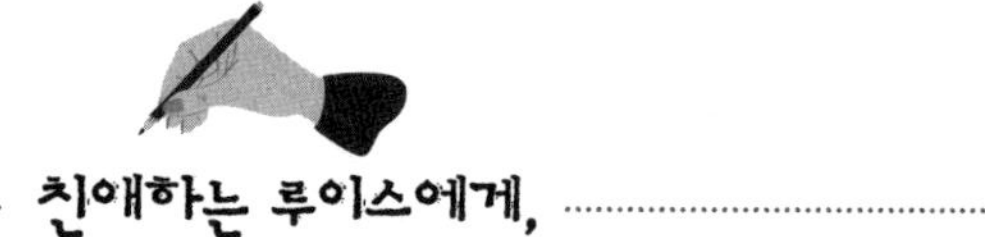

친애하는 루이스에게,

저는 제 삶에 재정적 번영의 지속적인 흐름을 확립하는 데 끔찍한 시간을 보내고 있습니다. 몇 년 전에 보수가 좋은 직장에서 아주 좋은 퇴직금을 받고 해고되었습니다. 그러다가 직업을 바꾸기로 결심하고 위탁 판매원이 되었습니다. 이전 수입의 거의 절반으로 3년 동안 생활한 후, 충분하지 않은 것에 지쳤습니다. 더 이상 결핍 속에서 살고 싶지 않습니다.

상황이 이런 지경이 되도록 내버려 둔 저 자신에게 화가 납니다. 여기서 어디로 갈 수 있는지에 대한 아이디어를 공유해 주시겠습니까? 퇴직금으로 받은 돈과 관련하여 죄책감이 있는지 궁금합니다.

사랑하는 이여,

인생에 번영이 없을 때, 죄책감과 자격이 없다는 느낌은 항상 큰 역할을 합니다. 퇴직금을 받으면서 느끼는 모든 죄책감은 어렸을 때 받을 자격이 있다는 믿음에 대한 죄책감일 뿐입니다. 재정에 대한 부모님의 생각을 재평가해 보고, 부모님이 너무 제한적이었다면 용서해 주고 싶을 수도 있습니다.

자신의 중심으로 돌아오십시오. 그대는 그대의 생각 속에 너무나 흩어져 있으며, 외적인 안전이 결핍된 것처럼 보이는 것에 너무 많이 머물러 있습니다. 당신 존재의 깊은 곳에는 당신이 필요로 하는 모든 것이 있습니다.

당신의 목표는 자신을 사랑하는 것이지, 자신에게 화를 내는 것이 아닙니다. 분노는 제가 "빈곤 사고"라고 부르는 것인데, 왜냐하면 그것은 낭비된 에너지이기 때문입니다. 자신에 대한 분노는 당신이 원한다고 말하는 번영을 밀어냅니다.

전보다 돈을 덜 벌어도 자신을 사랑할 수 있습니까? 재정적인 안전의 외적 형태가 당신의 성격에 그렇게 중요한가요? 왜인가요? 당신의 영혼은 당신의 수입에 상관없이 당신을 깊이 사랑합니다.

일시적으로 수입을 늘릴 수 있다면 꾸준히 할 수도 있습니다. 저는 당신이 읽은 번영에 관한 책에서 한 가지 연습 과제를 선택하여 6개월 동안 꾸준히 할 것을 제안합니다.

스스로 긍정 확언을 하세요. **나는 나 자신에 관한 사랑에 있어서 한결같고, 삶은 끊임없이 나의 모든 필요를 매우 풍부하게 공급한다.**

친애하는 루이스에게,

왜 그토록 많은 사람, 예를 들어 심령술사나 치료사와 같은 사람들이 수수료를 부과하는 것일까요? 때로는 그 수수료가 너무 많은 액수일 때는 왜일까요? 저는 그들의 재능이 그 서비스를 살 수 있는 사람들뿐만 아니라 그것을 원하는 모든 사람의 의식을 높이기 위해 공유되도록 의도되었다고 느낍니다.

사랑하는 이여,

사람들은 자신의 서비스가 가치가 있다고 생각하는 만큼 청구할 수 있습니다. 그들의 작업을 "형이상학적"이라고 본다고 해서 그들이 자존감을 포기해야 한다는 의미는 아닙니다. 고객 또는 클라이언트가 해당 금액을 낼지를 결정합니다. 다른 사람의 수수료가 얼마인지는 분명히 제가 상관할 바는 아닙니다.

저는 당신이 어떤 일을 하는지 모릅니다. 그러나 저는 당신이 무료로 일하고 싶지 않을 것이라고 확신합니다. 일에 대한 가치를 요구하지 않으면 집으로 날아오는 청구서를 어떻게 내시겠습니까? 당신이 말하는 것은 특정 서비스에 대해 비용을 낼 여유가 없다는 것입니다. 그러므로 당신은 그것들을 무료로 원합니다. 그러나 무료로 제공되는 서비스를 받는 사람들은 좀처럼 그 가치를 인정받지 못합니다. 또한, 다른 사람들도 그렇게 할 수 있는 권리를 부인한다면 당신은 번영할 수 없습니다. 다른 사람들이 번영할 때 저는 기뻐하는데, 그 이유는 그것이 저도 번영할 수 있는 문을 열어준다는 것을 알기 때문입니다.

함께 다음과 같이 확언합시다. **나는 끊임없이 흐르는 우주의 풍요로움의 일부다. 나는 기쁜 마음으로 내고, 기쁜 마음으로 받는다.**

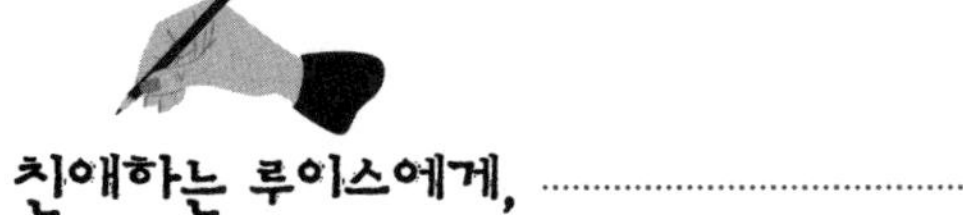

친애하는 루이스에게,

나는 48세 된 남자로서, 평생 재산, 우정, 성취와 같은 가치 있는 것들을 잊어버리는 경험을 해 왔습니다. 저는 임금체불에, 친구들에게 이용당하고, 계속해서 사기를 당했습니다. 지금 살고 있는 집은 작년에 두 번이나 도둑이 들었습니다. 첫 번째 강도 사건이 있고 난 뒤, 저는 목사인 아주 친한 친구에게 전화를 걸어 무슨 일이 있었는지 설명했습니다. 저는 이런 사건들을 삶 속으로 끌어들이는 심리적 패턴을 어떻게 풀어낼 수 있을지 물었습니다. 그 친구는 제게 간절히 기도로 응답을 구하면 응답이 올 것이라고 말했습니다. 그 결과, 3일 만에 영혼은 내가 평생 상실에 대한 믿음을 가지고 있으며, 상실이 발생할 때마다 그 신념 그 믿음을 강화한다는 것을 계시해 주었습니다.

저는 즉시 영적인 마음 치료와 확언에 필요한 정신적 작업을 시작했고, 이 유형을 정복했다고 생각했습니다. 그러면 두 번째 강도 사건이 발생한 이유는 무엇입니까? 제가 뭘 놓치고 있나요? 치유 받기 위해 무엇을 더 할 수 있을까요?

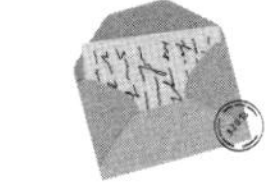

사랑하는 이여,

당신이 평생 상실에 대한 믿음을 가지고 있다는 것을 인식하는 것은 얼마나 통찰력이 있는 앎인지요. 이것은 아마도 어린 시절의 경험에서 비롯된 것일 것입니다. 이 통찰 이후로 그대가 행한 정신적 노력은 훌륭하며, 그대는 의심할 여지 없이 이 패턴을 많이 제거하였습니다. 그러나 평생에 걸친 신념은 하룻밤 사이에 사라지지 않습니다. 이 새로운 절도 사건은 아직도 해야 할 일이 남아 있다는 것을 보여줍니다.

기억하세요. 의식의 권리에 의해 당신에게 속한 것은 당신에게서 나갈 수 없습니다. 우리가 밖으로 내보내는 것은 항상 우리에게 돌아옵니다.

당신이 무심코 사람들이 가진 것을 훔치는 것이 가능합니까? 어쩌면 당신은 실제로 물건을 훔치지 않을지도 모르지만(심지어 사무실에서 종이 클립조차도), 사람들로부터 시간이나 존경을 훔치거나 심지어 관계를 훔칠 수도 있습니다.

당신은 당신이 인생에서 좋은 것을 받을 자격이 없다는 것을 믿을 수 있습니까? 어쩌면 당신은 당신에게 상실을 믿으라고 가르친 사람들을 용서하는 일을 해야 할지도 모릅니다.

다시 한번 안으로 들어가 답을 보여 달라고 요청하십시오. 또한 당신에게서 빼앗아 간 사람들을 용서하십시오. 좋은 확언은 다음과 같을 수 있습니다. **나는 정직하고 자격이 있으며, 나와 내 소유물은 안전하다.**

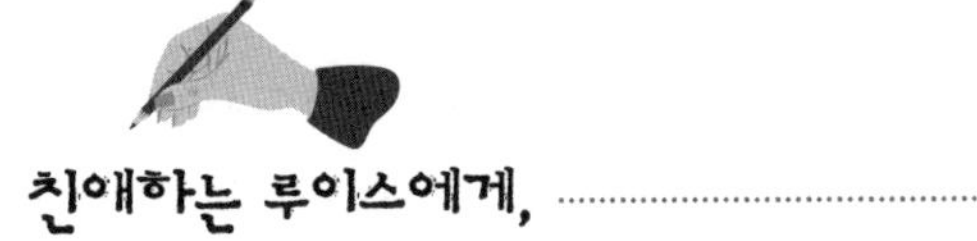

저는 창의적인 직업을 가지고 있지만 번영할 수 없는 것 같습니다. 저는 극심히 가난한 환경에서 자랐습니다. 이제 저는 번영하기 위해서는 프로그래밍이 된 신념을 바꿔야 한다는 것을 깨닫습니다. 제가 어렸을 때 늘 들었던 얘기는 이렇습니다. "이 동네 출신 중 어느 사람도 대단한 사람이 아니었다. 모든 사람에게 돌아갈 돈이 충분하지 않다. 일거리가 없다. 여기 있는 사람들은 모두 매우 가난하다. 가난은 영적으로 풍요롭게 한다. 너는 굶어 죽을 것이다. 너는 중요하지 않고 아무도 너를 안 좋아한다. 누구나 고통을 겪는다. 너는 더 나아질 수 없고, 더 이상 가질 수 없으며, 영속적인 어떤 것도 성취할 수 없다. 왜냐하면 너는 이곳 출신이기 때문이다. 이곳을 떠난 사람들은 모두 병에 걸리거나 죽거나 죽임을 당했다. 다들 항상 집으로 돌아오는데, 왜냐하면 이 동네 바깥은 끔찍하기 때문이다. 네가 원하는 것은 중요하지 않다. 우리는 결코 많은 것을 가지지 않았고 앞으로도 없을 것이다. 그 사람들은 모두 당신을 해치고 싶어 한다. 돈 있는 사람은 속물이다. 당신은 당신의 사회적 수준 안에 머물러야 한다."

이러한 패턴을 바꾸는 방법에 대한 몇 가지 조언은 기꺼이 받아들일 것입니다.

첫째, 용서하는 일을 하는 것이 도움이 될 것입니다. 다음과 같이 확언하세요. **"나는 이제 내 어린 시절에 무지로 나에 대해 부정적이고 잘못된 것들을 가르쳐 준 모든 사람을 용서한다. 나는 부모님을 사랑하며, 이제 부모님의 낡고 제한적인 생각을 넘어섰다. 이제 나는 이러한 확언들이 나 자신과 삶에 대한 나의 새롭고도 참된 신념임을 선언한다. 나는 그것들을 진리로 받아들이고 내가 이 세상의 모든 선을 누릴 자격이 있다는 것을 안다."**

이제 어린 시절의 신념을 각각 긍정적인 확언으로 바꾸어 봅시다.

- 나는 내 이웃에서 선례를 깨부순다.
- 나는 나 자신이 성공할 수 있도록 허용한다.
- 이 세상에는 모래알보다 더 많은 돈이 있다.
- 나는 내가 감당할 수 있는 것보다 더 많은 일을 스스로 만들고 그 일은 매우 수익성이 있다.
- 신은 사랑으로 부유해지기 위해 자신의 재능과 능력을 사용하는 사람들을 사랑한다.
- 나는 이제 나의 모든 오래된 부정적인 신념을 굶겨 죽인다. 그들은 더 이상 나에게 쓸모가 없다.
- 나는 나 자신과 인생에 중요하다. 나는 우주에 의해 깊이 사

랑받고 소중히 여겨진다.

- 창의적인 내적 노동은 힘든 외적 노동만큼 정직하며, 종종 훨씬 더 많은 돈을 벌 수 있다.
- 고통을 믿는 모든 사람은 고통을 겪는다. 나는 더 이상 고통을 믿지 않기로 선택했다.
- 이제 모든 것을 쉽게 할 수 있습니다.
- 나는 이미 전보다 더 많은 것을 가지고 있다.
- 매일 모든 면에서 나는 점점 더 좋아지고 있다.
- 나는 다른 사람들에게 당당하고 우아하게 사는 방법을 보여줄 수 있다.
- 나는 스스로 번영할 수 있다.
- 나는 나 자신이고, 나만의 규칙을 만든다.
- 공포를 찾으면 공포를 발견한다. 어디를 가든 어디를 보든 좋은 것만 찾을 수 있다.
- 나는 우주에서 편안하다.
- 내가 그것을 받을 자격이 있다고 믿는 한 우주는 내가 원하는 것에 반응한다.
- 내 삶에는 의미가 있다.
- 나는 미래에 대해 말해 주기 위해 과거를 바라보지 않는다.
- 나는 이제 내가 원하는 모든 것을 가질 자격이 있다.
- 모든 사람은 나의 최선의 이익만을 염두에 두고 있다. 나는 사랑에 둘러싸여 있다.

- 내가 아는 돈 있는 사람들은 모두 친절하고, 사랑이 많고, 소박하다.
- 나의 번영과 성장 하나로, 나는 죄책감이나 두려움 없이 한 사회적 수준에서 다른 사회적 수준으로 자유롭게 이동할 수 있다.

많은 사람이 번영과 돈에 대해 부정적인 믿음을 가지고 있습니다. 이것은 그들이 어렸을 때 배운 신념이지만, 이제 성인이 되었으므로 더 나은 삶을 위해 이러한 신념을 바꿀 수 있습니다. 저는 가난한 가정에서 태어났지만, 그 상황을 극복할 수 있었습니다. 오늘날 저는 모든 분야에서 번영을 누리고 있습니다. 여기에 당신을 위한 더 많은 확언이 있습니다. 종이에 적어서 자주 볼 수 있는 곳에 두는 것이 도움이 될 것입니다.

- **오늘날 나는 부유하다. 내 가족과 어린 시절 친구들이 생각을 제한하는 것을 계속 믿어도 괜찮다. 그들은 내가 자라는 것과 같은 방식으로 성장할 필요가 없다.**
- **나는 지금 내가 좋아하는 일을 하고 있고, 그에 대한 대가를 받고 있다. 나는 돈을 보관하고 저축하는 방법을 알고 있다. 나는 은행에 돈을 가질 자격이 있고, 지금 그것을 쌓아 놓았다. 모든 청구서는 지급되었고 여윳돈이 있다.**
- **나를 둘러싼 상황들에 압도당할 때, 이런 것들이 그저 오래된**

유형에 불과하다는 것을 깨닫는다. 나는 조용히 안으로 들어가 나 자신에게 물어본다. 그러자 모든 혼란이 나를 떠나고, 내가 취해야 할 단계에 대해 분명해진다.

- **내 안의 아이는 더 이상 누군가가 필연적으로 나를 이용할 것이라고 믿지 않는다. 내가 이 우스꽝스러운 믿음을 놓아주자, 그것은 그것이 왔던 무(無) 속으로 다시 사라진다.**

적어도 한두 달 동안은 아침저녁으로 이 확언을 읽어 보세요. 생각을 바꿈으로써 세상을 바꿀 수 있습니다. 그냥 벽에 붙여보세요, 그러면 이길 것입니다.

친애하는 루이스에게,

저는 10년째 고군분투하는 예술가의 삶을 살고 있는 35세 여성입니다. 그림을 그리고 그림을 그릴 때, 저는 살아 있고, 세상과 관련되어 있으며, 우주와 하나가 된 것 같습니다. 하지만 제 분야에서 약간의 성공만을 누렸을 뿐입니다. 집세를 내고 식료품을 사기 위해, 저는 서빙을 하거나 사무직을 하는 등 다양한 직업을 가져야 했습니다.

저는 이러한 보조 작업을 꽤 잘하지만, 예술에 전념할 수 있는 것이 별로 남지 않을 때까지 그 일들에 점점 더 많은 에너지를 빼앗는다는 것을 알게 되었습니다. 제가 가야 할 길에 대해 의문을 품고 있는 자신을 발견합니다. 제가 점점 늙어가고 있고, 때때로 제가 도달하기 위해 노력하는 정도의 성공을 이룬 사람들이 부럽다는 생각이 들어 힘이 듭니다. 가끔은 좀 더 전통적이고 수익성이 좋은 직업을 위해 예술을 완전히 포기할까도 생각하지만, 실제로 제가 할 수 있으면서도 진정한 제 자신이 될 수 있다고 생각하지 않습니다.

방향을 알려주실 수 있나요?

질투는 항상 결핍에서 비롯됩니다. 우리는 우리 자신을 포함하여 모든 사람을 위한 것이 많다는 것을 알고 싶어 합니다. 어린 시절의 "예술가들은 항상 고군분투한다!" 예술은 생계를 유지하는 어리석은 방법이다. 너는 성공할 자격이 없다. 오직 남자만이 예술에서 성공할 수 있다. 인생은 어렵고 열심히 일해야 한다."라는 정보를 듣고 자랐는지 궁금합니다.

제 생각에는 당신의 무의식 어딘가에는 당신의 성공을 부정하는 오래된 정보들이 있습니다. 몇 가지 목록을 작성하십시오. 예술에 대한 신념, 예술에 대한 부모님의 신념, 성공에 대해, 여성에 대해, 자격에 대해, 에너지에 대해, 투쟁에 대해 내가 믿는 것. 모든 부정적인 말을 긍정적인 확언으로 바꾸십시오.

당신 내면의 정신적 투쟁을 포기하십시오. 오늘의 삶을 온전히 즐기기 시작하십시오. 자신의 창의적인 재능에 감사하고 고마워하십시오. 우주는 감사를 사랑합니다. 다른 사람의 성공을 기뻐하십시오. 당신이 하는 모든 것을 재미있고 창의적으로 만드십시오. 자신을 사랑하고 자신의 삶을 사랑하십시오. 이제 당신은 삶의 다음 단계로 이동하고 있습니다. 모든 것이 잘됩니다. 이렇게 확언하세요. **나는 성공을 발산하고, 어디로 향하든 번영한다.**

번영을 달성하기 위한 확언

번영은 나의 신성한 권리다.

나는 끊임없이 풍요로움에 대한 의식을 높이고 있으며,

이것은 끊임없이 증가하는 수입에 반영된다.

나의 선은 어디에나 있고 모든 사람에게서 온다.

나는 어디로 향하든 번창한다.

나는 내 삶을 통해 흐르는 풍요로운 번영을 받을 자격이 있고

기꺼이 받아들인다.

나는 이제 성공에 대한 새로운 인식을 확립한다.

나는 내가 마음먹은 만큼 성공할 수 있다는 것을 안다.

나는 다른 사람들의 성공을 기뻐하며,

우리 모두를 위해 넉넉한 풍요가 있다는 것을 안다.

나의 모든 필요와 욕구는 내가 요구하기도 전에 충족된다.

모든 종류의 번영이 나에게 이끌린다.

17장

로맨틱한 관계

인간관계는 훌륭하고 결혼도 훌륭하지만,
끝나는 때가 있으므로 모두 일시적이다.
나와 영원히 함께할 사람은 나 자신이다.
나와 나의 관계는 영원하다.
그래서 나는 내 가장 친한 친구다.
나는 매일 조금씩 내 마음과 연결되는 시간을 보낸다.
나는 마음을 가라앉히고
내 자신의 사랑이 내 몸을 타고 흐르는 것을 느끼며
두려움과 죄책감이 녹아내리는 것을 느낀다.
말 그대로 사랑이 내 몸의 모든 세포에 스며드는 것을 느낀다.
나는 나와 다른 모든 사람을 조건 없이 사랑하는 우주와
항상 연결되어 있다는 것을 알고 있다.
이 무조건적인 사랑의 우주는 나를 창조한 힘이다.
내 안에 사랑을 위한 안전한 장소를 만들 때,
나는 사랑하는 사람들과 사랑하는 경험으로 이끌린다.
이제 관계가 어떠해야 하는지에 대한 내 생각을 내려놓을 때이다.

"궁핍한" 것이 실패한 관계를 끌어들이는 가장 좋은 방법입니다. 만약 당신이 다른 사람이 당신의 삶을 "고치거나" 당신의 "더 나은 반쪽"이 되어주기를 기대한다면, 당신은 실패를 준비하고 있는 것입니다. 당신은 연애를 시작하기 전에 당신이 누구인지에 대해 정말로 행복하기를 원합니다. 당신은 행복해지기 위해 관계가 필요하지 않을 만큼 아주 행복하기를 원합니다.

마찬가지로, 당신이 자신을 사랑하지 않는 사람과 관계를 맺고 있다면, 그 사람을 진정으로 기쁘게 하는 것은 불가능합니다. 당신은 불안하거나, 좌절하거나, 질투하거나, 자기 혐오하거나, 분개하는 사람에게 결코 "충분한" 사람이 될 수 없을 것입니다. 너무나도 자주, 우리는 자신이 누구인지 모르기 때문에 우리의 사랑을 어떻게 받아들여야 할지 전혀 모르는 파트너를 위해 충분히 좋은 사람이 되려고 노력하다 스스로 때려눕힙니다. 인생은 거울입니다. 우리가 항상 끌리는 것은 우리가 가진 자질이나 우리 자신과 관계에 대한 신념을 반영합니다. 다른 사람들이 우리에 대해 느끼는 것은 삶에 대한 자신의 제한된 견해입니다. 우리는 삶이 항상 우리를 조건 없이 사랑했다는 것을 배워야 합니다.

당신과 당신의 관계를 가로막는 장애물을 해결하기 위해 노력하면서, 당신 자신의 연인이 되는 연습을 해 보세요. 자신과의 로맨스와 사랑에 푹 빠져보세요. 당신이 얼마나 특별한지 자신에게 보여주십시오. 자신을 애지중지 아껴주세요. 친절과 감사의 작은 행동으로 자신을 대하십시오. 자신에게 꽃을 사십시오. 당신을 기쁘게 하는 색상, 질감, 향기로 자신을 둘러싸십시오. 삶은 항상 우리 안에 있는 감정을 우리에게 반영합니다. 당신의 내면 사랑과 낭만적 사랑이 자라감에 따라, 증가하는 친밀감을 공유할 수 있는 적절한 사람이 자석처럼 당신에게 끌릴 것입니다. 가장 중요한 것은, 그 사람과 함께하기 위해 자신과의 친밀감의 어떤 부분도 포기할 필요가 없다는 것입니다.

다음 편지는 낭만적인 관계의 주제와 관련이 있습니다.

친애하는 루이스에게,

왜 우리는 완벽한 부부에 대한 "신성한 모델"을 가지고 있지 않을까요? 왜 신은 우리에게 표본을 보내지 않으셨을까요? 예수 그리스도, 부처님, 테레사 수녀, 사티야 사이바바(인도의 영적인 지도자이자 교육자) 등과 같은 우리가 이상화해서 가진 사랑의 예는 모두 혼자였습니다. 하지만 그들은 우리에게 사랑에 대해 가르쳐 주는 사람들입니다. 낭만적인 사랑에 잘못된 것이 있습니까? 낭만적 사랑은 우리 자아의 발명품에 불과한가요? 모든 답을 찾는 데 도움이 되는 좋은 확언이 필요합니다.

사랑하는 이여,

당신은 결코 "모든 해답"을 찾지 못할 것인데, 왜냐하면 삶은 우리 인간의 마음이 이해할 수 있는 것보다 훨씬 더 위대하기 때문입니다. 삶을 더 이해하기 위한 노력은 가치가 있습니다. 좋은 질문 하셨습니다. 여기에는 숙고해야 할 것이 많습니다. 저는 다른 독자들이 그들 자신의 대답을 가질 것이라고 확신합니다. 제가 드리는 몇 가지 생각은 이렇습니다. 당신이 위에 언급한 사람들의 수준에서 영적 지도자인 사람은 누구나 그 길을 전업 직업으로 선택했고, 가정생활을 할 수 있는 시간이 거의 없다는 것을 기억하십시오. 지금까지 인류는 이 모델을 만들지 않은 것 같습니다. 신은 그것과 아무 상관이 없습니다. 만약 우리가 이 "신성한 모델"을 원한다면, 그것을 창조하는 것은 우리에게 달려 있다. 어쩌면 다음 메시아는 여성이 될 것이며, 남자를 상대로 선택할 것입니다. (종교에 대한 여성적인 시각을 탐구하고 싶은 여성들에게는 패트리샤 린 라일리Patricia Lynn Reilly가 쓴 《나를 닮은 신: 여성을 긍정하는 영성의 발견A GOD WHO LOOKS LIKE ME: Discovering a Woman-Affirming Spirituality》이라는 책을 추천합니다.)

로맨틱한 사랑은 멋집니다. 모든 사람의 삶은 그 사랑에 의해 감동하여야 합니다. 하지만 사랑에는 로맨스 이상의 것이 훨씬 더 많습니다. 이 무조건적인 사랑은 대부분 영적 교사가 나머지 인류가 배우기를 바라는 종류의 사랑입니다. 매일 아침 나는 다음과 같은 확언을 사용합니다. **인생을 더 많이 이해할 수 있도록 오늘 나의 이해가 깊어지게 하소서.**

친애하는 루이스에게,

저는 43세 여성이며 아직 독신입니다. 저는 삶에 나타날 훌륭하고 사랑스러운 남편에 대해 확언했고, 수많은 독신이 있는 그룹에 가입했지만, 여전히 아무도 나타나지 않았습니다.

저는 완벽한 배우자를 찾을 때까지 순결을 지키기로 결심했지만, 제 인생의 마지막 4년은 제 인생에서 가장 길고 외로웠습니다. 저는 안아본 적도 키스를 받은 적도 없습니다. 하지만 저는 순결을 지킴으로써 제 성의 성스러운 본질을 존중하고 있습니다. 신께서 제 기도를 들으시는 건지, 아니면 영원히 혼자 사는 것에 익숙해져야 하는 건지 계속 궁금합니다. 이런 가능성을 생각하면 눈물이 나고, 어떻게 이 일을 견뎌야 할지 상상이 안 됩니다. 사랑하는 관계에 대한 확언을 그만두어야 할까요? 그냥 포기하는 걸까요?

사랑하는 이여,

사랑을 나눌 수 있는 완벽한 배우자를 당신의 삶에 데려오고자 하는 소망과 갈망을 이해합니다. 당신은 혼자가 아닙니다. 그러나 현재로서는 누군가가 없습니다. 그리고 당신은 자신을 비참하게 만들고 있습니다. 저 역시 제 인생에 사랑이 넘치는 배우자가 있으면 좋겠지만, 그런 사람은 없습니다. 저 역시 4년 동안 키스를 하지 않았지만, 내 인생에서 가장 외로운 시기는 아니었습니다. 저는 아주 많은 사람을 포옹하기 때문에 종종 포옹을 받았습니다. 제 삶은 제가 그렇게 만들었으므로 풍요롭고 충만합니다. 당신에게 연민을 느끼며, 당신이 이런 식으로 고통을 겪을 필요가 없다는 것을 압니다. 당신은 신이나 삶에 의해 벌을 받고 있지 않습니다.

그렇습니다, 사랑하는 관계를 위해 계속해서 확언하고, 당신의 삶에 많은 사랑을 포함하도록 확언을 확장하세요. 기쁨과 행복을 위해 긍정 확언합니다. 성취를 위해 확언합니다. 지구를 치유하는 데 도움이 되는 일을 하는 것에 대해 긍정 확언합니다. 자원봉사 활동하십시오. 나가서 다른 사람들을 도우십시오. 당신의 삶을 확장하십시오. 다른 사람에게 사랑을 베푸십시오. 당신의 삶에서 누리고 있는 모든 선한 것에 대해 감사하고 또 감사하십시오. 즐기세요! 인생은 즐길 수 있습니다.

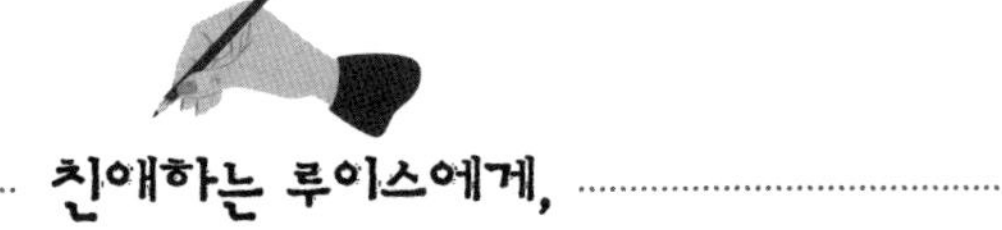

친애하는 루이스에게,

저는 훨씬 젊었을 때 결혼하고 13년 유지한 40대 남성으로, 현재 이혼한 지 15년이 되었습니다. 현재 3년 넘게 만나고 있는 사랑스럽고 아름다운 여성과 관계를 맺고 있습니다. 여자 친구를 사랑하지만, 그 친구가 결혼에 관한 이야기를 꺼낼 때마다, 어떤 형태의 헌신에 관한 생각과 법적 결합에 관한 생각 모두에 대해 엄청난 저항감을 느낍니다.

다른 누군가를 "영원히" 재정적으로 책임을 져야 한다는 생각은 저를 두렵게 합니다. 그러나 제 여자 친구는 가까운 장래에 결혼 문제에 대한 답을 기대하고 있으며 무엇을 할 수 있는지 모르겠습니다. 제가 정말로 원하지 않는 이별을 함으로써 그녀를 잃게 될까, 봐 두렵거나(그것은 그녀에게 끔찍한 상처를 줄 것입니다), 그녀가 결국 저의 우유부단함에 인내심을 잃게 될까 두렵습니다. 상충하는 감정을 다스리도록 도와주실 수 있나요?

사랑하는 이여,

진실을 말하십시오. 자신의 감정과 그 이유를 정확히 설명하십시오. 주제를 꺼내기 어려운 경우 그녀에게 편지를 보여주십시오. 좋은 관계를 맺고 싶다면 의사소통을 할 수 있어야 합니다. 둘 다

이야기를 할 수 없다면 곤경에 처한 것입니다. 만약 당신이 이 여성을 사랑한다고 믿는다면, 아마도 당신은 기꺼이 상담받을 것이다. 훈련된 사람이 관련된 모든 문제를 살펴보는 데 도움을 받도록 하십시오. 여기에는 당신이 알고 있는 것보다 훨씬 더 많은 일이 일어나고 있습니다.

당신은 많은 사람이 하는 일을 하고 있습니다. 당신은 미래가 어떤 모습일지 말하기 위해 과거를 보고 있습니다. 첫 번째 결혼은 좋은 결혼이 아니었고 당신은 기꺼이 헤쳐나갔던 것 같습니다. 당신은 그때의 당신이 아니며, 이것은 같은 상황이 아닙니다.

이렇게 확언하세요. **나는 과거를 놓아주고, 나는 지금 살고 있다.** 그 마지막 관계를 축복하시고, 그것을 놓아주십시오!

저는 사랑에 빠진 남자와 관계를 맺고 있지만, 그것을 사랑의 관계라고 부를 수는 없습니다. 그는 그에 대한 저의 감정을 알고 있지만, 그의 표현을 빌리자면 "여성에 대한 나쁜 과거 경험" 때문에 지금 당장 여자와 함께할 준비가 되어 있지 않다고 주장합니다. 하지만 우리가 혼자일 때나 다른 사람들과 함께 있을 때나 그는 마치 부부인 것처럼 행동합니다. 그는 많은 훌륭한 자질을 가지고 있지만 성미가 급하고 때로는 다른 사람들과 저에게 거칠거나 무례합니다.

저는 그와 의사소통하는 방법을 정말로 찾고 싶은데, 그 이유는 그에 대한 감정 때문만이 아니라 단지 그와 함께 있는 것이 즐겁기 때문이기도 합니다. 느긋하고 즐거운 방법으로 그를 대하고 싶지만, 혼란에 빠져 어떻게 행동해야 할지 모르겠습니다.

제 관계는 지금 중단되었는데, 그것은 그의 "힘든 시기" 후에 제가 선택한 것입니다. 이 관계를 유지하면서도 지금보다 더 나은 형태로 만들기 위해 무엇을 해야 할까요?

가장 먼저 해야 할 일은 로빈 노우드Robin Norwood가 쓴《너무 많이 사랑하는 여자들Women Who Love Too Much》이라는 책을 읽었으면 좋겠습니다. 그것은 당신이 하는 것에 대한 완벽한 그림을 제공합니다. 당신이 "사랑"이라고 부르는 것은 학대적인 관계에 대한 중독입니다. 당신은 남자를 충분히 사랑하면 그를 바꿀 수 있다는 생각의 낡은 굴레에 갇혀 있는 것 같습니다. 그것은 결코 그렇게 작동하지 않습니다. 이 관계의 다음 단계는 그가 당신에게 신체적으로 학대하는 것입니다.

자신을 사랑하고 자존감을 키우기 위해 아직 해야 할 일이 많습니다. 어쩌면 어린 시절의 경험으로 인해 자신이 별로 자존감이 없다고 느꼈을지 모릅니다. **나는 이제 깊은 자존감과 자긍심을 발달시킨다.** 이 확언은 당신에게 좋은 긍정이 될 것입니다. 저는 당신이 생각하는 것보다 훨씬 더 많은 것을 할 수 있다는 것을 압니다.

친애하는 루이스에게,

6주 전, 저는 약혼녀에게 그녀가 내게 일으킨 모든 고통을 감당할 수 없는 것 같다고, 우리의 결혼식과 관계를 취소하고 싶다고 말했습니다. 저는 처음부터 이 관계에 대해 소원을 빌었고 그녀가 저를 헌신에서 풀어주기를 바랐습니다.

하지만 그녀를 보지 못한 지 6주가 지났지만, 저는 여전히 제 삶을 이어갈 수 없었고, 알 수 없는 이유로 그녀가 저에게 맞지 않는다고 느끼면서도 그녀를 다시 찾고 싶습니다. 그녀는 이전 결혼 생활에 대한 많은 분노와 원망을 하고 있으며, 이를 완전히 해소하지 못했습니다. 그녀는 때때로 저에게 그것을 터뜨리는데, 저는 그녀가 그렇게 하는 것을 도저히 용납할 수 없습니다.

사랑하는 이여,

관계의 끝은 우리 대부분이 감당하기 어렵습니다. 우리는 종종 다른 사람에게 우리의 힘을 넘겨주며, 그 사람이 우리가 느끼는 사랑의 근원이라고 느낍니다. 그러다가 그 사람이 떠나면 우리는 망연자실하게 됩니다. 우리는 사랑이 우리 안에 있다는 것을 잊어버립니다. 우리에게는 감정을 선택할 힘이 있습니다. 어떤 사람이나 장소나 사물도 우리를 지배할 수 없다는 것을 기억하십시오. 그녀를 사랑으로 축복하시고 놓아주세요.

우리 중 일부는 사랑에 너무 굶주려서 누군가와 함께하기 위해 가난한 관계를 견뎌낼 것입니다. 우리는 모두 먼저 스스로 많이 사랑함으로써 우리에게 최상의 선이 되는 사람들을 끌어들일 필요가 있습니다.

우리는 모두 어떤 종류의 학대도 용납하지 말아야 합니다. 그것을 받아들이는 것은 우리가 마땅히 받아야 할 것이 바로 그런 것이라고 우주에 말해 줄 뿐이며, 그 결과 우리는 더 많은 학대적인 관계를 얻게 될 것입니다. 스스로 확언하세요. **나는 내 세상에서 친절하고 사랑스러운 사람들만 받아들인다.**

친애하는 루이스에게,

최근 몇 년 동안 남성과 여성의 관계에 대한 진지한 논쟁이 있었고, 저 자신도 이 문제에 대해 숙고해 보았습니다. 왜 일부 남자들은 자신을 흙처럼 대하는 여자를 좋아할까요? 아무리 좋은 사람이 나타나도 이런 사람들은 친절과 사랑을 거절할 핑계를 찾습니다. 학대받는 여성은 자존감이 부족하다는 말이 있지만, 남성의 자존감은 여성만큼 널리 다루어지지 않습니다. 이에 대한 루이스 헤이 선생님의 견해는 무엇입니까?

사랑하는 이여,

만약 당신의 어머니가 당신을 흙처럼 대했다면, 불행히도 당신은 이 치료를 사랑과 연관 지을 것입니다. 어른이 되면 엄마가 그랬던 것처럼 자신을 대해줄 여자를 찾게 됩니다. 좋은 여자는 당신을 불편하게 만들고 심지어 사랑받지 못한다고 느끼게 할 것입니다. 어린 시절 아버지에게 학대당한 여성들도 마찬가지입니다. 그들은 종종 무의식적으로 이러한 학대를 계속할 남자에게 끌립니다.

이것이 바로 용서 노력이 그토록 중요한 이유입니다. 과거에 일어난 일이 괜찮았다는 것이 아니라, 원망과 괴로움의 감옥에 갇혀 있는 것에서 벗어나기 위해서입니다. 저는 너무 많은 세월 동안 자기 연민과 분노 속에서 살았다는 것을 압니다. 과거를 용서할 수 있을 때 비로소 자신을 위한 좋은 삶을 창조할 수 있었습니다. 분개하고 자기 연민에 빠진 생각은 우리 삶에 기쁨을 가져다 줄 수 없습니다.

아시다시피 우리는 모두 다른 사람들과의 관계에서 안전지대를 가지고 있습니다. 이러한 안전지대는 우리가 아주 어릴 때 형성됩니다. 부모가 우리를 사랑과 존경으로 대했다면, 우리는 이런 종류의 대우를 사랑받는 것과 연관 짓게 되었습니다. 우리 중 많은 사람이 그렇듯이, 부모가 우리를 사랑과 존경심으로 대할 수 없었다면, 우리는 이러한 결핍을 편안하게 받아들이는 법을 배워왔습니다. 우리는 나쁜 대우를 받는 것을 사랑받는 것과 연관 짓습니다. 이것은 우리가 모든 관계에서 무의식적으로 사용하는 패턴이 됩니다.

이러한 역기능적인 신념 유형, 즉 나쁜 대우를 받는 것이 사랑과 같다는 믿음 유형은 어느 한 성별에만 국한된 것이 아닙니다. 그러나 문화적으로 여성은 취약성을 표현하도록 장려되고 결과적으로 자신 삶이 작동하지 않을 때 더 기꺼이 인정하므로 여성에게 더 널리 인식됩니다. 그러나 점점 더 많은 남성이 자신의 취약성을 다시 받아들이고자 함에 따라 상황이 바뀌고 있습니다. 우리 모두를 위한 확언은 **"나는 사랑하기 위해 내 마음을 연다!"**입니다.

친애하는 루이스에게,

일 년 전쯤, 남편이 다른 여자를 만나고 있었다는 것을 알게 되었습니다. 그 후 그 여자는 떠나갔지만, 그 모든 상황으로 인해 큰 감정적 고통을 겪었고, 신뢰를 잃었으며, 저 자신에 대한 자신감이 부족해졌습니다. 남편은 이제 제가 그의 "타입"이 아니라고 주장하며 관계에 갇혀 있다고 느낍니다. (우리의 종교적 신념은 이혼을 금합니다) 그가 다른 여자가 더 매력적이며 이 관계에 있고 싶지 않다는 것을 명확하게 보여주는 사건이 발생합니다. 저는 저 자신을 위해 노력해 왔지만, 그와 함께 있을 때면 항상 내가 부족하다는 느낌이 들고 제가 이룬 진전을 잃어버립니다. 상담사를 만나야 하나요? 남편은 결혼 생활이나 긍정적 사고에 관한 책을 거부했고 상담에도 관심이 없습니다.

저는 외모가 나쁘지 않고 좋은 특성이 많으며, 다른 남자들도 저를 아내로 맞아주는 것을 고맙게 여길 수 있다는 것을 알고 있습니다.

사랑하는 이여,

당신이 지금 직면하고 있는 모든 도전에도 불구하고, 가장 중요한 문제는 여전히 당신이 자신을 위해 계속 노력하는 것입니다. 변화가 필요한 사람은 당신뿐입니다. 자신에 대한 자신감을 키우십시오. 당신이 완전한 존재임을 아십시오. 다른 사람의 사랑을 얻으려고 하지 마십시오. 그런 식으로 이루어지지 않습니다. 남편의 인정을 바라지 마십시오. 자신을 사랑하세요. 그러면 당신은 자신의 모든 면에서 사랑을 끌어당길 것입니다.

일단 당신이 변화하기 시작하면, 당신 주변 사람들도 그 변화를 보게 될 것이고 똑같이 할 것입니다. 당신의 남편은 당신의 변화를 알아차림에 따라 변할 수도 있고 변하지 않을 수도 있습니다. 그것은 남편에게 달려 있습니다. 그렇다고 해서 그가 "나쁜 사람"이 되는 것은 아닙니다. 어쩌면 당신은 지금 서로에게 의미가 없을 수도 있습니다.

이길 수 없는 상황에 갇혀 있는 것과 관련하여, 우리가 어렸을 때는 종교적 신념을 선택할 수 있는 발언권이 없었습니다. 하지만 성인이 되어 여러 가지 종교를 살펴보면, 개인을 매우 지지하는 종교도 있고, 엄격한 규칙을 가지고 있는 종교도 많습니다. 만약 당신이 오늘날 어떤 종교를 선택한다면, 당신을 원하지 않는 사람과 함께 지내라고 정죄하는 종교를 선택하겠습니까? 당신이 될 수 있는 모든 것이 되기 위해서는 영성의 지원을 받는 것이 더 낫지 않습니까?

물론 상담사를 만나십시오. 그 또는 그녀는 당신의 성장 과정을 안내하는 데 도움이 될 뿐만 아니라 들을 수 있는 좋은 귀를 제공할 것입니다. 당신이 내면의 선택을 할 때, 남편을 포함하여 사람들이 당신에게 다르게 반응한다는 것을 알게 될 것입니다. 당신을 위한 좋은 확언은 다음과 같을 수 있습니다. **나는 아름답고 사랑스러운 존재이며, 내가 내리는 모든 결정은 내 이익을 위한 것이다.**

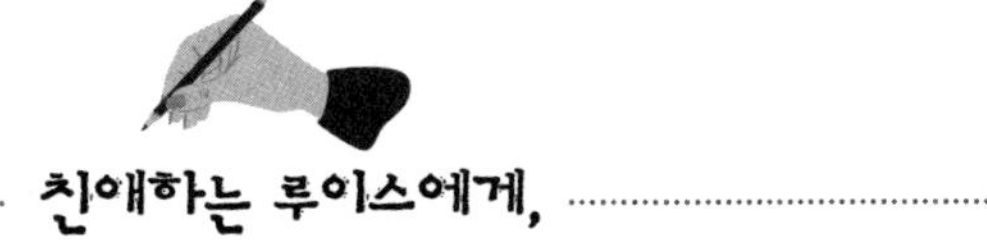

친애하는 루이스에게,

저는 사람 대부분이 잘생겼다고 생각하는 25세 남자입니다. 하지만 여자에게 다가갈 때마다 그 여자는 나에게 등을 돌리는 것 같습니다. 저는 남을 지배하려 들지 않습니다. 즉, 지나치게 시시덕거리거나 외설스러운 말을 하지 않습니다. 평소에는 여성에게 "당신이 정말 예쁘다고 생각하고, 만나고 싶어요."라고 말하고 있습니다.

이것은 여성이 듣고 싶어 하는 말이 아닐까요? 왜 다른 사람과 연결할 수 없었나요? 제가 아버지에 의해 자란 외동아들로, 여성과의 의사 전달에 익숙하지 않았던 것일까, 하는 생각이 듭니다. 조언 한마디 부탁드리겠습니다.

사랑하는 이여,

당신이 여성에게 발산하는 부정적인 진동이 분명히 있습니다. 저는 당신의 행동이나 말이 그것과 큰 관련이 있다고 생각하지 않습니다. 당신을 떠난 어머니를 용서하기 위해 노력해 본 적이 있습니까? 여성에 대한 아버지의 태도는 어떠한가요? 그는 왜 재혼하지 않았나요? 또한, 여성에 대해 당신이 믿는 모든 것의 목록을 작성해 보세요. 이 작업을 수행하는 데 2~3일이 걸립니다. 그런 다음 당신이 그들에 대해 가지고 있는 모든 부정적인 믿음을 살펴보십시오. 당신은 관계를 거부하는 몇 가지 내면의 신념을 발견하면 놀랄 수도 있습니다.

잠깐 Al-Anon(알 아넌) 모임에 참여하기를 제안합니다. 당신은 자신에 대해 많은 것을 배울 수 있습니다. 당신에게 좋은 확언은 다음과 같을 수 있습니다. **나는 과거를 치유할 의향이 있고, 여자들은 나를 사랑한다.**

건강한 낭만적인 관계를 만들기 위한 확언

나는 사랑에 마음을 연다.

나는 사랑을 표현하는 것이 안전하다.

나는 나에 대한 사랑 안에서 안전하고 확실하다.

내 인생에는 항상 완벽한 파트너가 있다.

나는 마음을 열고 훌륭하고 사랑이 넘치는 관계를 받아들인다.

내 존재의 중심 깊숙한 곳에는 무한한 사랑의 우물이 있다.

나는 오직 사랑만이 있다는 것을 배우기 위해 이곳에 왔다.

나는 삶과 조화로운 관계를 맺고 있다.

나는 내가 나눌 수 있는 사랑에 기뻐한다.

나는 내 삶에서 사랑을 위한 많은 공간을 만들고 있다.

18장

영적 웰빙

나는 내 삶에 대한 책임을 받아들일 때 영적으로 성장한다.

이것은 내가 해야 할 변화를 나 자신 안에서 할 수 있는

내면의 힘을 준다.

영적 성장은 다른 사람을 변화시키는 것이 아니다.

영적 성장은 피해자의 역할에서 벗어나

용서와 새로운 삶으로 나아갈 준비가 된 사람에게 일어난다.

이 모든 것이 하룻밤 사이에 일어나지 않는다.

그것은 펼쳐지는 과정이다.

나 자신을 사랑하면 문이 열리고,

기꺼이 변화하려는 의지는 정말 도움이 된다.

우리 존재의 중심에 깊숙한 곳에는 무한한 사랑의 우물, 무한한 기쁨의 우물, 무한한 평화의 우물, 무한한 지혜의 우물이 있습니다. 이것은 우리 모두에게 해당합니다. 그러나 우리는 얼마나 자주 우리 안에 있는 이러한 보물과 접촉합니까? 하루에 한 번 합니까? 가끔? 아니면 우리에게 이 무한한 보물이 있다는 것을 전혀 모르고 사는 것입니까?

이러한 보물은 우리의 영적 연결의 일부이며 우리의 웰빙에 필수적입니다. 몸, 마음, 영, 이 세 가지 수준에서 균형을 이루어야 합니다. 건강한 신체, 행복한 정신, 훌륭하고 강한 영적 연결은 우리 모두의 전반적인 균형과 조화를 위해 필요합니다. 강한 영적 연결의 주요 이점 중 하나는 우리가 훌륭하고 창의적이며 만족스러운 삶을 살 수 있다는 것입니다. 그리고 우리는 사람들 대부분이 짊어지고 있는 많은 짐을 자동으로 내려놓게 될 것입니다.

우리는 더 이상 두려워하거나 수치심과 죄책감을 짊어질 필요가 없을 것입니다. 우리가 모든 생명체와 하나 됨을 느낄 때, 우리는 분노, 증오, 편견, 그리고 판단의 필요성이 저절로 떨어져 나갈 것입니다. 우리가 우주의 치유력과 하나가 될 때, 우리는 더 이상 질병이 필요하지 않을 것입니다. 그리고 저는 우리가 노화 과정을 되돌릴 수 있다고 믿습니다. 삶에서 짊어진 많은 짐은 우리를 늙게 하는 것입니다. 그 짐들은 우리의 영혼을 끌어 내립니다.

우리는 매일 우리 안의 보물과 접촉하는 연습을 해야 합니다. 왜냐하면 우리 존재의 진실은 우리가 무조건적인 사랑으로 가득 차 있고, 진리를 살아가는 사람들이 세상을 바꿀 수 있다는 것이기 때문입니다. 우리는 놀라운 기쁨으로 가득 차 있습니다. 우리는 고요한 평화로 가득 차 있습니다. 우리는 무한한 지혜와 연결되어 있습니다. 우리가 해야 할 일은 그것을 알고 그에 따라 생활하는 것입니다. 오늘 우리는 정신적으로 내일을 준비하고 있습니다. 우리가 하는 생각, 우리가 하는 말, 우리가 받아들이는 신념은 우리의 내일을 형성합니다.

우리의 영적 연결은 교회, 구루(힌두교 · 시크교의 스승이나 지도자), 심지어 종교와 같은 중개인을 필요로 하지 않는다는 것을 기억하십시오. 우리는 혼자서도 아주 쉽게 기도하고 묵상할 수 있습니다. 교회와 구루와 종교는 개인을 지지한다면 좋은 것입니다. 하지만 우리는 모두 모든 생명의 근원에 이르는 직접적인 파이프라인을 가지고 있다는 것을 아는 것이 중요합니다. 우리가 이 근원에 의식적으로 연결되어 있을 때, 우리의 삶은 놀라운 방식으로 흐릅니다.

다음 편지들은 영적 웰빙이라는 주제와 관련이 있습니다.

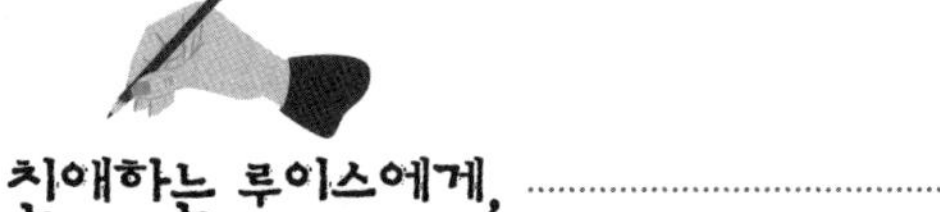

친애하는 루이스에게,

카르마에 대한 당신의 견해를 설명해 주시겠습니까? 즉, 사람들에게 일어나는 모든 일이 그들이 이생이나 과거에 한 나쁜 일로 인해 발생했다고 믿습니까? 아니면 "새로운 업보"가 누군가에게 저질러질 수 있다고 생각하십니까?

예를 들어, 한 어린 소녀가 잔인하게 강간당하고 살해당했다는 이야기를 들을 때면, 어떻게 이런 일이 일어날 수 있는지 궁금해하지 않을 수 없습니다.

또한, 당신은 모든 영혼이 어느 시점에, 심지어 히틀러와 같은 사람조차도 언젠가는 구속된다고 생각합니까? 이 문제에 대한 루이스 헤이 선생님의 견해를 듣고 싶습니다.

사랑하는 이여,

무엇보다도, 저는 우리가 "나쁜 일"을 하지 않는다고 생각합니다. 히틀러를 포함하여 가장 잔인한 사람들의 성장 과정을 들여다보면 끔찍한 어린 시절을 발견하게 될 것입니다. 이것은 그러한 행동을 용납하려는 것이 아니라, 잔인함이 잔인함을 낳는다는 것을 이해하는 것입니다. 중동에서 일어나고 있는 일들을 보세요. 그곳의 아이들은 다른 나라의 아이들을 증오하도록 양육되고 있습니다. 이 나라들이 끊임없이 전쟁을 벌이고 있는 것도 놀라운 일이 아닙니다. 사랑의 교훈을 배우기 전까지, 우리는 항상 고통 속에 갇혀 있을 것입니다.

저는 우리가 이생에서 다음 생으로 업을 이어간다는 것을 확실히 알지 못합니다. 하지만 제 개인적인 생각입니다만, 그것은 저에게 매우 이치에 맞으며, 아동 학대나 아동 살해와 같이 설명할 수 없는 많은 것들을 설명해 줍니다. 저는 종종 저의 어린 시절의 학대가 다른 생에 아이들을 학대했기 때문에 일어날 수 있다고 생각했고, 그 기분이 어땠는지 알 필요가 있었습니다.

인생의 많은 질문은 우리의 현재 이해를 벗어난다는 것을 기억하십시오. 그것은 삶이라고 불리는 이 장엄한 경험에 대한 우리의 이해를 지속해서 확장하기 위한 우리의 영적 학습의 일부입니다. 어떤 영혼도 해를 입은 적이 없으며, 따라서 구속이 필요하지 않습니다. 우리가 인간적인 경험을 가진 영적인 존재인 것을 상기해야 하는 것은 우리의 본질이지, 그 반대가 아닙니다.

우리가 영적으로 성장함에 따라, 우리는 모든 생명의 완전함을 보게 됩니다. 우주는 우리가 조건 없이 사랑하는 것이 가장 좋은 삶의 방법이며 현재의 상상을 초월하는 평화, 힘, 부를 가져다 줄 것임을 배우기를 미소 지으며 기다리고 있습니다. 이렇게 확언합니다. **나는 사랑이 넘치고 조화로운 세상을 만들기 위해 최선을 다한다.**

친애하는 루이스에게,

저는 폭행당한 여성들의 쉼터에서 2년 넘게 일했습니다. 이 경험이 제 영성에 영향을 미치지 않도록 할 수 있는 모든 일을 다 했습니다. 긍정적인 확언을 했고, 이러한 경험들 너머에 있는 신이나 선을 보려고 노력했습니다. 하지만 날이 갈수록 영적으로 더 부정적으로 변해갑니다. 더 이상 일할 수 없어서 사직서를 제출한 적도 있습니다.

제가 빠져 있는 영적 하향 곡선을 멈추기 위해 도움이 필요합니다. 저는 이 직업을 갖기 전에 제가 영적으로 발전하고 있었다고 믿지만, 이전의 수준으로 돌아갈 수조차 없는 것 같습니다. 루이스 헤이 선생님이 나에게 줄 수 있는 통찰력이나 치유 도구가 있다면 대단히 감사하겠습니다.

사랑하는 이여,

구타당하는 여성들을 돕기 위해 당신이 시간을 내다니 얼마나 훌륭한가요. 당신이 그것을 영원히 할 필요는 없습니다. 당신의 영성은 다른 사람의 유형과는 아무런 관련이 없다는 것을 기억하십시오. 그대는 자기애와 자존감의 결핍이 인간에게 어떤 영향을 미칠 수 있는지를 가까이서 보아 왔습니다.

저는 당신이 이 여성들을 계속 "고치려고" 했기 때문에 당신이 무력한 실패자처럼 느꼈다는 생각이 듭니다. 당신은 사랑과 정보를 줄 수 있습니다. 각 사람은 자신의 의식의 법칙 아래 있으며, 그들이 변화하고 성장할 준비가 되었을 때, 그들은 그렇게 할 것입니다.

자신에게 친절하게 대하고 휴식을 취해보세요. 다른 사람의 부정적인 태도를 핑계로 삶에 대한 자신의 영적 연결을 부정하지 마십시오. 기쁨을 찾을 수 있는 곳에서 일하십시오. 당신을 위한 좋은 확언은 다음과 같을 수 있다. **나는 인생을 즐기는 아름다운 사람이다. 나는 같은 생각을 가진 다른 영혼들로 둘러싸여 있다.**

친애하는 루이스에게,

기본적으로 저는 불안하고, 지나치게 자기 비판적이며, 다른 사람들이 저를 어떻게 생각하는지에 대해 과도하게 걱정하는 것에 지쳤기 때문에 글을 쓰고 있습니다. 저는 28세의 여성으로, 스스로 영적이라고 생각하며, 매일 확언을 실천합니다. 저는 담배를 피우거나 술을 마시거나 마약을 하지 않습니다. 그리고 저는 강한 도덕적 가치관을 따르고 있습니다. 하지만 참다운 내적 평화를 얻는 데 자꾸 방해되고 있다고 느낍니다.

제가 할 수 있는 많은 일들(건강, 교육, 지지하는 부모님 등)이 있다는 것을 알고 있지만, 삶이 다소 두렵고 혼자 "밖으로 나가는 것"이 두렵습니다. 직장을 구하는 데도 이러한 감정과 일부 친구들의 영향을 받았다고 생각합니다. 어쩌면 그러한 불안감이 부분적으로는 어떤 생리적 원인이나 영양 결핍 때문이 아닐까, 하는 생각이 들었습니다.

당신이 줄 수 있는 모든 조언과 제 특정 상황에 맞는 확언을 주시면 대단히 감사하겠습니다. 도와주셔서 감사합니다.

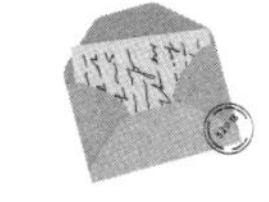

사랑하는 이여,

당신은 자신의 자아에 귀를 기울이고 있습니다. 당신의 자아는 항상 당신을 불안하고, 두려워하고, 당신이 "충분하지 않다"라고 믿게 만들려고 할 것입니다. 당신이 자신을 더 많이 비판할수록 당신의 자아는 더 행복해집니다. 당신의 몸과 감정은 당신의 문제가 아니라는 것을 기억하십시오. 당신은 인간적인 체험을 가진 영적인 존재입니다. 당신이 '나'라고 부르는 것은 결코 해를 입을 수 없고 영원합니다.

이제 당신은 자아의 부정적인 수다를 잠재울 때입니다. 매일 당신 자신의 내면 지혜, 더 높은 자아에 귀를 기울이는 시간을 스스로 내세요. 어떤 사람도 매일 명상하는 시간을 갖지 않고는 자신 안에 있는 과다한 지식과 완전히 접촉할 수 없습니다. 침묵 속에 앉아 있는 것은 우리가 할 수 있는 가장 가치 있는 일 중 하나입니다.

당신 자신을 위해 끊임없이 진리를 확언하세요. **나는 신성하고 장엄한 생명의 표현이다. 내가 알아야 할 모든 것이 나에게 계시되었다. 내가 필요한 모든 것이 나에게 온다. 나는 매 순간 신성하게 보호받고 인도받는다. 나는 안전하고, 내 세상에서는 모든 것이 잘 되고 있다. 나는 삶을 사랑하고 삶은 나를 사랑한다.** 에고가 부정적인 수다를 떨기 시작하면, 그냥 "그만해!"하고 말하십시오. 그런 다음 당신 존재의 진리에 대한 앎의 확언을 반복하십시오.

친애하는 루이스에게,

제 딸과 그녀의 가족은 단층선 너머의 샌프란시스코 지역에 살고 있습니다. 저는 지진의 위협과 그 지역에 관한 예언을 고려하여 그들의 안전에 대한 염려를 자주 표명해 왔으며, 그들에게 이주하도록 격려해 왔습니다.

제 딸의 철학은 있을 수도 있는 대재앙에 너무 많은 부정적인 생각 에너지가 집중되면 자기충족적 예언이 일어날 수 있다는 것입니다. 딸은 적극적인 태도를 유지하면 자신과 가족이 어떤 식으로든 보호를 받을 수 있을 것으로 생각합니다.

그러나 저의 주장은 예고된 경고가 이미 마련되어 있고 그에 따라 행동하지 않는 것은 완전히 어리석은 일인 것입니다. 신은 그의 역할을 하고, 그녀는 자신의 역할을 해야 합니다. 만일 딸이 잠재적으로 위험한 지역에 머물기로 한다면, 그것은 딸의 권리이지만, 그녀의 어린 자녀들의 웰빙을 위태롭게 할 권리가 있습니까? 이 주제에 대한 루이스 헤이 선생님의 견해를 주시면 감사하겠습니다.

사랑하는 이여,

저는 당신의 딸과 그녀의 가족에 대한 당신의 염려를 이해합니다. 그리고 걱정하느라 정신적 에너지를 낭비하지 마시길 권합니다. 지금, 이 순간에도 너무나 많은 사람이 두려움을 팔고 부정적인 에너지를 대기 중에 퍼뜨리고 있습니다. 우리의 마음은 우리의 가장 소중한 도구입니다. 우리가 생각으로 하는 일은 우리의 몸과 세상을 치유할 수도 있고 파괴할 수도 있습니다. 당신이 하는 모든 생각은 면역 체계를 강화하거나 억제합니다. 당신은 위험에 처한 사람입니다. 이것을 멈추지 않으면 당신은 자신을 아프게 할 것입니다. 또한, 당신은 당신의 딸이 당신의 전화를 두려워하게 만들고 싶지 않습니다.

왜 고대의 예언에 그토록 많은 에너지를 쏟는 겁니까? 당신은 새로운 생각의 의식 물결의 핵심이 그러한 예언을 무산시키는 것임을 깨닫지 못합니까? 우리 자신과 지구를 치유하는 시류에 올라타십시오. 당신은 지구를 치유하는 데 도움을 주기 위해 당신의 에너지를 사용하고 싶어 합니다. 가족을 포함한 전 세계를 매일 시각화하여 평화와 안전, 모두를 위한 풍요로움의 새로운 차원으로 나아가십시오. 평화에 대해 묵상하고 신에 대해 더 잘 이해하십시오. 신은 복수심에 불타는 사람이 아닙니다. 신은 우리의 작은 행성 점의 한계를 훨씬 넘어서는 보편적 지성입니다. 당신은 안전하고, 저도 안전합니다.

당신은 자신의 마음속에 평화를 이루어야 합니다. 생명의 과정을 신뢰하기 시작하세요. 우주의 지성이 당신의 딸과 그녀의 가족 구성원 각자에게 구한다는 것을 알아차리십시오. 만약 그들이 다른 지역으로 이사 가는 것이 옳다면, 이 무한 지성은 그들이 움직이도록 돌볼 것입니다. "**나의 모든 가족은 언제나 신성하게 보호받고 있다.**"라고 알고 확언하세요.

친애하는 루이스에게,

저는 모든 동물을 사랑하며, 사실 인간보다는 그들과 함께 시간을 보내는 것을 더 좋아합니다. 저는 인류 전체에 대해 매우 부정적인 견해를 가지고 있으며, 기본적으로 사람들 대부분이 이기적이고, 탐욕스럽고, 사악하고, 교활하다고 느낍니다.

저를 괴롭히는 것은 동물의 생명에 대한 영혼과 불멸성의 문제입니다. 인간은 온갖 결점과 약점과 결점이 있으면서도 천국에 갈 수 있는데 동물은 갈 수 없을까요? 인간은 무고한 동물에게 큰 잔인 행위를 저지르는 죄를 범하고 있습니다. 지금은 동물 복지를 위해 목소리를 내는 많은 단체가 있지만, 아직 갈 길이 멀다고 느낍니다.

제가 알고 싶은 것은, 동물들이 죽으면 어디로 가는가 하는 것입니다. 그들에게 영혼이 있습니까? 카르마와 윤회는 이것에 어떻게 영향을 미칠까요? 저는 동물을 지구상에서 가장 억압받는 생명체로 보기 때문에, 이 문제에 대한 당신의 견해를 듣고 싶습니다.

사랑하는 이여,

마치 당신이 이기적이고 탐욕스럽고 교활한 사람들에게 둘러싸인 어린 시절을 보낸 것처럼 들립니다. 이런 인생관을 또 다른 곳에서 찾을 수 있겠습니까? 우리는 모두 자신을 진정으로 사랑하기 전에 어떤 것에 대해 가족을 용서해야 합니다. 우리가 인생에 대해 믿는 것과 찾는 것은 항상 찾을 것임을 기억하십시오. 매일 아침을 자신 안에 있는 좋은 점을 찾는 것으로 시작하십시오. 긍정적인 것을 찾은 다음, 다른 사람들에게서 같은 특성을 보는 데 남은 하루를 보내십시오. 저는 세상이 사랑하고, 베풀고, 지지하는 사람들로 가득 차 있다고 봅니다. 그리고 무지로 인해 자신과 다른 사람들에게 문제를 일으키는 매우 불행한 사람들도 있습니다. 인류는 우리가 우리 자신의 길을 찾도록 허용하는 것만큼 빨리 깨어나고 있습니다.

저도 모든 동물을 사랑합니다. 네 마리의 개, 두 마리의 토끼, 그리고 제가 먹이를 주는 새와 다른 야생 동물 무리를 키우고 있습니다. 제게 천국과 지옥은 우리가 죽은 후에 "가는" 곳이 아니라, 우리가 이 땅에서 살고 있는 곳입니다. 저는 동물들이 영혼이나 정신이 있으며 또한 진화의 길을 가고 있다고 믿습니다. 깨어난 사람들은 무고한 동물을 포함하여 누구에게도 해를 끼치지 않을 것입니다. 그러니 이 땅의 모든 것과 모든 사람에 대한 사랑의 시각에서 보기 위해 최선을 다합시다. 또한 당신의 기도 제목에 인류의 깨어남이 가속화되고 있다는 것을 포함하세요. 이렇게 확언하세요. **나는 사랑과 친절이 가득한 세상을 꿈꾸며, 이 사랑이 넘치는 세상에 이바지하기 위해 최선을 다한다.**

영적 웰빙을 위한 확언

세상을 창조한 힘이 내 심장을 뛰게 한다.

나는 영적으로 강한 유대감을 느낀다.

삶은 매 순간 나를 지탱해 준다.

나는 모든 생명과 하나가 된 것 같다.

나는 사랑이 많으신 신을 믿는다.

나는 삶이 내 곁에 있을 것이라고 믿는다.

나에게는 특별한 수호천사가 있다.

나는 언제나 신의 인도와 보호를 받는다.

나는 항상 영적 성장의 길을 걸어가고 있다.

나는 신의 지혜와 연결되어 있다.

19장

여성 문제

나는 이제 나의 장엄함을 기꺼이 볼 수 있다.

이제 나는 내 마음과 삶에서

내가 되어야 할 훌륭한 여성이 되는 데 방해가 되는

모든 부정적이고 파괴적이며 두려운 생각을 제거하기로 선택했다.

나는 이제 내 두 발로 일어서서 나 자신을 지탱하고

스스로 생각한다.

나는 내가 필요한 것을 자신에게 준다.

내가 자라는 것은 안전하다.

내가 더 많은 것을 성취할수록 더 많은 사람이 나를 사랑한다.

나는 다른 여성들을 치료하는 여성들의 대열에 합류한다.

나는 지구에 축복이다.

나의 장래는 밝고 아름답다.

우리는 모두 우리 삶의 사랑이 자신으로부터 시작된다는 것을 매우 분명히 할 필요가 있습니다. 너무나 자주 우리는 우리의 모든 문제를 해결하기 위해 아버지, 남자 친구, 남편의 형태로 "Mr. Right(옳음이 씨)"를 찾습니다. 이제 우리 자신을 위해 "Ms. Right(옳음이 양)"가 될 때입니다. 그러기 위해서는 자신의 결점을 정직하게 바라보아야 합니다. 우리에게 무엇이 잘못되었는지 보는 것이 아니라, 우리가 될 수 있는 모든 것이 되는 것을 방해하는 장벽을 찾아야 합니다. 이러한 장벽 중 많은 부분은 우리가 어린 시절에 배운 것들이지만, 한 번 배웠다면 지금 되돌릴 수 있습니다.

내면의 자존감과 자긍심은 여성이 가질 수 있는 가장 중요한 것입니다. 그리고 우리가 이러한 자질을 가지고 있지 않다면 그것들을 개발해야 합니다. 우리의 자존감이 강할 때, 우리는 열등감과 학대의 모습을 받아들이지 않을 것입니다. 우리가 어디에서 왔든, 어렸을 때 얼마나 학대받았든, 우리는 오늘날 자신을 사랑하고 소중히 여기는 법을 배울 수 있습니다. 여성이자 어머니로서 우리는 자존감을 발전시키는 법을 스스로 가르칠 수 있으며, 그러면 우리는 자동으로 이 특성을 자녀에게 물려줄 것입니다. 우리

딸들은 자신들이 학대받는 것을 용납하지 않을 것이며, 우리 아들들은 그들의 삶에서 모든 여성을 포함하여 모든 사람을 존중할 것입니다.

여성을 육성한다는 것은 남성을 깎아내려야 한다는 것을 의미하지 않습니다. 남성을 비난하는 것은 여성을 괴롭히는 것만큼 나쁩니다. 우리는 그것에 관여하고 싶지 않습니다. 우리 삶의 모든 병폐에 대해 우리 자신이나 사람을 탓하는 것은 상황을 치유하는 데 아무런 도움이 되지 않으며, 우리를 무력하게 만들 뿐입니다. 우리가 이 세상의 남성들을 위해 할 수 있는 최선의 일은 피해자가 되는 것을 멈추고 우리 자신의 행동을 함께하는 것입니다. 우리는 마음속 사랑의 공간에서 오기를 원하며, 이 지구상의 모든 사람을 사랑이 필요한 사람으로 보고 싶어 합니다. 여성들이 힘을 합칠 때 산을 옮길 수 있고, 세상은 더 살기 좋은 곳이 될 것입니다.

다음 편지들은 여성들의 관심사를 보여줍니다.

저는 37세의 여성으로, 불규칙한 심장 박동, 즉 심장 박동 사이에 "질주"처럼 보이는 흐릿함이 있다는 진단을 받았습니다. 그 결과 특히 저녁에 긴장을 풀 때 불편함을 느낍니다.

당신의 훌륭한 책《치유 있는 그대로 나를 사랑하라》"를 읽은 후, 저는 이 작지만, 짜증 나는 병을 치유할 수 있다고 진심으로 믿으며, 개인적으로 해야 할 일과 배워야 할 교훈이 있을 수 있다고 생각합니다. 하지만 몇 달 동안 일한 후, 저는 꼼짝없이 갇혀 있다는 것을 알게 되었습니다.

재밌는 건, 제 개인적인 삶이 이보다 더 행복했던 적은 없었다는 것입니다. 저는 15년 동안 다니던 직장을 그만두고 이제 세 자녀와 함께 집에 있을 수 있습니다. 루이스 헤이 선생님의 책에서 심장이 사랑과 기쁨과 연관이 있다고 하셨으니, 지나친 기쁨이 마음에 문제를 일으킬 수 있지 않을까 하는 생각이 듭니다. 물론, 이러한 변화의 또 다른 측면은 제가 줄어든 재정과 작가로서 새로운 직업을 시도하는 것과 관련된 압력에 직면했다는 것입니다. 저 자신을 치유하는 방법에 대한 제안이 있습니까?

너무 많은 기쁨 같은 것은 없습니다. 어쩌면 당신 안에는 "너는 모든 것을 가질 수 없어", "너무 행복해하지 마", "너는 문제를 요구하고 있어"라고 말하는 어린 시절의 오래된 정보가 있을 수 있습니다. 부모님이 행복에 대해 말씀하시던 것들을 생각해 보고, 거기에 몇 가지 한계가 있는지 알아봅니다. 당신은 정말로 행복해질 자격이 있다고 생각합니까?

여성으로서 당신은 내면의 중심을 찾고 진정으로 자존감과 자긍심을 개발해야 합니다. 우리 여성들이 자신을 사랑하고 소중히 여기는 법을 배울 때, 우리는 산을 옮길 수 있을 것입니다. 작가가 되는 것에 대한 모든 압박을 없애십시오. 당신의 창의성이 당신을 통해 흐르게 하십시오. 당신 안에는 너무나 풍부하고 가득 차서 결코 비어 있지 않을 창조성의 우물이 있습니다. 자신을 믿으세요. 줄리아 카메론Julia Cameron이 쓴 《아티스트 웨이 The Artist's Way: A Course in Discovering and Recovering Your Creative Self》는 이러한 창의력을 발휘하는 데 도움이 되는 훌륭한 책입니다. 좋은 영양사에게 가십시오. 심장을 강화하기 위해 섭취할 수 있는 허브가 많이 있습니다. 당신의 심장은 근육이며, 그것은 당신의 몸 전체에 사랑으로 기쁨을 펌프질한다는 것을 기억하십시오. 저녁에 긴장을 풀면서 심호흡하고 **'내 심장은 건강하고 튼튼하다'**라고 확언하세요.

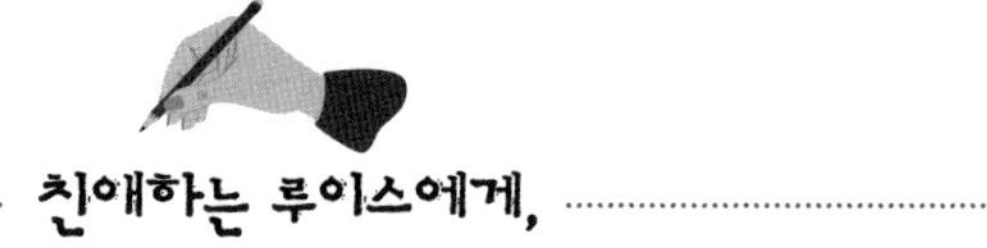

친애하는 루이스에게,

폐경기와 에스트로젠 문제에 관한 당신의 입장이 궁금합니다. 호르몬의 전환기를 겪고 있는 많은 여성이 끔찍한 고통을 겪고 있으며, 의사와 약물 치료의 도움이 필요합니다.

또, 에스트로젠 요법에 대한 당신의 생각이 궁금합니다. 우리는 자연적으로 에스트로젠 없이도 존재할 수 있지만, 에스트로젠 능력은 많이 감소한 상태에서도 존재할 수 있습니다. 왜 여성이 그것을 받아들여야 합니까? 출산은 폐경기와 마찬가지로 질병이 아닙니다. 그러나 오늘날 어떤 여성도 고의로 집에서 출산하지 않습니다. 저는 "여성으로서 우리는 모두 신성하고 위대하다"라는 말에 동의합니다. 하지만 우리는 필요할 때 의학적 도움을 구하기 위해 우리의 뛰어난 정신을 사용해야 합니다.

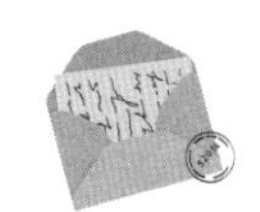

사랑하는 이여,

이러한 문제에 대한 견해를 공유해 주셔서 감사합니다. 당신이 지적하듯이, 많은 여성이 폐경기를 겪으면서 끔찍한 고통을 경험합니다. 그렇다고 해서 폐경기가 여성의 자연스러운 주기라는 사실이 바뀌는 것은 아니며, 일부 여성이 고통을 겪는다고 해서 그렇게 되어야 한다는 의미도 아닙니다. 그보다는 불편함을 느끼지 않는 여성에게 초점을 맞추고, 그들의 태도와 행동을 판단하여 자신 삶에 적용할 수 있기를 바랍니다.

오늘날 점점 더 많은 여성이 자신의 건강관리에서 더욱더 적극적이고 책임감 있는 임무를 수행하고, 자신 신체와 더욱 조화를 이루며 성장하며, 폐경과 같은 변화의 과정이 불편함이나 능력 저하 없이 자연스럽게 펼쳐지도록 선택하고 있습니다. 동시에, 우리 중 많은 사람에게는 뿌리 깊은 문제를 둘러싼 우리의 마음과 몸을 조화롭게 만들어야 하는 책임과 헌신의 수준이 너무 높습니다. 우리는 자존감에 대한 신념과 같이 우리의 건강과 웰빙에 영향을 미치는 몇 가지 문제에 직면할 준비가 되었거나 안전하다고 느낄 때까지 의료 전문가나 다른 정보를 제공하는 출처의 도움이 필요합니다. 우리의 가부장제 사회에서 너무나도 흔한 문화적 믿음은 여성이 생식 능력 없이는 거의 또는 전혀 가치가 없다는 것입니다. 많은 여성이 폐경기를 두려워하고 저항하는 것도 놀라운 일이 아닙니까? 에스트로젠 요법은 이러한 유형의 문제를 해결하지 못합니다. 우리의 마음과 생각만이 이러한 인식을 치유할 수 있습니다.

이 말은 많은 여성들이 폐경기에 겪는 불편함에 대처하기 위한 수단으로 에스트로젠 요법을 개발한 의료계를 비난하는 걸까요, 아니면 에스트로젠 요법을 이용하는 여성들을 흠잡는 걸까요? 둘 다 아닙니다. 제가 제안하는 것은 우리의 몸과 마음의 조화와 균형을 위해 노력하면 잠재적으로 쇠약해지고 부작용이 심한 약물 요법이 불필요해질 수 있다는 것입니다. 우리는 천연 프로게스테론이 합성 에스트로젠보다 여성의 건강에 훨씬 더 중요하다는 것을 발견하고 있습니다. 크리스티안 노드럽Christiane Northrup, M.D.) 박사가 쓴 《여성의 몸과 여성의 지혜Women's Body, Women's Wisdom》을 읽어 보세요. 이 책은 여성의 몸을 자연적으로 건강하게 유지하는 방법에 대한 훌륭한 정보로 가득 차 있습니다. 다음과 같은 확언을 참고하세요. **나는 내 안의 지혜와 조화를 이루며 건강하고 행복하며 온전한 삶을 살아간다.**

우리는 우리의 딸과 딸의 딸들이 폐경기에 고통을 겪지 않도록 오래된 부정적인 믿음 패턴을 바꾸기 위해 노력하는 선구자입니다.

친애하는 루이스에게,

과거에 잘못한 것에 대해 스스로 용서해야 한다고 하셨는데, 만약 당신이 아주 나쁜 일을 했다면 어떻게 될까요?

7년 전쯤, 저는 낙태를 한 적이 있습니다. 그것이 최선의 일인 것 같았고, 그 당시 제가 누구인지를 감안할 때 저는 옳은 일을 한 것이었습니다. 만약 지금의 제가 같은 결정을 내려야 한다면, 저는 분명 다른 선택을 했을 것입니다. 만약 제가 이것을 과거에 묻어 두고 생각하지 않으려 한다면, 신께서 저를 무감각하다고 생각할까, 봐 두렵습니다. 저는 나쁜 행동을 하면 언젠가는 벌을 받게 될 것이라고 믿으며 자랐습니다. 이 죄책감을 짊어지고 다니면 나쁜 일이 생길까 봐 두렵습니다. 아이를 갖고 싶지만, 남편은 전혀 제 근처에 오지 않습니다. 이것이 저의 벌이 될 수 있을까요?

사랑하는 이여,

그대는 그대가 선택한 낙태가 매우 나쁜 것이라 마음속으로 결정했습니다. 우리는 모두 실수를 저지르며, 우리 자신이나 사회가 그 실수를 저지르는 정도가 아니라, 우리가 스스로에게 용서하지 않기로 선택한 방식입니다. 신은 이미 당신을 용서하셨습니다. 당신은 죄책감을 붙잡고 그 죄책감이 당신이 행복하고 평화롭고 즐거운 삶을 사는 것을 방해하도록 내버려 두는 사람입니다. 그냥 흘러가게 놔주세요!

저는 이 시점에서 당신이 자신 외에는 그 누구도, 그 무엇에 의해서도 벌을 받고 있다고 생각하지 않습니다. 당신이 자녀를 갖거나 남편과 성관계를 가질 자격이 없다고 느꼈다면, 틀림없이 당신에게 가까이 오지 않을 남편을 만났을 것입니다. 낙태에 관한 생각을 바꾸면 남편과 좋은 성관계를 가질 기회를 가질 수 있습니다.

당신을 위한 좋은 확언은 다음과 같을 수 있습니다. **나는 나 자신을 용서하고, 치유가 시작되었다.**

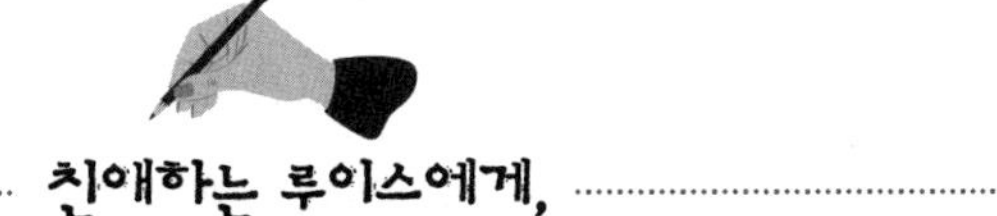

친애하는 루이스에게,

몸의 오른쪽에 관해 묻고 싶습니다. 내가 가지고 있는 모든 건강 문제는 내 오른쪽에 있는 것 같습니다. 목에 통증이 있는데 오른쪽 팔을 타고 내려갑니다. 오른쪽에서 두 개의 치아를 제거해야 했습니다. 암처럼 보였던 오른쪽 유방암은 아니었지만, 혹이 있어서 림프샘과 유방의 4분의 1을 절제했습니다. 또한 자궁 절제 수술을 받았고, 오른쪽 난소를 제거하였습니다.

이 몸이 나에게 주는 메시지는 무엇인가요? 이것의 교훈은 무엇일까요? 도와주세요!

사랑하는 이여,

몸의 왼쪽은 종종 여성적인 면, 받아들이는 면으로 간주합니다. 왼쪽은 무엇보다도 어머니를 나타냅니다. 몸의 오른쪽은 종종 남성적인 면, 즉 표현하는, 내어주는 면으로 간주합니다. 오른쪽은 무엇보다도 아버지를 상징합니다. 신체의 특정 쪽에서 지속해서 문제를 겪을 때, 그것은 그쪽이 대표하는 부모에게 해결되지 않은 문제가 있음을 의미할 수 있습니다. 어떤 면에서는 여전히 아버지와 싸우거나 아버지에게 굴복하고 있을지도 모릅니다. 그것이 단지 당신의 마음속에만 있다고 할지라도, 당신은 여전히 그분께 당신을 다스리는 힘을 내어주고 있을 수 있습니다.

어쩌면 당신은 이러한 문제들에 대해 치료사와 함께 노력할 수 있을 것입니다. 그것이 불가능하다면 거울 앞에 앉는 것이 좋습니다. (티슈 몇 개를 준비하십시오) 마치 아버지가 방에 계시는 것처럼 아버지와 대화를 시작하고, 당신이 가지고 있는 모든 해결되지 않은 문제들을 말씀드립니다. 당신이 끝났을 때, 그에게 당신이 그를 용서하고 그를 놓아준다고, 그가 자유롭고, 당신이 자유롭다고 말하십시오. 그가 당신의 마음을 스쳐 지나가거나 당신이 몸에 문제가 있을 때마다, 그저 **"너는 자유로워. 모든 것이 순조롭다."**라고 확언하세요.

친애하는 루이스에게,

저는 매우 고통스러운 유방 낭종을 앓고 있어서 당신에게 편지를 씁니다. 주치의는 6개월 전부터 유방 조영술을 하라고 권유했지만, 저는 너무 두려웠습니다.

당신이 어떻게 암을 치료했는지에 대한 당신의 책《치유 있는 그대로의 나를 사랑하라》를 읽은 이후로, 당신이 스스로 암을 치료했다면 저도 낭종을 치료할 수 있다는 생각이 계속 듭니다. 가능한 한 채소와 과일을 많이 먹는 것 외에 자가 치유를 완료하기 위해 할 수 있는 다른 긍정적인 일이 있는지 알고 싶습니다.

사랑하는 이여,

저는 당신이 유방 낭종에 대해 가지고 있는 우려를 이해합니다. 저의 첫 번째 권고는, 당신의 두려움에도 불구하고, 의사와 상담하라는 것입니다. 그대 몸의 고통은 메신저입니다. 그것은 당신의 주의를 기울여야 할 조건이 있다는 것을 말하고 있습니다.

당신의 정신 유형을 바꾸기 위해 기꺼이 노력하려는 당신의 태도에 박수를 보내지만, 이 시점에서 당신이 의사가 당신에게 줄 당신의 상태에 대한 정보로부터 유익을 얻기를 촉구합니다. 신께서는 의료계를 통해서도 일하십니다. 자신의 상태를 치유하는 전인적 방법에 대해 손에 넣을 수 있는 모든 자료를 읽으십시오. 의사가 할 수 있는 일 외에도 스스로 할 수 있는 일이 너무 많습니다. 자신을 사랑하는 행위라고 생각하면 됩니다. 당신이 이렇게 확언하기를 바랄지도 모릅니다. **내 몸에 닿는 모든 손은 치유의 손이며, 나는 안전하다.**

친애하는 루이스에게,

저는 32세의 여성으로, 아주, 아주 털이 많습니다. 콧수염이 있고, 팔, 가슴, 배, 엉덩이에 털이 나 있으며, 면도하고 나면 말 그대로 다리에 5시 방향의 그림자가 생깁니다. 내 몸에는 털이 많은 남자만큼 털이 많고, 어둡고 거칠게 나 있습니다. 저는 과체중도 아니고 저체중도 아니며, 다른 신체적 "이상"도 없습니다.

제 질문은 이렇습니다. 저는 여성이 되는 것이 두려운가요, 아니면 제 여성스러움이 두려워서 무의식적으로 제 몸에 불편한 상황을 만드는가요? 아니면 비정상적인 모발 성장을 인생의 교훈을 배워야 할 선천적 결함으로 생각해야 합니까? 제 몸과 영혼을 치유하기 위해 사용할 수 있는 확언이 있을까요? 부끄러움에 지쳤습니다. 감사합니다. 루이스 헤이가 우리 곁에 있어 주셔서 고맙습니다.

사랑하는 이여,

저는 하루에 두 번씩 면도해야 하는 몇몇 여성들을 개인적으로 알고 있습니다. 각각의 경우에서 그들은 매우 재능 있고 창의적인 사람들이었습니다. 당신의 모발 성장은 당신에게 비정상적이지 않습니다. 당신이 아마도 테스토스테론의 양이 많다는 것을 의미하며, 모든 여성은 그 양이 다릅니다. 테스토스테론은 에너지와 창의성을 증가시키기로 되어 있으므로 자신을 "축복받은" 것으로 간주하고 이러한 선물을 사용하면 매우 도움이 될 것입니다.

우리 각자는 자신에게 뭔가 "잘못"이 있다고 믿으며 자랍니다. 이 믿음은 우리가 될 수 있는 모든 것이 되는 것을 방해합니다. 우리 각자는 자신이 결점이라고 여기는 것에도 불구하고 자신을 사랑하는 법을 배워야 합니다. 당신이 스스로 도울 수 있을 때 부끄러움을 느낄 이유가 없습니다. 얼굴과 체모가 불편하다면 좋은 전기 분해 요법 숙련자(지나치게 많은 털을 제거하기 위한)를 방문하십시오. 요즘에는 전기 분해가 매우 효과적이며 시간이 지나면 원치 않는 모든 머리카락을 영구적으로 제거합니다.

다음과 같이 확언하세요. **나는 아름답고, 모두가 나를 있는 그대로 사랑한다.** 한 달 동안 하루에 100번 이상 이 확언을 하면 긍정적인 결과에 놀랄 것입니다.

여성을 위한 긍정 확언

나는 내 안에서 장엄한 존재를 본다.

나는 내가 얼마나 멋진 사람인지 발견하고 있다.

나는 나 자신을 사랑하고 즐기기로 선택한다.

나는 지혜롭고 아름답다.

나는 내 안에서 보는 것을 사랑한다.

나는 내 인생을 책임지고 있다.

나는 내가 될 수 있는 모든 것이 될 자유가 있다.

나는 내 두 발로 서 있다.

나는 나 자신의 힘을 받아들이고 사용한다.

나는 내 인생에서 여성들을 사랑하고, 지지하고, 즐긴다.

20장

다양한 주제

나는 나 자신을 사랑하고

다른 사람들을 조건 없이 사랑하는 법을 배우기 위해 여기에 있다.

사람마다 키와 몸무게와 같이 측정이 가능한 것들이 있지만,

나에게는 신체적 표현보다 훨씬 더 많은 것이 있다.

나의 측정할 수 없는 부분은 나의 힘이 있는 곳이다.

나 자신을 다른 사람과 비교하면 우월하거나 열등한 느낌이 들고,

결코 있는 그대로 나를 받아들일 수 없다는 느낌이 든다.

얼마나 시간과 에너지의 낭비인가?

우리는 모두 독특하고 놀라운 존재이며, 각기 다르고 특별하다.

나는 내면으로 들어가서

나 자신이고 우리가 모두 있는

영원한 하나 됨의 독특한 표현과 연결된다.

당신은 누구입니까? 왜 이곳에 태어났을까요? 인생에 대한 당신의 믿음은 무엇입니까? 수천 년 동안 이러한 질문에 대한 답을 찾는 것은 자신 내면으로 들어가는 것을 의미했습니다. 그러나 이것이 의미하는 바는 무엇입니까?

저는 우리 각자의 내면에 사랑으로 우리를 완전한 건강, 완전한 관계, 완벽한 직업으로 인도할 힘이 있으며, 그 힘은 우리에게 모든 종류의 번영을 가져다줄 수 있다고 믿습니다. 그런 것들을 갖기 위해서는 먼저 그것이 가능하다는 것을 믿어야 합니다. 다음으로, 우리는 우리가 원하지 않는다고 말하는 조건을 만들어 내는 우리 삶의 유형을 기꺼이 놓아주어야 합니다. 우리는 내면으로 들어가 우리에게 가장 좋은 것이 무엇인지 이미 알고 있는 내면의 힘을 두드림으로써 이를 수행합니다. 만약 우리가 내면의 이 큰 힘, 우리를 사랑하고 지탱하는 힘에 우리의 삶을 기꺼이 맡긴다면, 우리는 더 번영하는 삶을 창조할 수 있습니다.

저는 우리의 마음이 항상 하나의 무한한 마음과 연결되어 있다고 믿습니다. 그러므로 모든 지식과 지혜는 언제든지 사용할 수 있습니다. 우리는 내면 빛의 불꽃을 통해 이 무한한 마음, 이 우주의 힘과 연결되어 있습니다. 우주의 힘은 당신의 모든 창조물을 사랑합니다. 그것은 선을 위한 힘이며, 우리 삶의 모든 것을 인도합니다. 그것은 미워하거나 거짓말하거나 벌하는 방법을 모릅니다. 그것은 순수한 사랑, 자유, 이해, 연민입니다. 우리의 삶을 더 높은 자아에 맡기는 것이 중요한데, 왜냐하면 그것을 통해 우리는 최상의 선을 받기 때문입니다.

우리는 이 힘을 우리가 원하는 어떤 방식으로든 사용할 수 있는 선택권이 있다는 것을 이해해야 합니다. 만약 우리가 과거에 살기로 선택하고, 그 옛날에 있었던 모든 부정적인 상황과 조건들을 재탕한다면, 우리는 우리가 있는 곳에 머물러 있을 것입니다. 우리가 과거의 희생자가 되지 않겠다는 의식적인 결정을 내리고 스스로 새로운 삶을 창조해 나간다면, 우리는 내면의 이 힘에 의해 지지를 받게 됩니다. 그리고 새롭고 더 행복한 경험들이 펼쳐지기 시작합니다.

우리 각자는 훌륭하고 사랑이 넘치는 생명의 표현이 되어야 합니다. 삶은 우리가 그것에 마음을 열고, 삶이 우리에게 주는 좋은 것에 합당하다고 느끼기를 기다리고 있습니다. 우주의 지혜와 지성은 우리가 사용할 수 있는 것입니다. 삶은 우리를 지원하기 위해 여기에 있습니다. 우리는 그저 내면의 힘이 우리 곁에 있다는 것을 믿어야 합니다.

다음 편지는 다양한 문제를 나타냅니다.

친애하는 루이스에게,

O. J. 심슨 재판의 결과에 대한 루이스 헤이 선생님의 훌륭한 충고를 부탁드립니다. 판결 이후로 계속 울고 있습니다. 모든 것에는 이유가 있다고 믿고 싶지만, 불공평한 현실에 마음이 아픕니다. 저는 학대와 구타를 당한 모든 여성에게 동정심을 느끼며, 배심원단의 여성들이 그를 놓아주었다고 생각합니다. 왜일까요?

이 모든 것에는 분명 신성한 계획이 있어야 합니다. 우리 사회에 너무나 화가 나고 사회는 병들어 있습니다. 왜 우리는 서로 사랑할 수 없을까요? 이 모든 증오와 두려움과 분노가 무슨 유익을 주겠습니까? 하지만 저는 오늘 그것을 직접 느끼고 있습니다.

우리 모두와 니콜 론Nicole, Ron과 관련하여 무슨 일이 일어나고 있는지 이해하는 데 도움이 되는 몇 마디 말씀을 보내주십시오. 우리가 변화를 만들 수 있고, 세상이 고통과 상처에서 치유될 수 있다고 믿는 것이 몹시 절실합니다.

사랑하는 이여,

저는 신문을 거의 읽지 않았고 O. J. 심슨 재판을 거의 지켜본 적도 없습니다. 저는 대부분의 미디어 소란으로 제 마음을 어지럽히는 것을 거부합니다. 미디어는 우리의 감정을 자극하고 두려움을 팔아넘기는 데 능숙합니다. 매일 신문을 처음부터 끝까지 읽는다면 두려움에 살게 될 것입니다. 그들은 당신이 그날 무엇을 두려워해야 하는지 알아내기 위해 매일 새로운 종이를 사기를 원합니다. 텔레비전 뉴스도 마찬가지입니다. 잠을 잘못 자고 싶다면 잠들기 직전에 심야 뉴스를 보세요. 저는 그것을 사지 않을 것입니다. 제 마음을 소용돌이로 가득 채운다면 서로 사랑해도 안전한 세상을 만드는 데 집중할 수 없습니다.

재판에 참석해 본 적도 없고, 그에 대해 읽어 본 적도 없으므로 결과에 대해 어떤 판단도 내릴 수 없습니다. 저는 이 사건에 대해 대중이 결코 알 수 없는 많은 것들이 있다고 확신합니다. 저는 모든 사람이 그들 자신 의식의 법칙 아래 있으며, 우리가 내어주는 것은 어떤 식으로든 우리에게 돌아오리라는 것을 압니다. 두 사람의 살해는 그 자체로도 끔찍하지만, 무력한 여성과 어린이들에 대한 훨씬 더 끔찍하고 지속적인 구타를 공개적으로 드러내는 것 같았습니다. 저는 모든 경험에서 오직 선만이 온다는 것을 이해하게 되었습니다. 우리가 모든 여성에 대한 구타를 종식하는 데 주의를 집중한다면, 이 경험에서 좋은 결과가 나올 수 있습니다.

당신과 저는 재판에 관한 생각이 떠오를 때마다 확신으로 이렇게 말합시다. **세상은 모든 여성과 어린이에게 안전한 곳이 되고 있으며, 나는 그 안전에 이바지하고 있다.** 우리는 변화를 만들 수 있습니다. 당신의 애도 기간은 괜찮습니다. 이제 우리가 살고 싶은 세상을 만드는 데 도움을 주기 위해 강력한 정신을 사용하십시오.

친애하는 루이스에게,

오클라호마와 사우디아라비아에서의 폭탄 테러, TWA(트랜스 월드 항공) 800편의 폭파 가능성, 그리고 피닉스의 세 건물이 최근에 광신자들에 의해 폭격을 당했다는 정보를 들은 후, 저는 뉴스에서 듣는 것에 분노하지 않을 수 없습니다. 우리가 사는 세상 사람들이 이토록 폭력적이고 악의적일 수 있다는 사실이 무섭습니다.

이러한 추세가 계속된다면 어떤 일이 일어나리라 생각하십니까? 우리나라가 두려우신가요? 저는 이 주제에 대한 당신의 의견을 읽은 적이 없으며 당신이 말해야 할 것에 관심이 있습니다.

사랑하는 이여,

사람들이 증오 속에서 클 때, 테러리즘은 그들에게 자연스러운 것처럼 보입니다. 그것은 궁극적인 비난의 행위입니다. 비난은 언제나 무력한 행동입니다. 그것은 당신이 자신의 상황에 대한 통제력이나 책임이 없다고 믿는 데서 비롯됩니다. 소위 깨달음의 길에 있는 우리들은 우리가 우리 상황의 공동 창조자인 것을 압니다. 그러니 어떤 수준에서, 밖에 있는 것은 우리 안에 있는 것의 반영입니다. 세상을 치유하기 위해서는 우리 자신의 마음속에 있는 증오를 치유해야 합니다. 우리가 할 수 있는 가장 좋은 일은 전 세계에 사랑을 전파하고 나누기 위해 부지런히 일하는 것입니다. 그렇게 할 때, 우리는 사랑이 없는 모든 것이 치유되기 위해 표면으로 올라올 것임을 깨달아야 합니다. 우리는 두려움, 증오, 인종 차별, 학대, 테러리즘 등을 바라보고 또 보아야 하며, 이에 대한 새로운 인식을 불러일으켜야 합니다. 우리는 볼 수 없거나 앞으로 보지 않을 것을 치유할 수 없습니다.

우리는 이 시기를 두려운 시기로 볼 수도 있고, 우리 자신의 분노와 분노를 표출하는 시기로 볼 수도 있고, 이러한 문제들을 치유할 기회로 볼 수도 있습니다. 마음을 어떻게 사용할지는 당신에게 달려 있습니다. 당신은 문제를 더할 수도 있고, 치유하는 데 도움을 줄 수도 있습니다. 테러 공격이나 세계의 어떤 위기 상황에 대해 듣게 되면, 저는 즉시 모든 상황을 백색광으로 둘러쌉니다. 저는 피해를 줬을 수 있는 사람을 포함하여 그것과 관련된 모든 사람에게 사랑과 치유의 에너지를 보냅니다. 분노와 두려움은 아무것도 치유하지 못합니다. 증오는 증오를 낳습니다. 눈에는 눈이라는 철학은 모든 사람을 장님으로 만듭니다. 우리 모두 알고 확언합시다. **상황은 더 나빠지지 않고 있다. 그들은 치유되고 있다!**

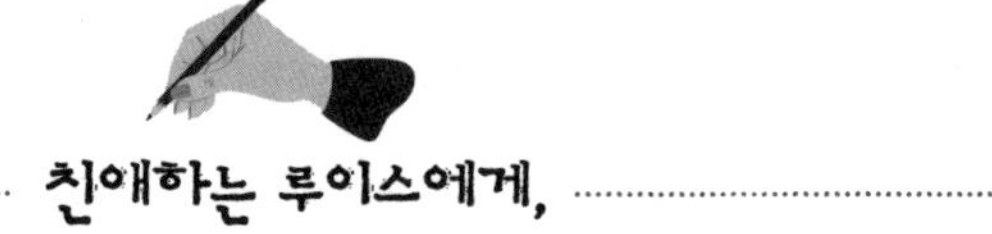

친애하는 루이스에게,

저는 83세의 미망인인데, 인생에 지쳐 있습니다. 저는 가족을 키웠고, 그들은 멀리서 살고 있고, 저는 혼자입니다. 제 친구들은 대부분 세상을 떠났습니다. 아침에 일어나서 아침을 먹고, TV를 보고, 앉아서 뭘 해야 할지 고민합니다. 노인 클럽에 가입하거나 위탁 조부모가 되라는 말은 하지 말아주세요. 정말 관심이 없어요. 어쨌든 저는 외곽 교외 지역에 살고 있고, 버스로만 이동할 수 있어서 이동성이 제한적입니다.

솔직히 말하면, 제가 삶의 목적이 없어 할 수 있는 것이 별로 없다는 생각이 들기 때문에 모든 것을 끝내고 싶다는 생각이 들 때도 있습니다. 앞으로 10년쯤 더 이렇게 살아야 할지도 모른다는 생각에 몸서리가 쳐집니다. 저 같은 사람에게 해주고 싶은 조언이 있다면요?

사랑하는 이여,

당신은 당신이 원하지 않는 것에 대해 매우 명확해 보입니다. 당신이 정말로 원하는 것이 무엇인지에 대해 생각해 본 적이 있습니까? 만약 당신이 원하는 것이 무엇이든 가질 수 있다면, 그것은 무엇일 건가요? 남은 인생을 어떻게 살고 싶습니까? 당신 앞에는 당신의 고향에서 빛의 점이 되어 전 우주에 축복을 보낼 기회가 있습니다! 그리고 그렇게 할 때, 그 축복은 배가된 형태로 당신에게 돌아옵니다! 정말 멋진 생각이 아닙니까? 저는 방금 버지니아주 로어노크Roanoke에 사는 시니어 학생들이 컴퓨터 사용법을 배우기 위해 학교로 돌아가는 이야기를 읽었습니다! 새롭고 흥미로운 것을 배울 수 있는 얼마나 놀라운 학습 경험이 될 수 있습니까! 83세의 나이는 아직 젊은데, 저는 96세의 한 노인 공동체의 사회책임자를 알고 있습니다! 그녀는 매일 다른 사람들을 돕느라 바쁩니다. 당신은 여전히 여기에 있습니다. 당신은 아직 행성을 떠나지 않았습니다. 당신의 인생을 즐기십시오. 새로운 사고방식을 기꺼이 받아들이십시오! 당신의 삶에서 사람들을 포용하고, 무엇보다도 그 사실을 사랑하고 감사하십시오.

자신을 사랑하는 법을 배우세요. 당신을 기분 좋게 만드는 생각을 선택합니다. 오직 당신만이 자신을 행복하게 할 수 있습니다. 당신이 정말로 살 수 있는 유일한 장소는 당신의 마음입니다. 다음과 같은 확언을 참고하세요. **내 인생은 이제 막 시작되었고, 나는 이 일을 사랑한다.**

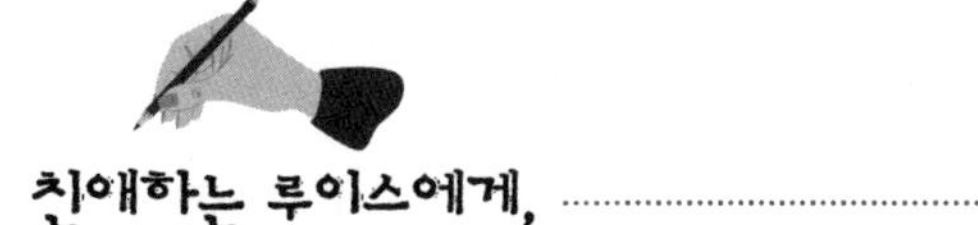

친애하는 루이스에게,

저는 매우 몸집이 작은 여성(4피트 3인치 키 130cm)이고 사람들은 나에게 예쁘다고 말합니다. 저는 아이를 낳았지만, 자연 분만을 하기에는 너무 작았기 때문에 제왕절개 했습니다. 저는 몸이 잠재력을 온전히 발휘하지 못했으며 저에게 뭔가 문제가 있다는 것을 깊이 느낍니다. 정말 슬픕니다.

제가 이번 생에서 작은 몸을 선택한 특별한 이유가 있을까요? 있다면 어떻게 최대한 활용할 수 있습니까? 이것을 넘어서기 위해 나에게 줄 수 있는 확언이 있습니까?

사랑하는 이여,

농구 선수에게 왜 이번 생에서 매우 큰 몸을 선택했는지 물어볼 수 있습니다. 당신은 그가 자신 잠재력을 과도하게 발전시켰고 그에게 뭔가 문제가 있다고 말할 것입니까? 그도 당신만큼이나 이 세상을 살아가는 데 많은 도전을 하고 있지만, 다만 그것들이 다를 뿐입니다. 두 사람 모두 독특한 관점에서 인생을 바라볼 수 있습니다.

당신의 몸은 문제가 아닙니다. 몸은 당신이 그것에 반응하기 위해 선택한 방식입니다. 당신의 반응은 단지 생각일 뿐이며, 생각은 바뀔 수 있습니다. 이 시기에 우리가 어떤 몸에 처해 있든지간에, 우리는 그 몸 안에서 기뻐하기를 원합니다.

당신이 누구인지 사랑하지 않는다면, 당신은 아이들에게 똑같은 무가치한 감정을 가르치게 될 것입니다. 저는 당신과 당신의 아이에게 거울 앞에 서서 이렇게 말하라고 제안하고 싶습니다. **나는 나 자신을 사랑해, 나는 지금 있는 이대로 완벽해.** 매일 그렇게 하십시오. 그것으로 노래를 만드십시오. 그것은 당신 존재의 일부가 될 것입니다. 모든 것이 잘됩니다.

친애하는 루이스에게,

저는 엔지니어링 분야에서 일하는 행복한 결혼 생활을 하는 27세의 남성입니다. 저는 제 일의 일부를 좋아하지만, 상사의 판단이나 행동을 정말로 존중하지 않기 때문에 상사와의 관계가 다소 스트레스가 많습니다. 하지만 이런 상황이 1년 넘게 계속되고 있고, 최근에도 크게 달라진 것이 없었기 때문에 지난 두 달 동안 몸 문제로 인해 당황하고 있습니다.

어쨌든 저는 주기적으로 두통을 앓지만, 매주 월요일 오후 2시쯤에는 저녁까지 지속되는 끔찍한 편두통에 걸리는 것 같습니다. 매주 월요일 저녁에 퇴근하고 집에 돌아오면 처방 약을 먹고 있는데, 이런 두통 때문에 매주 그날이 무서워졌습니다. 첫째, 월요일에 문제가 발생할 수 있는 이유를 생각할 수 있습니까? 둘째, 약물을 사용하지 않고 약물을 줄이는 방법에 관한 조언을 해주실 수 있습니까?

사랑하는 이여,

당신의 몸은 당신에게 **직장을 그만두라**고 크고 분명하게 말하고 있습니다! 당신이 전혀 존경하지 않는 사람을 위해 일할 이유가 어디 있겠습니까? 물론 당신은 월요일에 편두통이 있습니다. 당신은 그곳에 있고 싶지 않을 것입니다! 당신은 자신의 가치관에 어긋나는 일을 하도록 자신에게 강요하고 있으며, 그런 다음 그렇게 함으로써 스스로 처벌하고 있습니다. 월요일 아침에는 다른 어느 때보다도 심장 마비가 더 많이 일어납니다. 같은 이유입니다. 사람들은 그들이 다니는 직장을 싫어합니다.

편두통을 일으키는 사람들 대부분은 완벽주의자입니다. 그들은 일주일 내내 직장에서 극도로 완벽해지려고 스트레스를 받고, 금요일 밤이 되어 긴장을 풀려고 할 때 그 모든 긴장이 엄청난 편두통으로 폭발합니다. 종종 그 두통은 주말 내내 지속됩니다. 당신의 유형은 조금 다를 뿐입니다.

매일 15분의 명상으로 휴식을 취할 수 있을 만큼 자신을 사랑하십시오. 점심시간에 어딘가에 가십시오. 눈을 감고 조용히 앉아서 15분 동안 아무것도 하지 마세요! 당신은 내면을 조용히 할 필요가 있습니다. "아무것도 하지 않는" 기간을 마무리하면서 이 확언을 사용하십시오. **나는 항상 내가 존경하고 나를 존중하는 훌륭한 사람들을 위해 일한다.** 삶은 그것을 어떻게 실현할 수 있는지 저절로 알아낼 것입니다.

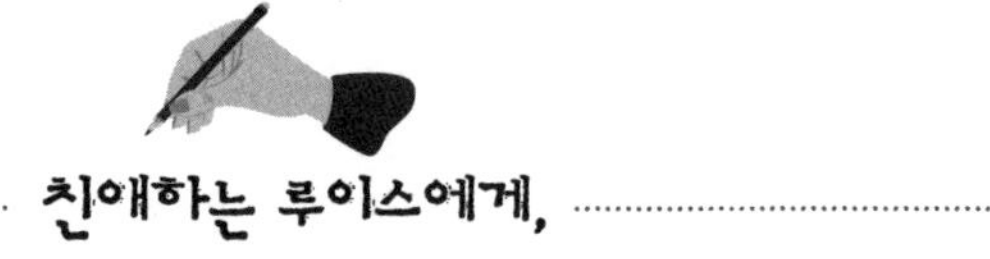

친애하는 루이스에게,

저는 23살이고, 당신이 쓴《치유 있는 그대로 나를 사랑하라》책을 여러 번 읽었지만, 제 삶에서 성공이 없었기 때문에 우리 삶에서 일어나는 일에 대한 책임이 우리에게 있다는 것을 여전히 믿을 수 없습니다. 제 몸이 건강하지 않고, 관계가 좋지 않고, 재정이 나아지지 않습니다. 세상에 대해 너무나 괴로워하고, 좌절하고, 화가 날 때 저는 어떻게 제 삶을 치유할 수 있을까요?

사랑하는 이여,

당신이 맞아요. 당신이 세상에 대해 쓰라리고, 좌절하고, 분노하는 생각을 계속 만들어 내는 한, 당신은 당신의 삶을 치유할 수 없습니다. 당신이 내어주는 것은 경험으로 당신에게 돌아올 것입니다. 쓰라린 생각은 더 쓰라린 경험을 낳습니다. 좌절한 생각은 당신이 세상을 창조하는 데 있어서 당신 자신의 책임을 아직 배우지 못했다는 것을 보여줍니다. 분노를 표출하는 것은 종종 다른 사람들이 상처를 주는 것으로 돌아옵니다. 저는 당신이 당신의 생각과 완벽하게 일치하는 세상을 만들고 있다는 것을 압니다.

당신은 당신의 삶에서 계속해서 혼돈을 창조할 힘을 가지고 있거나, 아니면 부정적인 것을 놓아버리고 새롭고 사랑스러운 방식으로 삶을 살기 시작할 수 있습니다. 네, 당신이 끔찍한 어린 시절을 보냈다는 것을 이해합니다. 당신의 어린 시절 어딘가에서 누군가가 당신에게 인생에 대한 자신의 씁쓸한 견해를 가르쳐 주었습니다. 당신은 착한 아이였고 그것을 철저히 배웠습니다. 하지만 이제 당신은 어른이 되었고, 당신이 원하는 삶이 어떻게 될 것인지에 대한 자신만의 생각을 형성할 수 있습니다. 주변에 12단계 프로그램을 찾아보세요. 지금 당장 어떤 것이든 도움이 될 수 있습니다. 제 책을 한 번 더 읽어 보세요. 이번에는 연습 과제를 자세히 하십시오. 적어도 한 달 동안 하루에도 몇 번씩 이 확언을 하십시오. **나는 기꺼이 변화할 것이다. 나는 기꺼이 나 자신을 사랑하는 법을 배우고 싶다.** 이 확언을 종이에 적어서 항상 곁에 두어 정기적으로 볼 수 있도록 하십시오.

지금은 깨닫지 못하겠지만, 저는 당신이 사랑할 만한 가치가 있는 존재이며 당신의 삶을 더 나은 방향으로 바꿀 수 있다는 것을 압니다. 부정적인 감정을 내려놓으면, 자신의 아름다움을 보기 시작할 것입니다.

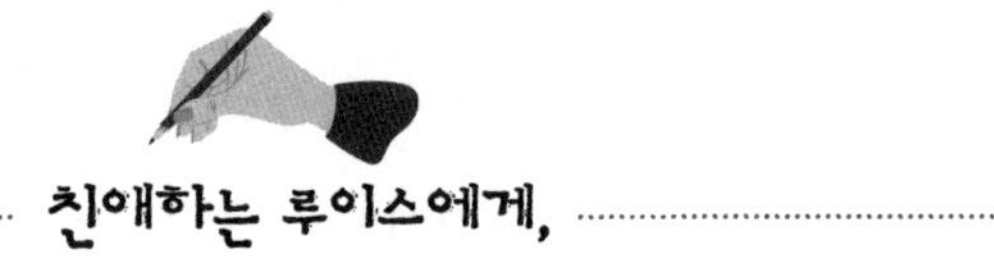

친애하는 루이스에게,

작년 6월, 제가 일하던 회사는 25명을 해고했습니다. 23년 동안 충성과 봉사를 한 후, 저는 감사하게도 명예퇴직금을 받았습니다. 저는 45년 동안 행복한 결혼 생활을 해 왔으며 자녀와 손자 손녀들이 있습니다. 하지만 가끔은 너무 외로워요. 저는 다른 사람들을 도우면서 바쁘게 지내려고 노력하지만, 그것만으로는 충분하지 않은 것 같습니다. 저는 저에게 더 많은 것이 올 것이라고 느끼지만, 무엇이 올지 모르겠습니다.

저는 지금 제 삶의 목적을 찾기 위해 확언을 사용해 왔지만, 아침에 일어나서 목적지가 없다고 느끼는 것을 좋아하지 않습니다. 제가 너무 열심히 하는 걸까요? 내면의 행복을 위해 '더 많은 것'을 찾고 있는 것 같습니다. 이 혼란스러운 감정을 정리하는 데 도움을 줄 수 있습니까?

사랑하는 이여,

당신은 일하지 않으면 쓸모없다고 느끼는 여성처럼 들립니다. 게일 쉬이Gail Sheehy가 쓴《새로운 길 시간을 초월한 삶의 지도New Passages: Mapping Your Life Across Time》책을 읽어 보시길 강력히 추천합니다. 이 책은 아름답게 집필된 훌륭한 책이며, 바로 이러한 문제들을 다루고 있습니다. 성인 생활의 새로운 지도에 대한 그녀의 통찰력과 우리 앞에 놓인 변화의 가능성에 대한 통찰력은 제 마음에도 감동을 주었습니다. 1900년에 우리의 평균 수명은 약 49세였습니다. 오늘날 50대에 접어든 사람들은 90대까지 쉽게 살 수 있습니다. 마치 우리에게 두 번째 성인기가 주어지는 것 같습니다.

오늘날 다른 많은 사람처럼 당신도 미지의 바다에 직면해 있습니다. 이제 우리는 더 오래 살고 있는데, 이 모든 여분의 시간을 어떻게 활용한다는 것은 우리에게 어떤 의미가 있을까요? 우리는 새로운 진화 단계에 접어들고 있습니다. 우리는 새로운 역할을 위해 준비해야 합니다. 새로운 것을 공부하십시오. 학교로 돌아가십시오. 당신의 생각이 터무니없습니다. 당신 앞에는 완전히 새로운 삶이 있습니다. 저는 당신이 새로운 세계를 탐험하는 것을 지원합니다. 즐겁게 지내세요. 사크 즙이 많은 야생 여인Sark-Succulent Wild Woman 또는 영감 샌드위치Inspiration Sandwich의 책을 구매하십시오. 둘 다 당신의 창작 자유에 영감을 줄 것입니다. 당신을 위한 확언입니다. **나는 인생의 새로운 성취에 대해 열려 있고 수용적이다. 모든 것이 잘된다.**

친애하는 루이스에게,

내가 확언을 사용하기 시작할 때마다, 나쁜 일들이 일어나기 시작합니다. 당신의 책《치유 있는 그대로 나를 사랑하라》에서 이것을 언급했습니다. 우리가 번영에 대한 긍정 확언을 하고 나서 지갑을 잃어버리는데 그것이 의미하는 바를 알려주셨습니다. 저는 확언하는 데 관한 용기가 금방 식기에 가능한 한 빨리 이 문제에 대해 더 큰 의미를 확장시키도록 도와주십시오. 정말 고마워요.

사랑하는 이여,

우리 중 많은 사람이 잠재의식 속에 너무 많은 부정적인 정보를 가지고 있어서 긍정적인 자기 개선 프로그램을 시작할 때 우리는 정말로 냄비를 휘젓고 모든 종류의 부정적인 것들이 표면으로 떠오릅니다. 저도 어렸을 때, 긍정적인 확언을 할 때마다 내 몸을 다치게 했던 것이 기억납니다. 이것은 어렸을 때 받았던 매를 받아 마땅하다고 믿었던 나의 오래된 메시지에서 나온 것이었습니다.

당신은 이 시기를 넘어서게 될 것입니다. 이것은 단지 오래된 것들이 떠오르고 있으며 당신을 해칠 수 없다는 것을 잘 알고 있어야 합니다. 그것을 긍정적으로 바라보고 자신에게 이렇게 말하세요. **"이것은 단지 오래된 쓰레기가 표면으로 떠오르고 있을 뿐**

이다. 나는 그것을 치우고 있고, 나는 안전하다.” 또한, 과거에 문제가 있었던 모든 사람을 끊임없이 용서하는 한 달이라는 시간을 자신에게 주세요. 당신은 그러한 각 사람에 대해 다음과 같이 단언하고 싶을 수도 있습니다. **나는 당신을 용서하고, 자유롭게 놔준다.** 당신은 행복하고 자유로울 자격이 있다는 것을 기억하십시오!

저는 모든 문장 앞에 "저는 추측합니다"라는 말을 쓴다고 지적받았습니다. 이 나쁜 버릇을 멈추고 싶지만 실제로 제가 그러고 있는지조차 모르고 있습니다. 저는 그것이 어쩐지 저 자신에 대해 확신이 없다는 것을 의미한다는 것을 압니다. 당신은 무엇을 추천합니까?

당신이 할 수 있는 첫 번째 일은 그것을 "나쁜 습관"이라고 부르는 것을 멈추는 것입니다. 삶의 질을 향상하고 싶어 하므로 자신을 잘못하고 있다고, 틀렸다고 만들지 마십시오. 우리는 모두 어떤 분야에서 자신에 대해 확신이 없습니다. 반복적인 표현을 사용하는 것은 많은 사람이 일반적으로 그렇게 합니다.

당신이 바꾸고 싶은 것을 알게 되었다는 사실이 첫 번째 치유 단계입니다. 당신이 말하는 것에 귀를 기울이기 시작하십시오. 의식적인 사고는 우리가 모두 원하는 목표입니다.

확언하십시오. **나는 명확한 생각을 하는 사람이며 쉽게 자신을 표현한다**. 그리고 당신이 변화하려 할 때 자신을 사랑하십시오.

저는 36세의 흑인 여성으로, 왜 저와 같은 인종의 사람들이 그렇게 행동하는지 자신에게 묻습니다. 제 직장에서, 그들은 다른 흑인들이 내세우는 소위 사실들, 예를 들어 "우리는 400년 동안의 억압에 빚을 지고 있다.", "다른 인종들은 악마이며 우리에게 친절하게 행동할 뿐이다.", "다른 인종들의 혼합은 새로운 소수를 만들어 낸다", "우리는 우리에게서 모든 것을 빼앗겼기 때문에 분노할 권리가 있다" "나는 내 인종이 아닌 사람과 거래하고 있지 않다", "흑인 남성은 너무 고통받는다" 등등과 같은 생각 때문에 다른 인종을 "깎아내리고" 있습니다. 저는 루이스 헤이 선생님이 이런 말들을 모두 들어봤을 것이라고 확신합니다.

저는 과거에 무슨 일이 있었는지 잘 알고 있으며, 인종 차별이 여전히 존재한다는 것을 알고 있습니다. 두려움은 이 계속되는 증오의 원인입니다. 저는 직장에서 다른 인종들과 잘 지내지만, 다른 흑인들은 시도조차 하지 않습니다. 저는 제가 원하는 휴가를 얻고 제 일에 대해 칭찬받기 때문에 상사에게 "아부"한다고 느끼게 됩니다.

저 자신이 되는 것이 무엇이 잘못되었는가요? 낡고 낡은 신념을 버리는 것, 그리고 내 삶에서 부정적인 것들을 제거하는 것이 잘못되었나요? 저는 해임에 관한 확언을 해 왔고, 사랑과 용서로 제 직업을 축복해 왔습니다.

인생 여정의 일부로서 우리는 끊임없이 교훈을 배우고 있습니다. 우리가 모두 인생의 모든 것을 사랑할 준비가 되어 있는 것은 아닙니다. 각 사람은 그렇게 해야 할 때가 되면 변화될 것입니다. 지구를 위해 다른 사람의 태도를 바꾸고 싶은 마음은 쉽지만, 다른 사람을 판단하는 것은 독선적이며 우리 자신의 성장을 지연시킵니다. 그러니 그냥 자신의 길을 가십시오.

당신이 하는 일, 그것은 모든 사람 사이의 분리를 치유하기 위해 우리가 모두 할 수 있는 최선의 일입니다. 할 수 있는 한 마음이라는 사랑의 공간에서 계속 나오고, 다른 사람들이 뭐라고 말하든 주의를 기울이지 마십시오. 당신이 다수와 다른 태도를 보일 때마다, 당신은 조롱받을 것을 예상할 수 있습니다. 저 역시 인생관에 대해 일부 사람들로부터 비판을 받기도 하지만, 그 견해를 고수해야 한다는 것을 알고 있습니다.

인종 문제와 관련하여 과거에 일어났던 일은 우리나라의 역사에서 가장 부끄러운 부분 중 하나입니다. 우리가 훨씬 더 일찍 더 큰 불안을 겪지 않은 것은 놀라운 일입니다. 지금 당장 일어나고 있는 편견과 인종 차별은 안타까운 일입니다. 누가 표현하든 인종 차별은 건강과 치유에 이바지하지 않습니다.

이 증오가 두려움에서 나온다고 말하면 당신이 옳습니다. 언젠가 우리는 서로를 두려워하지 않게 될 것이며, 우리가 모두 사랑하고 사랑받을 수 있는 같은 능력을 갖춘 한 민족임을 인식하게 될 것입니다.

당신의 믿음 때문에 다른 사람들에게 조롱받는다고 느낄 때마다, 이 확언을 반복하십시오. **나는 모든 곳에 있는 모든 사람 사이에서 조화와 치유를 봅니다.** 이렇게 하면 원하는 비전에 집중할 수 있습니다.

루이스에게 보낸 새로운 편지

(다음 편지들은
이 책이 처음 출판된 이후
추가된 것입니다.)

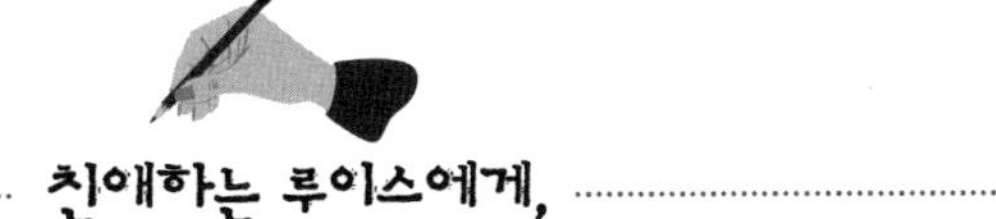

친애하는 루이스에게,

저는 당신의 책을 가지고 있는데, 당신이 제 상황에 대한 좋은 긍정을 제안할 수 있는지 궁금합니다. 모든 영역에서 막혀 있다고 느낍니다. 저는 제가 무엇을 원하는지 알고 그것을 상상할 수 있지만, 동시에 의심함으로써 그것을 부정합니다. 저는 두려움이 많고 저를 짜증 나게 하는 상황에서 쉽게 부정적으로 반응합니다.

사랑하는 이여,

당신의 편지는 부정적인 확언으로 가득 차 있지만, 이것은 당신이 개발한 습관일 뿐입니다. 새로운 습관을 만들 때입니다. 새로운 습관을 만드는 데는 약간의 시간이 걸린다는 것을 명심하십시오. 첫 번째 긍정적인 확언을 말하는 순간 완벽을 기대하고 있지만, 한 번의 확언이 당신의 삶을 기적적으로 바꾸지 않기 때문에 자신에게 화가 납니다. 당신과 백만의 다른 사람들이 이런 식으로 반응하므로, 당신이 만족스러운 삶을 살 수 있는지 의심하는 유일한 사람이라고 생각하지는 마십시오.

저는 **"인생은 나를 사랑하고, 나 자신을 사랑하는 것은 안전하다"**라는 말을 사용하곤 했다. 의심이 생길 때, 그저 이렇게 말하세요. 그것은 단지 오래된 습관일 뿐이다." 그런 다음 위의 제가 쓰는 긍정 확언을 반복하십시오. 아무리 많은 의심이 생겨도 계속 반복하십시오. 일주일 안에 당신은 변화가 일어나는 것을 보고 느낄 것입니다. 당신은 평생 부정적인 확언을 해왔기 때문에, 만약 당신이 정말로 노력한다면 일주일 동안 긍정적인 확언을 할 수 있다는 것을 저는 압니다. 의심과 두려움이 있더라도 자신을 사랑해야 한다는 것을 계속 기억하세요. 인생은 당신이 그렇게 하도록 도움을 줄 것입니다. 즐겁게 지내세요!

친애하는 루이스에게,

20년 만에 당신의 책《치유-있는 그대로의 나를 사랑하라》를 다시 읽고 있는데, **'나는 나 자신을 인정한다!'**를 주문으로 삼고 있습니다. 저는 당신의 말에 따라 삶의 몇 가지 영역에 대한 저만의 확언을 작성하고 싶습니다. 생각나는 만큼 자주 반복하는 것 외에도, 매일 밤, 잠들기 전에 녹음해서 귓전에다 들려주려고 했습니다. 한 번에 한 영역에 집중하는 것이 더 낫다고 생각하십니까, 아니면 모든 영역을 함께 넣을 수 있습니까?

한 번에 하나씩 하는 경우 각 작업에 얼마나 많은 시간을 할애하는 것이 좋을까요? 결과를 알 때까지? 한 달? 예를 들어, 저는 제 집을 매물로 내놓고 있습니다. 이런 분위기에서 원하는 가격을 결정하고 이를 확언으로 반복해서 말하면 제 목표가 달성될 수 있다고 생각하십니까?

사랑하는 이여,

스스로 자신의 확언을 쓰는 책임을 맡고 싶다는 것은 대단한 일입니다! 항상 다음과 같은 긍정적인 단어로 시작하는 것을 기억하십시오. **나는 ~을 할 수 있다, 나는 ~가/이 있다, 나는 ~할 것이다, 나는 ~를/을 가지고 있다.** 가능하면 모두 합치고 녹음하십시오.

가능할 때마다 잔잔한 배경 음악도 같이 녹음하면 의식 일부가 되는 데 도움이 될 것입니다. 밤에 잠자리에 들 때 반드시 플레이하세요. 매일 가능한 자주 다른 확언을 반복하십시오.

집을 팔기 위한 좋은 확언은 다음과 같습니다. **내 집은 쉽게 새 주인을 찾고, 그들은 기꺼이 내가 제시하는 이 가격 ______에 상응하는 또는 더 나은 돈을 낸다.** 그런 다음 집을 정리하고, 반짝이고 밝게 만들고, 약간 멋지게 꾸미기 위해 해야 할 일을 하십시오. 당신이 이런 일들을 할 때, 당신의 확언이 말하고, 삶이 당신의 집의 판매를 다루고 있다는 것을 아십시오. 삶에 감사하는 것은 항상 일을 더 쉽게 만듭니다.

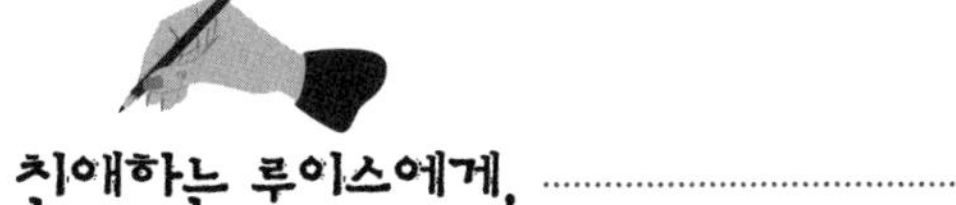

친애하는 루이스에게,

저는 요즘 탈모를 많이 겪는 여성입니다. 저는 당신의 책에서 지침을 찾고 있었지만, 어디를 찾아야 할지 확신할 수 없습니다. 저는 당신의 지혜에 열려 있으므로 어떤 아이디어도 환영합니다.

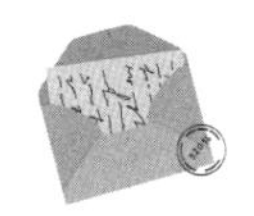

사랑하는 이여,

당신이 "머리를 쥐어 잡고 뜯어내는" 것이 있습니까? 도저히 참을 수 없을 정도로 답답한 것이 있습니까? 어쩌면 당신은 어떤 사람이나 상황이 당신의 마음속에서 끊임없는 정신적 공간을 차지하도록 허용하고 있을지도 모른다. 이 주제가 당신의 머릿속에서 춤을 추기 시작할 때마다 다음과 같이 말하십시오. **모든 것이 잘되고 있다. 모든 것이 나의 가장 큰 선을 위해 잘 풀리고 있다. 이 상황에서는 오직 최상의 선만이 올 것이고, 나는 안전하다!** 이 확언을 필요한 만큼 반복하세요. 하루에도 백 번씩 말할 수 있습니다. 나는 곤란한 시기에 종종 그 확언을 사용했습니다.

당신이 이 단어들을 반복할 때, 당신의 마음은 평온해지기 시작하고 우주에 문제를 해결할 기회를 줍니다. 이 확언은 수천 명의 사람들에게 기적을 일으켰습니다. 그 확언은 당신에게도 도움이 될 것입니다. 신체적인 측면에서는 비타민 B군과 약간의 미네

랄을 더 많이 섭취해야 할 수도 있습니다.

친애하는 루이스에게,

저는 제 사업을 시작했지만, 저와 함께 일하기 위해 고용한 사람 중 일부가 돈을 훔쳤습니다. 이 시작의 초기 단계는 확실히 저에게 매우 어려웠고 매우 실망스럽습니다. 제가 사용할 수 있는 몇 가지 확언이 있습니까?

사랑하는 이여,

당신에게서 물건을 훔쳐 간 사람들은 당신이 성공할 자격이 없다고 믿는다는 사실을 반영하고 있었을 뿐이다. 실망하는 데 시간을 낭비하지 마십시오. 당신이 어떻게 자신을 파괴하고 있는지 즉시 볼 수 있다는 것에 감사하십시오. 용서해야 할 사람들을 용서하십시오. 자기 자신에게 친절하고, 사랑이 넘치고, 너그러워지세요. **'인생은 나를 사랑하고, 나는 안전하다'**라는 말을 사용하십시오.

친애하는 루이스에게,

먼저, 루이스 헤이 선생님이 이 세상에 주신 위대함에 감사드립니다. 당신의 삶에서 모든 좋은 일이 계속 피어나길 바랍니다. 매일 확언을 사용하는 방법에 대해 몇 가지 질문이 있습니다.

- 저 자신에게 몇 번이나 말하는 것이 가장 좋은가요? 목록이 늘어나는 것 같습니다.
- 얼마나 자주 말하는 것이 가장 좋은가요?
- 거울을 보면서 큰 소리로 말해야 합니까?
- 녹음한 다음 듣는다면 그만큼 효과적일까요?

사랑하는 이여,

위의 모든 것! 옳고 그른 길은 없습니다. 그저 자신에게 옳다고 느껴지는 것을 하세요. 거울을 보는 것은 매우 강력합니다. 모든 확언을 그런 식으로 해야 합니까? 아니요. 긴장을 풀고 모든 것에 대해 편안하게 생각하십시오. 인생은 당신을 사랑하고 당신이 요구하는 모든 좋은 것을 주고 싶어 한다는 것을 기억하십시오. 당신의 임무는 당신이 자신을 얼마나 사랑하는지 삶에 보여주는 것이고, 그러면 좋은 일들이 쏟아지기 시작할 것입니다.

친애하는 루이스에게,

저는 여전히 제 확언을 두고 일하고 있지만 투쟁하는 것 같습니다. 그러나 저는 고집이 세서 수건을 속으로 던지고 포기하지 않습니다! 저는 확언을 말하지만, 그러고는 슬그머니 잊어버리고, 마치 자동의 로봇처럼 저의 오래된 조건화된 습관으로 들어갑니다. 그러다 보면 더 일찍 자신을 다잡지 못해서 좌절하게 됩니다. 저는 스스로 치유하는 데 성공한 사람들이 당신의 가르침을 더 의식적으로 실천했다고 말하는 것을 들었습니다. 저는 그들이 의미하는 바를 알고 있다고 생각하지만, 이것에 대해 확장할 조언이 있습니까? 어떻게 하면 일관성을 유지할 수 있을까요? 저는 제 인생을 너무 바꾸고 싶습니다.

사랑하는 이여,

당신은 많은 사람이 하는 것과 같은 실수를 저지르고 있습니다. 즉, 만약 당신이 완벽하지 않다면, 당신은 즉시 스스로 자책합니다. 물론 당신은 때때로 당신의 확언을 하는 것을 잊어버릴 것입니다. 다들 그렇게 하잖아요. 당신이 나쁜 사람이고 벌을 받아 마땅하다는 의미는 아닙니다. 그것은 당신이 일을 하는 새로운 방식을 배우고 있다는 것을 의미하며, 그것이 작동하는 방식입니다.

당신은 그것을 하고, 당신은 잊어버리고, 당신은 기억합니다. 그리고 당신은 그것을 하고, 그다음에는 다시 잊어버리고, 그다음에는 기억하고, 또 기억하고, 또 그렇게 합니다.

당신이 해야 할 일은 과정이 펼쳐지도록 내버려 두는 것입니다. 그리고 자신을 질책하지 마십시오. 삶을 바꿀 수 있는 가장 빠른 방법은 자신에게 친절하고, 온화하고, 사랑스러워지는 것입니다.

친애하는 루이스에게,

최근에 당신이 누군가에게 쓴 "몸의 상상 묘사"에 대한 답변을 읽었습니다. 이것이 무엇을 의미하는지 설명해 주시겠습니까?

사랑하는 이여,

제가 "상상하기"라고 말할 때, 저는 당신이 생각해 온 생각들 때문에 당신의 몸에 증상을 보인다는 것을 의미합니다. 저는 생각이 경험을 만든다고 믿습니다. 행복한 생각은 건강한 몸에 이바지합니다. 쓴맛에 관한 생각은 (예를 들어) 쓸개 문제의 원인이 될 수 있습니다. 분노에 관한 생각은 베인 상처, 화상, 타박상과 같은 "묘사"로 나타날 수 있습니다. 끊임없는 두려운 생각은 무수한 문제를 일으킵니다. 따라서 이 문제에 대한 답은 밤낮으로 마음의 라디오 방송국에서 감사하고 기쁜 생각의 끊임없는 흐름을 재생하는 것입니다. 즐거운 생각 되세요!

친애하는 루이스에게,

저는 제 인생에서 충분한 일을 하지 못한 것 같아요. 저는 유아교육 학위를 받은 똑똑한 여성이지만 경력 대신 엄마가 되는 길을 선택했어요. 곧 아들이 대학에 진학할 텐데, 그때는 우주가 저에게 완벽한 기회를 제공할 것입니다.

저는 요즘 세상에서는 매우 구시대적인 개념인 집에 가족이 있는 것을 좋아합니다. 어머니가 오후 5시에 웨이트리스로 일하러 가셨던 기억이 나는데, 어머니가 떠나실 때면 그리웠어요. 아들이 다니는 학교에서 자원봉사를 많이 해왔는데, 감사한 일이라는 건 알지만 한편으로는 여전히 돈을 벌어야 한다는 생각이 들어요. 제가 혼란스럽다는 것을 알 수 있을 것 같아요. 조언이 있으신가요?

사랑하는 이여,

제 생각에 당신은 꽤 멋진 삶을 살고 있는 것 같습니다. 당신은 좋아하고 즐기는 일을 많이 하죠. 저는 당신이 이것에 대해 매우 감사하게 생각한다고 확신합니다. 돈을 벌어야 한다면 간호, 호스피스hospice 또는 지역 유치원과 같은 양육 분야에서 일자리를 찾는 것은 어떨까요? 당신은 정말 좋은 삶을 보여주는 방법을 알고 있습니다! 이제, 다음에 하고 싶은 일을 결정하고 그것을 긍정으로 만들어 보세요. **나는 이제 내가 가진 재능과 능력을 활용해 내가 사랑하는 사람들과 함께 일하며 좋은 수입을 올리는 완벽한 직업을 갖고 있다.**

친애하는 루이스에게,

어머니는 제가 뚱뚱하다고 말씀하세요(사실 저는 뚱뚱하지 않아요. 사실 저는 모델이에요). 어머니는 제 식습관에 대해 비판하지만 저는 제가 제 식습관을 통제하고 있다고 생각합니다. 한편 어머니는 술을 마시고 담배를 피우지만 저는 그렇지 않습니다. 기본적으로 할머니가 무슨 말씀을 하셨는지는 모르겠지만, 저는 조상 대대로 내려온 이러한 패턴에서 벗어나려고 노력하고 있습니다.

저는 긍정적인 말을 사용하려고 노력하지만, 어머니는 제가 차갑고 신경 쓰지 않는다고 말씀하세요. 이 관계를 해결하지 못하면 제 삶을 온전히 즐길 수 없을 것 같아요. 하지만 저는 도망치지 않고 어머니와 가까이 지내면서 그렇게 하고 싶어요. 이렇게 하는 것이 옳은 방법일까요?

사랑하는 이여,

당신이 정리해야 할 유일한 관계는 바로 당신 자신과의 관계입니다. 어머니가 당신에게 하는 말이 아니라 당신이 자신에게 하는 말입니다. 이 책을 잘 읽어 보고, 자신에게 해당하는 긍정적인 말을 찾아서 매일 말해보세요. 그동안에는 잠시 어머니에게서 떨어져 지내세요. 두 분 모두에게 치유가 될 것입니다. 이제 당신은 아이가 아니라 어른입니다. 안타깝게도 성장해야 할 사람은 바로 어머니입니다. 어머니가 자신만의 방식으로 성장하도록 내버려 두세요.

All is well
in my world!
I am safe!

루이스 헤이의 편지

초판 1쇄 인쇄 2024년 11월 7일
초판 1쇄 발행 2024년 11월 14일

지은이 | 루이스 헤이
옮긴이 | 엄남미
편집부 | 김재익
펴낸이 | 엄남미
디자인 | 필요한 디자인
펴낸곳 | 케이미라클모닝

등록 | 2021년 3월 25일 제2021-000020호
주소 | 서울 동대문구 전농로 16길 51, 102-604
이메일 | kmiraclemorning@naver.com
전화 | 070-8771-2052

ISBN 979-11-92806-25-9 (03330)